江苏省社科基金后期资助项目"意义进化论视角下的韩礼德语篇建构观研究"（20HQ034）研究成果

韩礼德语篇建构观研究：
意义进化视角

A Study on Halliday's Textual Constructivism:
A Semogenic Perspective

周海明　著

中国社会科学出版社

图书在版编目（CIP）数据

韩礼德语篇建构观研究：意义进化视角／周海明著．—北京：中国社会科学出版社，2021.6
ISBN 978-7-5203-8539-8

Ⅰ.①韩…　Ⅱ.①周…　Ⅲ.①英语—语言学—研究　Ⅳ.①H31

中国版本图书馆 CIP 数据核字（2021）第 100842 号

出 版 人	赵剑英
策划编辑	李溪鹏
责任编辑	夏　侠
责任校对	闫　萃
责任印制	王　超

出　　版	中国社会科学出版社
社　　址	北京鼓楼西大街甲 158 号
邮　　编	100720
网　　址	http://www.csspw.cn
发 行 部	010-84083685
门 市 部	010-84029450
经　　销	新华书店及其他书店
印　　刷	北京明恒达印务有限公司
装　　订	廊坊市广阳区广增装订厂
版　　次	2021 年 6 月第 1 版
印　　次	2021 年 6 月第 1 次印刷
开　　本	710×1000　1/16
印　　张	14.25
字　　数	220 千字
定　　价	78.00 元

凡购买中国社会科学出版社图书，如有质量问题请与本社营销中心联系调换
电话：010-84083683
版权所有　侵权必究

序

　　20世纪学术界最津津乐道的话题可能是学术研究的语言学转向。现代语言学之父索绪尔的学术观点不仅仅推动了结构主义、形式主义、功能主义等语言学派理论的风起云涌，更是影响了包括哲学、文艺学、心理学、建筑学、美学等学科的发展方向。譬如哲学理论中的现代主义、后现代主义抑或解构主义或阐释学等理论或思潮无不与语言学理论的发展有着这样那样的关联。到了21世纪，语言学的影响范围不仅没有减少，反而更加扩大，对于科学技术的影响也日趋增加。例如，随着人工智能研究的深入，科学家们发现机器学习或者深度学习固然能够部分地模拟人脑的工作机制，但是人脑神经元之间的联络方式，认知功能的运作模式特别是创新的源泉等问题远比人类想象的要复杂，因为所有这一切并不可简单地归结为某些元素的增加与减少或某些势能的传导与衰减，更有社会文化因素的重要作用。正是因为如此，不同学科领域专家之间的跨界协作已成为21世纪学术研究新的动向，而语言学家的参与几乎是不可或缺的。

　　有趣的是，科学家们在试图与语言学家合作时常常会陷入迷茫与困惑，不仅由于语言学家们的观点几乎会颠覆其原来有关语言的认知，而且语言学家们因理论立场或研究方法的不同而各执一词，且各自使用的术语也不同。事实上，虽然语言学家们总是极力辩解其研究目标与科学家的目标一致而且在研究方法上也以科学客观为荣，但是每个理论家因立场的不同而使用的术语大相径庭，同时在完善其理论体系时又会发明出许多术语，使得术语呈几何级数增长的态势。另外一方面还有一种理论偏执现象普遍存在，即在研究过程中语言学家总是习惯于关注那些能够证实其学说的语言现象，却忽视其他因素。最典型的例子是雅可布森[①]将失语症归结为相似性失语（similarity disorder）和相邻性失语（contiguity disorder），与其结构主义语言观遥相呼应。

然而，上面所说的科学家的迷茫只是表象，真正重要的是如何看待科学本身，特别是对于中国学者而言。首先，必须要指出的是，"科学"一词对于中国来说是个从日本引入的舶来品，最早使用该词的是严复；但五四运动时期中国学者高举民主与科学大旗时用的是英文"science"一词的译音"赛因斯"，又称赛先生。中国古代汉语中与该词最接近的是《礼记·大学》中的格物致知，简称格致。其次，五四先驱们高举民主与科学大旗时的时代大背景是中国的积贫积弱，科学被当作振兴中华的一剂良药而得以广泛传播，并逐渐发展成为先进、正确、伟大的代名词，"一切美好的事物势必是科学的，一切科学的事物也势必是正确的"成为中华民族的集体无意识，但实际情况是科学作为一种认识世界的方法本身也是动态的和渐进的，也未必是唯一正确认识世界的方法。如果有了这两点基本认识，我们会发现科学家的迷茫可能更多地来源于其对自身研究方法或理论立场的偏执与过度自信：离开了人文学科审慎的批判与人本主义关怀，科学研究的最终结果可能是灾难性的。原子弹的制造与爆炸就是一个鲜活的例子。

以上的话语可以作为周海明博士力作的导读。首先，在选题上，本书研究的是意义进化论视角下的语篇建构问题，其中至少有两个核心术语即意义进化和语篇建构。这两个术语几乎立即表明了其理论立场是非主流的：所谓意义进化则势必追溯语言符号的形成并被广泛传播成为具有相对稳定的含义的约定俗成过程，而所谓建构则代表了某种相对主义的理论立场。换言之，在研究方法上海明博士肯定会采用历时研究法，在学术观点上他很可能持有后现代主义的立场，而这两者都是逆潮流的，在科学主义盛行的时代显得不合时宜。其次，系统功能语言学理论在某些学者看来属于相对次要的小众学派，随着创始人韩礼德的仙逝更有日渐式微之虞，加上意义进化论是韩礼德晚年推出的理论，与他盛年

[①] Roman Jakobson, 1987, *Language in Literature*, Cambridge: Harvard University Press.

时创立的系统功能语法和语篇分析理论相比有些晦涩艰深，故而即使是系统功能语言学派内部的研究者也相对较少。最后，正如韩礼德指出的那样，历时语言研究方法最大的障碍在于远古时代并没有当代人所具备的录音或摄影设备，因此我们实际上完全不能拿出令人信服的证据说远古时期的语言形态的。研究者至多只能以个体语言发展（即儿童语言发育）的模式或某些语类特别是科技语篇的发展过程推论或模拟语言种系进化的进程，海明博士在本书的撰写过程中正是这么做的。但是，这一做法不仅不能说服科学主义者，甚至会惹恼他们：天哪，你这简直是在亵渎科学！

在这里，我想为相对主义理论立场辩护一下。法国阐释学大师保罗·利科[①]将西方的学术传统精辟地分为两大派：其一是主词（subject）中心派，其二是述谓中心派（predication）。对于主词中心主义者来说，名词是核心；语言的主要功能是对于客观世界加以分类然后给予恰当的命名（这便是术语学的由来，taxonomy）。由于术语是有限的，科学研究在众人的共同努力下终将穷尽对于客观世界的认识，从而到达真理的彼岸。科学主义或逻辑激进主义大体上属于此类。但是，述谓中心主义同样是可能的：其研究重心是事物发展的进程，而动态的进程注定是千奇百态的，因此研究者所专注的往往是呈现某种状态的示例（exemplification），相对主义真理观也就成为这一类研究者必然的选择。姑且不论利科的区分是否完全合理，这种区分至少说明了认识世界的方式可能也必须是多元的。海明博士在阐述意义进化的进程时试图通过一些实际的例子说明语言是如何在世界的结合部位实施切割（cut the world at its joints），特别是不同语言之间的切割方式上的不同，从系统功能主义视角解构了能指与所指间的关系，把传统语言学（可能也是大多数吃瓜群众所认可的）认定的任意性原则解释为进化性原则，不得不说是一种大胆的创新；也许很多学者会拒绝接受这个观点，但相对主义者从来就不会固执己见：如果该学术观点能够给人以一些启迪，我相信

[①] Paul Ricoeur, 1978, *The Rule of Metaphor*, London & New York: Routledge & Kegan Paul, transl. by Robert Czerny with Kathleen McLaughlin and John Costello.

海明博士一定会非常欣慰；作为他的博士研究生学业导师的我则会感觉非常荣光。

我还想说的是类比的研究方法其实也是科学研究的重要方法之一。美国科技哲学大师T. S.库恩曾经专门论述隐喻机制对于科学研究的贡献，将科学中的隐喻分为理论阐释性（theory interpretive）和理论构成性（theory constitutive）两大类：前者比如当我们解释电脑的中央处理器（CPU）时将其比喻为人脑，后者则是根据成熟的脑科学理论来发展信息技术，使得电脑能够模拟人脑，从而推动人工智能的发展。更为重要的是，库恩认为类比法（analogy）是推动科技发展的重要途径之一，例如医学研究的白鼠试验实际上就是基于人类生理机制与白鼠生理机制的类比关系：某种药物在试验过程中被证实可以有效地治疗某种疾病（比方说肿瘤）才可以逐步用于临床的二期进而三期实验。正因为类比法是科学家常用的研究方法，科学研究的结论肯定会受制于彼时彼地众多因素，科学的真理性自然而然地便被赋予了社会性：任何超越时空的绝对的真肯定是不存在的。

海明博士对于科技语篇进化过程的研究在很大程度上是和库恩的观点呼应的。海明博士非常睿智地认识到系统功能语言学的语法隐喻理论是科技语篇进化的关键。在语言学意义上，语法隐喻通过名词化手段对于人类经验实施分类和范畴化，同时又能促进上下文衔接、推进主述位发展、形成"信息流"，从而有效地优化语篇的推理和逻辑性。但更为重要的是，语法隐喻因能够掩饰作为个体的科学家在语篇建构中的作用，从而使得科技语篇具备了所谓的"技术性"和"客观性"；值得我们注意的是，科技语篇的进化经过了几百年的历程，但真正推动世界科技语篇的语类标准的建立并将英语语言确立为世界科学家论文写作通用标准的是美国政府。

总之，本书有助于深入理解系统功能语言学的建构主义哲学内涵。我祝贺海明博士的专著付梓，也期待他在学术之路上奋发进取，不断创新，开拓学术领域。

严世清

2020年12月于苏州

内容概要

系统功能语言学对语言的关注更多地聚焦于语篇而非其他，这是其区分于所谓主流语言学的一个显著特征。以创始人韩礼德为代表的系统功能语言学家，先后提出语篇元功能、语法隐喻、语篇发生等一系列概念，这对于句法理论家，尤其是转换生成语法学家来说比较独特。多年来，这些概念被用于语篇分析、语言教学、翻译实践等领域，其适用价值得到普遍认可。然而，这些概念的本质，特别是其元理论内涵，尚有待进一步揭示。本书在借鉴和发展"话语建构论"的基础上，将上述概念冠名为"韩礼德语篇建构观"并加以整体考察，旨在结合意义进化论，阐述语篇建构的属性，尤其是语言与现实之间的关系。

意义进化论是一种从历时性视角研究意义创造过程的理论范式。它融入了生物进化理论、建构主义心理学、中国古代阴阳学说的概念或理念，从语篇发生、个体发生和种系发生三个维度，研究语言系统在功能语义范畴上的进化方式，主张三个维度之间的循环互动是意义进化的机制，而物质经验、意识经验、词汇语法的进化则是意义进化的动因。本书围绕意义进化的三个维度，基于系统功能学派在语篇发生、语言社会化、科学语言进化三个方面的研究成果，来阐述韩礼德语篇建构观的内涵及发展，有如下主要发现：

第一，随着意义进化论的形成和发展，韩礼德语篇建构观经历了本体论和元理论层面上的内涵式提升，已从一种语法理论发展成为阐释人、语言与现实之间关系的元理论，具有重要的认识论意义。其内涵主要有：语篇是形式和功能的统一体，是意义发生和交换的主要组织方式，在经验识解、社会交际中起着关键作用；语言系统通过语篇发生、个体发生和种系发生三个意义进化历程，与现实世界循环互动，人们以词汇语法为资源、以语篇为主要媒介，通过意义识解经验现实，最终实现了对经验的历时性建构。

第二，从意义进化论的语篇发生维度来看，韩礼德语篇建构观在本体论和元理论意义上有四个发展。一是语篇资源的重新界定和归类。语篇资源特指体现语篇元功能并参与语篇创造的语法成分，其归类方式的变化主要体现在分类视角的"由下而上"到"由上而下"的切换，并且运用"语篇转接"和"语篇状态"两个新概念进行补充说明。新的分类视角明显受到语篇发生学思想的影响，对语篇组织的解释更为合理，突显了语篇语义的动态性和历时性。二是语篇元功能本质属性的理论反思。非本源性是语篇元功能区别于概念元功能和人际元功能的重要属性，彰显了语言对现实的建构作用，是韩礼德语篇建构观的核心所在，非本源性思想贯穿于系统功能学派语言发展、主位推进、语法隐喻等理论之中。三是语篇发生机制的重新构建。韩礼德等借助"元冗余"的概念，修正早期的语言层次体现观；借助天气与气候的关系比喻，形象地揭示语篇发生的例示化过程；借助"文化意库"和"个体意库"的概念，诠释个体对意识形态的语篇建构，最终形成语篇发生的"体现化——例示化——个体化"三位一体机制。四是建构主义思想的高度彰显。通过深入挖掘系统功能学派学习理论中的建构主义思想、语篇建构的认识论意义、非本源性思想的哲学启示，发现韩礼德语篇建构观实现了元理论意义上的升华。

第三，从意义进化论的个体发生维度来看，韩礼德语篇建构观的发展贯穿于系统功能学派对婴幼儿语言发展的研究。就其研究立场和目标而言，系统功能语言学的个体发生研究属于语言社会化研究范畴。韩礼德等在其研究中积极汲取伯恩斯坦教育社会学思想、维果茨基发展心理学思想、沃尔夫人类语言学思想中的养分。对这些理论思想的借鉴和融汇，充分体现出意义的社会性、建构性和相对性等特征，而这些特征正是韩礼德语篇建构观的精髓所在。系统功能语言学认为，语言社会化的本质就是社会文化语境中个体意义能力的发展，具体表现为语篇建构能力的提升，而语篇交际与语言社会化之间的多维互动，是个体语篇建构能力持续进化的助推器。个体语篇建构能力的发展彰显出进化性和社会性特征：发展是进化式的，是一个具有内在规律的渐变过程；发展也是社会性的，是一个受社会文化语境驱动的主客体相互作用的过程。系统功能学派对儿童语言社会化过程所做的系统研究，不仅为诠释人类语篇建构能力的进化提供了有力的发生学理据，而且对建构多元性、体系化的语言社会化理论来说，具有深远的意义。

第四，从意义进化论的种系发生维度来看，韩礼德语篇建构观的发展贯穿于系统功能学派关于科学语言进化的研究。科学语言的成功进化，从一个侧面反映了作为人类种系特征的语言所经历的进化过程，在一定程度上弥补了考古学的先天不足。作为人类语言进化产物和机制的语法隐喻，尤其是名词化隐喻，被证明是组织科学语篇语法的最佳策略。从意义进化的视角来看，名词化隐喻不仅能够对人类经验进行范畴化和分类组织，而且有助于优化语篇的逻辑推进。构筑科学理论需要两个条件：一是技术性，即科学语言需要创造专业技术词汇，以实现指称功能；二是合理性，即科学语言要有利于从观察和实验中归纳结论，并从一个观点或论据发展到另一个观点或论据。在具体科学语篇的建构中，名词化隐喻的上述两大功能保证了科学理论的"技术性"和"合理性"。范畴化和分类组织功能就是语法隐喻在元理论层面上的语篇建构功能，具体表现为科学家通过分类、凝聚和过滤、指称等机制，来命名或创造虚拟实体以便展开科学研究，最终完成对科学理论"技术性"的语篇建构。推理和逻辑推进功能，主要指名词化语法隐喻在科学语篇中促进上下文衔接、推进主述位发展、形成"信息流"的作用，以此形成语义连贯的科学语篇，其最终目标是要实现对科学理论的"合理性"的语篇建构。科学语言进化的三大意义历程表明，科学语言的进化实际上是数代科学家通过通力合作，对科学知识进行语篇建构的历时性过程。

从意义进化的视角重新审视韩礼德语篇建构观，不仅有助于把握语篇元功能、语法隐喻、语篇发生等概念的社会建构主义内涵，而且也是对现有功能语篇分析实践乃至系统功能理论发展的一种补充。

目　　录

绪　论 …………………………………………………………（1）
  一　研究背景 ………………………………………………（1）
  二　研究内容 ………………………………………………（4）
  三　研究方法 ………………………………………………（6）
  四　研究意义 ………………………………………………（7）
  五　结构框架 ………………………………………………（7）

第一章　韩礼德语篇建构观的学理传承及早期发展 …………（10）
  第一节　韩礼德语篇建构观的学理传承 …………………（10）
  第二节　韩礼德语篇建构观的早期发展 …………………（14）
  第三节　"悉尼学派"对早期语篇建构观的发展 …………（18）
  第四节　国内系统功能学界的贡献 ………………………（22）
  第五节　小结 ………………………………………………（28）

第二章　意义进化论 …………………………………………（30）
  第一节　理论背景 …………………………………………（30）
  第二节　理论基础 …………………………………………（37）
  第三节　理论维度 …………………………………………（49）
  第四节　理论核心 …………………………………………（54）
  第五节　小结 ………………………………………………（65）

第三章　语篇发生维度的韩礼德语篇建构观 (66)
 第一节　语篇资源的重新归类 (66)
 第二节　语篇元功能的非本源性 (72)
 第三节　语篇发生机制 (80)
 第四节　语篇建构的元理论内涵 (94)
 第五节　小结 (103)

第四章　个体发生维度的韩礼德语篇建构观 (105)
 第一节　语言社会化研究 (106)
 第二节　韩礼德语言社会化研究的基本内容 (113)
 第三节　韩礼德语言社会化思想的理论承袭 (122)
 第四节　儿童语言社会化与现实的语篇建构 (137)
 第五节　小结 (147)

第五章　种系发生维度的韩礼德语篇建构观 (148)
 第一节　科学语言及进化本质 (149)
 第二节　语法隐喻与科学理论的语篇建构 (158)
 第三节　科学语言进化的三大意义历程 (174)
 第四节　韩礼德科学语篇建构研究的启示 (180)
 第五节　小结 (183)

结语 (185)
 一　研究总结 (185)
 二　主要贡献 (188)
 三　局限与未来研究建议 (190)

参考文献 (191)

后记 (213)

图表目录

图 1-1　以"篇名出现：语篇元功能"为条件的 CNKI 检索
　　　　结果 …………………………………………………………（23）
图 1-2　以"主题出现：语篇元功能"为条件的 CNKI 检索
　　　　结果 …………………………………………………………（24）
图 2-1　语符进化的阴阳转换模型 ………………………………（47）
图 2-2　韩礼德的意义进化模型 …………………………………（55）
图 2-3　Martin 的意义进化模型 …………………………………（56）
图 3-1　语篇元功能的非本源性 …………………………………（74）
图 3-2　元冗余 ……………………………………………………（84）
图 3-3　小句复合体中的系统选择和"乐谱式"例示 …………（88）
图 3-4　个体化作为亲和关系和资源分配的层级体现 …………（91）
图 3-5　"体现化—例示化—个体化"三位一体机制 …………（93）
图 4-1　动作和意义 ………………………………………………（141）
图 4-2　Nigel 在原始语言阶段建构的主观现实 ………………（144）
图 4-3　Nigel 在原始语言阶段建构的社会现实 ………………（145）
图 4-4　人类意义能力发展的三步模式 …………………………（146）
图 5-1　系统的进化类型学模式 …………………………………（160）
图 5-2　序列、图形和成分及其词汇语法体现 …………………（162）
图 5-3　"语言层次观"与连接成分隐喻化运作机制 …………（166）
表 2-1　意义进化的三个维度及各自特征 ………………………（49）
表 3-1　语篇资源的重新分类 ……………………………………（67）
表 3-2　本源性/非本源性语境 ……………………………………（75）

绪　　论

语义历来是语言学家关注的焦点，是语言学研究的重要课题。在当代语言学研究中，即便是以形式主义标榜的转换生成学派，在其理论发展后期，也开始融入对语义的研究。与形式主义侧重关注语言的结构形式不同，功能主义则主要从语义出发，重点关注语言形式所要传递的社会功能。

作为当代功能主义语言研究的突出代表，系统功能语言学从诞生之初便采取了鲜明的社会文化立场，将意义贯穿于其对语法等问题的考量之中，格外强调语篇意义建构在经验识解、人际互动中的重要作用。20世纪50年代中叶以来，系统功能语言学的语义理论经历了从萌芽初创到日臻完善的发展历程，而意义进化论（Semogenesis 或 Evolutionary Theory of Meaning）则是其真正走向成熟的标志。由于意义进化论是系统功能学派在从事语篇分析研究中逐步形成和发展起来的，本章首先简要回顾语篇语义研究范式，为阐述韩礼德语篇建构观的学理渊源及理论内涵做好铺垫，其次概括介绍研究内容、研究方法、研究意义，最后列出本书的总体结构。

一　研究背景

美国科学哲学家托 Kuhn（1996）用"范式"（paradigm）这一术语，指称特定的科学共同体从事某一类科学活动时所必须遵守的一种公认理论体系。由于语篇早已成多个学科所关注的研究对象，而不同学科采用不同的研究范式，所以语篇语义研究呈现出观点纷呈、派系林立的局面。Shiffrin（1994：20）从方法论角度将语篇研究范式分为形式主义和功能主义两大类，二者的差异首先反应在对语篇概念的界定上。前者将语篇定义为"超出句子的语言单位"（a particular unit of language above the sentence），与词素、小句、句子一样同属语言的层级系统。而后者认为语篇是"对语言使用的强调"（a particular focus on language use），即语篇不是由句子组成的高一级语法单位，而是句子所体现的语义或交际单位，语篇与句子有着质的区别。

形式主义范式下的语篇研究主要从语言的结构出发，把语篇研究视同构成句子语法成分的形式分析。Chomsky 的生成语法理论，因特别强调对自然语言形式的表征，而被认为是形式主义语言学的典型代表。虽然 Chomsky 本人并未针对语篇开展过任何研究，不过他关于语言本质的基本认识对形式语篇分析产生了较大影响（Schiffrin, 1994：21 - 22）。一般认为，Harris（1952）最早提出"语篇分析"（discourse analysis）这一术语，指出"语言不存在于零散的词或句子中，而存在于连贯的话语中"，从而打破了将语言囿于句子的研究传统。Harris 申明，他所采用的是结构主义形式分析法，重在确认和找寻作为区别性成分的词素是否在语篇中出现，而不关注人们是否知道每一个词素的具体意义，也不考虑语言与文化、语言与社会情景等方面的问题。作为一个结构主义者，他所研究的不是语篇的结构和功能，而是句子中形容词和名词的搭配分布。虽然这种研究试图摆脱主流语言学把语言作为封闭的抽象系统进行研究的束缚，但其语言思想仍囿于形式主义的桎梏之中，对语篇的研究也仅局限于话语的内部结构，把语篇的理想化形式作为研究目标，因而难以全面揭示语篇结构的实质。

功能主义范式下的语篇研究主要从语言的意义出发，强调人们通过建构语篇以实现传递信息和表达意义的交际功能。功能语篇研究，最早可以上溯到 20 世纪 20 年代以 Mathesius 为首的布拉格学派，该学派不仅开创了语言学的功能研究传统，而且为现代语篇分析奠定了基础（姜望琪，2011：18）。他们提出了不少现代语篇分析中的概念，如主位和述位、新信息和旧信息、主位推进等。自此，语言学研究逐渐突破了只关注句子内部的传统，而语篇分析逐渐成为语言学界的一个研究热点。20世纪50年代末，韩礼德积极发展布拉格学派的功能语篇思想，继承其老师伦敦学派创始人Firth的相关理念，重视意义和语篇，尤其是系统选择与社会意义的实现，同时融入人类学家Malinowski的语境思想，并且从理论和实践上将之体系化，因此把语篇研究提升到了一个前所未有的新高度。功能主义范式的主要代表，除布拉格学派和系统功能学派之外，还有Hjelmslve为代表的哥本哈根学派、Givon为首的俄勒冈功能学派、Thompson为主导的西海岸功能学派等。从广义上来说，20世纪80年代兴起的认知语言学①，也属于功能主义大家族，但它主要从认知角度来研究语义和语篇，即借助认知心理学中的"突显""视角""前景化""框架"等抽象概念，来分析心智与语篇之间的互动，以及个体的认知世界和百科知识等在语篇生成中的作用。认知视域下的研究，过分突出心理认知因素在语篇建构中的意义和作用，把语言视为一种心理现象，对语言的社会文化属性关注不够，忽视了语篇与社会生活之间的密切关联性，尤其未充分认识到语篇是建构社会、自我、身份以及意识形态的一种社会意义活动。

系统功能语言学因其独特的社会文化视角，以及较强的可操作性和实用性，所以比其他理论更适用于语篇分析研究（黄国文，2001：1）。它从语言的三大元功能出发，着手探讨语言在特定语境中的作用、意义和功能，并且把语境因素纳入语篇研究的范围。基于系统功能语篇分析理论，批评语篇分析、多模态语篇分析等理论范式相继诞生，旨在结合社会文化语境，揭示意识形态对语篇的影响以及语篇对意识形态的建构。

系统功能语言学的语篇研究范式属于功能主义范畴，但也未忽略形式分析，既描写语言系统和结构（system and structure），又强调过程和选择（process and choice），注重二者的辩证统一。语言交际的本质，就是结合语境在系统中进行一系列选择而形成的结构，并通过语篇例示化

---

① 这里指以第二代认知科学和体验哲学为理论背景，在反对主流语言学转换生成语法的基础上形成的语言学流派。在此范式下展开的语篇研究因此也称为"认知语篇学"，主要采取De Beaugrande和Dressler（1981）提出的语篇学研究模式。

来传达意义的过程。在理论初创后的很长一段时期内,系统功能学派将研究重点放在对语法系统的描写上,主要聚焦于概念、人际、语篇意义资源在语篇建构中的组篇功能以及文体特征。世纪之交,韩礼德(Halliday,1992/2002)正式提出并发展意义进化论,倡导语法对经验的历时性建构以及人类通过语言实施社会功能的进化过程。"建构"和"进化"因而成为系统功能语言学在新时期频繁出现的两个关键词。在与Matthiessen(1999)合著的 *Construing Experience through Meaning: A Language-based Approach to Cognition* 中,两位学者更是开宗明义地指出,系统功能学派的意义观隶属建构主义范畴,并且在随后的论述中强调语言通过语篇元功能建构意义现实的理论属性。

二 研究内容

在语篇分析研究中,韩礼德先后提出了语篇元功能、语法隐喻、语篇发生、例示化等一系列与语篇建构相关的原创概念。本研究将这些原本相对独立的概念整合命名为"韩礼德语篇建构观"(Halliday's textual constructivism):从内涵来看,它指韩礼德在语篇研究中提出的观点和理念蕴含着丰富的建构主义思想,从外延来看,它指由语篇元功能、语篇发生、语法隐喻、例示化等概念所组成的概念群。"韩礼德语篇建构观"的提法,主要是借鉴和发展了苗兴伟(2016)关于"话语建构论"(discursive constructionism)的相关论述,在他看来,话语建构论是一种基于社会建构论、批评话语分析和系统功能语言学基础上发展起来的话语分析理论,其核心思想是作为一种社会实践,话语不是被动地反映现实,而是通过在词汇语法系统中的选择积极地建构现实。由于语篇是人类在使用语言时采用的组织方式,语篇建构在经验识解、社会交际中起着关键作用,加之本研究重在挖掘和反思韩礼德在语篇发生、个体发生和种系发生研究中所蕴含的建构主义理念,故本书采用"韩礼德语篇建构观"这一概念术语。

韩礼德语篇建构观的基本观点是:语篇是形式和功能的统一体,在语言交际中，意义发生和交换的主要组织方式就是语篇，语篇在经验识解、社会交际中都起着关键作用；语言通过种系发生、个体发生和语篇发生三个意义历程，与现实世界循环互动，人们以词汇语法为资源、以语篇为主要形式，通过意义识解经验现实，最终实现对人类经验的历时性建构。有鉴于此，语篇研究的目标不只在于揭示特定语篇的语类特征，而且还要把握人们通过创造语篇来建构甚至是重构现实的本质。换言之，建构主义视角下的系统功能语篇分析，不再是一味地通过分解具体语篇，以获取其语类特征或文体结构为终极目标，相反，人们可以从与语篇密切联系的社会意义视角，来理解语篇建构的本质和机制，进而把握语篇创造和交换与社会现实的建构、解构甚或重构之间的辩证关系。

在系统功能语言学60余年的发展历程中，语篇元功能和语篇发生学分别发端于理论的初创和成熟阶段，即语言纯理功能假说和意义进化论两个时期，具有重大的里程碑意义。虽然二者都旨在揭示语篇建构的过程与本质，但是我们认为，从纯理功能假说中的语篇元功能到意义进化论中的语篇发生学反映了韩礼德语篇建构观在理论上的完善与升华。语篇发生学对于重新审视语篇元功能具有方法论启示和元理论价值，是系统功能语言学走向成熟与自信的标志。对这两个理论的系统研究有助于从历时性视角全面审视韩礼德语篇建构观的来龙去脉、实质及贡献。

以往对于韩礼德语篇建构观的研究，大多主要关注其语言学属性，侧重于系统描写语篇赖以建构的各种语法资源。然而，随着建构主义发展成为一股强劲的后现代认识论思潮，尤其是在系统功能学派宣称其意义研究采取建构主义立场的背景下，其语篇建构观的内涵得到了极大的拓展，不再仅仅是一种描写和解释语言系统本身的适用性理论，而且还是一种阐释人、语言与社会之间关系的元理论。基于此，本书在追溯韩礼德语篇建构观的学理传承和发展历程的基础上，结合意义进化论，探讨20世纪90年代以来韩礼德语篇建构观在语言学本体意义上的新发展，在元理论意义上日益凸显的社会建构主义内涵及其对个体语言社会化、科技语类进化等个体发生和种系发生现象所给予的独到阐释，具体包括五个方面的内容：

第一，韩礼德语篇建构观的学理传承、早期发展以及国内外系统功能学界在这一过程中所做出的贡献。

第二，意义进化论的系统梳理，具体讨论该意义研究范式的理论背景、理论基础、理论维度以及理论核心。

第三，韩礼德语篇建构观在意义进化论理论框架中的新发展，以及该思想与意义进化论的内在联系，从语篇发生的视角把握韩礼德语篇元功能思想的建构主义内涵。

第四，韩礼德语言社会化思想的理论承袭及其蕴含的语篇建构理念，个体语篇建构能力发展与社会化过程之间的内在关联以及二者的研究对于揭示人类意义能力进化的元理论启示。

第五，韩礼德语篇建构观在科学语言进化研究中的体现，从语法隐喻看科学理论的建构机制，科学语言进化的意义历程以及科学语篇建构研究所蕴含的理论和实践启示。

三　研究方法

本书属于理论语言学范畴，坚持思辨与实践相结合、历时与共时相结合的原则，立足于对韩礼德语篇建构观的整体性考察，而非局部研究，即将其置于意义进化论这一历时性理论范式中予以综合审视。具体来说，本课题采用了历时研究法、文献研究法和对比研究法。

通过历时研究法，将韩礼德语篇建构观置于系统功能理论坐标系之中，横轴为语篇元功能的理论溯源以及韩礼德本人在不同的理论发展阶段的阐释，纵轴为国内外其他学者的发展，从而立体化呈现这一思想的发展脉络。

通过文献研究法，深入研读系统功能学派内外学者的相关论文、文集和专著，一方面厘清韩礼德语篇建构观的嬗变历程，提炼其在各个发展时期的关键观点；另一方面形成较为系统全面的意义进化理论体系。

通过对比研究法，梳理语篇元功能、意义进化、语言社会化等概念或理论的渊源，同时注重发掘系统功能学派相关观点与这些渊源之间的理论承袭关系。

四 研究意义

语篇研究是系统功能学派的一大中心任务。在创立意义进化论的大背景下，韩礼德语篇建构观所涵盖的语篇元功能、语篇发生、语法隐喻等概念得到新的发展，被赋予了丰富的建构主义内涵。总的来说，本书有助于从整体把握这些概念的理论内涵及其在系统功能语言学理论体系中的重要地位。

第一，对韩礼德语篇建构观进行理论本体的思辨性研究，是系统功能语言学发展不可或缺的组成部分，是对当下广泛开展系统功能理论适用性研究的一种补充。同时也为后者的研究结论提供了元理论意义上的依据，丰富了系统功能语言学的理论内涵。

第二，新形势要求我们必须从引进为主发展到批判性接受和创新研究，从意义进化视角对语篇元功能、语篇发生、语法隐喻等概念进行全新的审视，无论是对于韩礼德语篇建构观的理论化，还是意义进化论的系统构建，都具有明显的推动作用。

第三，通过深入挖掘韩礼德的语篇建构主义思想，有助于更好地理解个体在其社会化过程中以语言为资源逐步建构现实的过程，以及这一过程对阐释某些语类甚至语言系统进化发展所具有的价值，有助于进一步推动人工语言智能的发展，特别是从元理论层面通过系统选择算法来开发计算机语篇生成系统。

五 结构框架

本书有七个章节，具体内容如下：

第一章为绪论，总体介绍本研究的背景、内容、方法、意义以及全书结构。

第二章重点追溯韩礼德语篇建构观的学理传承以及早期发展。首先探讨体现语篇元功能的三大概念即主位、信息、衔接的渊源，其次梳理以语篇元功能为核心的韩礼德语篇建构观在初创期和发展期的理论成果，最后述评国内外系统功能学界围绕早期语篇思想所开展的研究。

第三章提出韩礼德的语言进化论究其本质而言是意义进化论，在对西方语言进化研究进行述评的基础上，重点探讨意义进化论的理论背景、理论基础、理论维度及理论核心。整体来说，韩礼德的语言进化观是一种意义进化观。就其理论基础而言，意义进化论融入了西方生物进化理论、中国古代阴阳学说、建构主义哲学思想等成果和理念。就其理论核心而言，语篇发生、个体发生、种系发生的循环互动是意义进化的机制，物质经验、意识经验、词汇语法的进化则是意义进化的动因。就其理论成果而言，对科学语类、儿童语言、具体语篇的进化范式的建构不仅是韩礼德意义进化观的理论成果，而且是其进一步理论化的思想源泉。

第四章着重研究韩礼德语篇建构观在意义进化论创立背景之下的新发展。首先，从意义进化的语篇发生视角阐述韩礼德等对语篇意义资源的重新界定及分类。其次，从意义进化的元理论视角重新审视语篇元功能在新的发展阶段日益凸显的非本源性。最后，厘清韩礼德对体现化、例示化、个体化三个概念的修正或发展，阐述语篇发生的三位一体机制。

第五章主要考察韩礼德语言社会化研究[①]及其中所贯穿的语篇建构观。在回顾语言社会化研究的基础上，结合意义进化论，首先分析了韩礼德语言社会化研究的核心理念、研究问题及主要贡献，其次追溯了韩礼德语言社会化思想的理论承袭及其蕴含的语篇建构理念，最后探讨了个体对现实进行语篇建构的发展特征及其对揭示人类意义能力进化的元理论启示。

---

① 由于韩礼德等主要是从社会意义学视角描写婴幼儿语言发展的特征和路径，Williams（2008）也将其归于语言社会化研究的大范畴。本书赞成这一观点，在从个体发生维度阐述韩礼德语篇建构观时沿用"语言社会化"这一概念，旨在将其置于一个更广阔的社会学视野，以期更好地把握韩礼德语篇建构观被赋予的社会建构主义内涵。

第六章重点探讨韩礼德在科学语言进化研究[①]中的语篇建构观。在回顾科学语言的概念、进化及其本质的基础上，探讨韩礼德语篇建构观在科学语言进化研究中的体现，主要围绕语法隐喻与科学理论的语篇建构、科学语言进化的意义历程以及韩礼德科学语篇建构研究的贡献等方面展开论述，以期更好地理解和把握科学语言进化的本质和内涵。

第七章是结语。首先概括本书的主要内容以及所做的贡献，其次指出研究局限，最后对未来研究工作进行展望。

---

① 由于考古学证据的缺失，造成了种系进化这一宏观假设的客观不足，系统功能学派另辟蹊径，通过考察科学语言作为一个语类的发展历程，以此勾勒语言系统种系发生的大致历史。因此，本书在从种系维度论述韩礼德语篇建构观时主要结合系统功能学派对科学语言进化所开展的研究。

第一章

韩礼德语篇建构观的学理传承及早期发展[①]

从理论创立直至20世纪90年代初,系统功能学派对语篇建构的研究,集中于语篇元功能的语言体现系统,尤其是对主位、信息、衔接等语法系统网络的精密描写。这一阶段,以语篇元功能为核心的韩礼德语篇建构观,经历了不断发展和完善的过程。本章主要从两个维度展开:一是追溯对语篇元功能概念的诞生有着直接影响的学理渊源,厘清韩礼德本人对该思想的发展历程;二是述评Hasan、Martin、Matthiessen等"悉尼学派"主要代表人物以及国内系统功能学界对这一思想发展所作出的贡献。

第一节 韩礼德语篇建构观的学理传承

作为与概念元功能和人际元功能相并列的一种意义潜势系统,语篇元功能由主位、述位、信息、衔接等语法资源所体现。在建构语篇的过程中,语篇元功能将概念和人际资源带入了一个纯粹由语言符号识解的意义现实,使二者从根本上区别于词典和语法著作中孤立静止的表达和词义。然而,论及该功能的研究现状,韩礼德(Halliday & Matthiessen,1999:528)坦承,"相对于另外两大元功能,目前对语篇元功能的描写是不充分的"。

[①] 本章部分内容发表于《燕山大学学报》《盐城师范学院学报》,发表时有修改。

任何语言学理论都不是无源之水，系统功能语言学也不例外。虽然语篇元功能作为一个语言学术语是韩礼德所独创的，但对其背后的主位、述位、信息、衔接等概念的研究，却源远流长。

一　古希腊经典语言观

从语言学史的角度看，主位结构思想的雏形最早出现于古希腊时期。韩礼德（Halliday，1998/2002：371）指出，"最早的修辞语法学家，即智者派，就已经发现了小句中的主位——述位结构模式，认为其中具有建构法律和政治语篇的有效资源"。智者派创始人 Protagoras，从功能的角度解析辩论的本质、修辞特点和话语结构，将语句分为行动和行动者两个部分（黄国文、辛志英，2012：30），这成为后来词类和句法分析的主要依据之一。在《智者篇》（柏拉图，2003：71-74）中，Plato（同上：261D-263D）就此进一步阐述，"我们在说话时用来指称存在的符号肯定有两种……一种叫做'名词'，一种叫做'动词'。……'动词'表达的是行动，'名词'这个语言符号用于这些行动的实施者。……一个陈述绝不会只由一连串说出来的名词组成，也不可能没有名词，而全由动词组成……名词与动词最简单的结合变成了最简单的陈述。……凡陈述必须是关于某事物的陈述"。韩礼德（Halliday，1977/2003：97）认为 Plato 的语言观对主位理论有三点启示：其一，对语法范畴的描写必须以意义和功能为基础，如动词表达行为，名词表达行为者，二者结合构成语篇，这里的动词和名词范畴就是由及物性中的功能即语言表征行为和事件来界定的；其二，语篇必须是主题相关的，因此名词的另一个功能就是"语篇是关于什么的"，亦即语篇必须拥有主位；其三，建构语篇不单是为了命名，而是以资实现某种目的的行为，因此语篇是一种行为方式，言者必以其言行事。诚然，古希腊先哲对语法问题有所思考，但由于其初衷主要在于修辞和雄辩，尚未提出主位、述位等概念，所以对句子结构和功能的讨论并未形成系统性和理论性。尽管如此，以 Protagoras 和 Plato 为代表的经典语言观，对后来的功能主义思潮产生了决定性影响。韩礼德（Halliday，1977/2003：99-100）明确指出，系统功能学派的语言学史观属于以 Protagoras 和 Plato

为代表的描写人类学传统（descriptive ethnographic tradition），而非以 Aristotle 等为代表的逻辑哲学传统（philosophical logical tradition）。

二　布拉格学派主位理论

布拉格学派开创了现代功能主义语言研究的先河，其主位理论和信息理论对韩礼德语篇元功能思想产生了巨大的影响。韩礼德（Halliday，1968/2005：146，154；Halliday，1970/2002：190；Halliday，1977/2002a：29）多次坦承，布拉格学派对于句子结构功能的研究是其语言观，尤其是语篇元功能的重要思想源泉之一。

追本溯源，布拉格学派创始人 Mathesius 直言其研究得益于对 19 世纪末的德裔法籍学者 Henri Weil 相关思想的认识。Weil 是一位古典学者，对古希腊和罗马语言理论的研究造诣颇深，他打破传统句法研究的藩篱，将句子结构划分为"话语基础"（the basis of the utterance）和"话语核心"（the nucleus of the utterance）两个部分，并指出人类的思想交流就是一种从已知信息向语篇目标逼近的"意念运动"。这个过程拥有明显的起点和陈述两个部分，其中，起点指位于起始位置的句子成分，陈述则指起点之外的剩余部分。20 世纪，布拉格学派 Mathesius、Firbas、Daneš 等代表人物继承和发展了 Weil 的思想，对句子的主位结构和信息结构进行了详细研究，先后提出"功能句子观"（functional sentence perspective）、"交际动力学"（communicative dynamism）和"主位推进模式"（thematic progression）。当然，由于时代局限性，布拉格学派早期对相关概念的阐述并不彻底，而且未能深入揭示语言的功能性以及语篇的整体性。韩礼德（Halliday，1977/2002a：29）在借鉴布拉格学派功能句法分析的同时，也指出其不足：一方面，该学派主要立足词汇语法，将主位、信息囿于句子内部，视为句子的重要成分，在名称上并未能充分反映其语篇倾向；另一方面，布拉格学派将"衔接"成分排除在外，因为在他们看来，这类资源不属于句子内部。

三　王力的"承上说"

较之主位理论和信息理论，韩礼德本人对其衔接概念的渊源却鲜有

第一章 韩礼德语篇建构观的学理传承及早期发展

提及。即便如此，我们则认为，由于韩礼德曾于1949—1950年在岭南大学师承王力先生研究汉语语法，主要涉及方言学、音系学、中国语言学史等，王力先生的衔接思想值得关注。通过对现有文献的研读，可以发现，韩礼德的衔接理论与王力的"承上说"（continued speech）有诸多契合之处。胡壮麟（1991）在韩礼德（Halliday & Hasan, 1976）对语篇衔接手段的分类体系下追溯了王力的"承上说"，认为其中孕育着韩礼德衔接思想的萌芽。经过仔细比较，我们认为二者在研究对象和研究方法上具有同质性。

首先，从研究对象来看，二者都指向组句成篇的语言资源。韩礼德述及的五大类语言衔接现象，在《王力文集（第一卷）》和《中国现代语法》两部经典巨著中早已有提及或阐述，王力先生通过枚举大量的实例，讨论了先词、承说的省略、替代形式、连接词、词汇搭配等衔接手段在口语语篇建构中的作用。所不同的是，王力先生侧重于上述衔接形式的归纳和例释，为重新审视和描写汉语语篇衔接机制乃至篇章语法提供了一个新的视角，而韩礼德则在此基础上不仅将上述语言现象冠以"衔接"专名加以系统研究，并且在对衔接资源的分类、属性及其理论化等方面取得了重大的突破。

其次，从研究方法来看，二者也存在息息相通之处，在衔接研究中始终贯穿语篇性和功能性思想。一方面，两者均主张在语篇层面而不是从词类，来研究语法和词汇衔接现象，打破了将语言研究囿于句子结构内部的传统；王力先生的"造句法"反映了语言研究的语篇路径，他的"句"包括简单句和复合句，相当于韩礼德的小句和小句复合体；"句"是语篇的重要体现形式和语言研究的基本语法单位，二者在对衔接手段的研究中均贯穿了这一思想认识；另一方面，两者均倡导衔接形式的研究必须以功能为中心，把语法形式与语义环境联系起来，充分体现了功能语法的一大理论原则，即"语法的语义基础"，韩礼德（Halliday, 1985/2003）明确承认该原则受到王力先生语言研究观的启示。王力先生重视语义、功能和语篇的思想深深影响了韩礼德，使其从理论和实践层面不断丰富完善这一思想，把衔接研究提升到了一个新的高度。

第二节 韩礼德语篇建构观的早期发展

韩礼德语篇建构观是与系统功能语言学整个理论体系的建构和发展同步而行的。借鉴学界对系统功能语言学发展阶段的划分（黄国文，2000a，2000b；辛志英，黄国文，2011），我们将韩礼德语篇建构观的流变历程分为初创期、发展期和升华期三个阶段。本节着重考察其初创期和发展期的发展，升华期的分析将在第三章中进一步展开。

一 初创期（1950—1960）

20世纪五六十年代，系统功能语言学的研究重心在于围绕语言的词汇语法层建构系统功能语法，历经从"阶和范畴语法"到"系统语法"，再到"功能语法"的跨越（胡壮麟，朱永生，张德禄，1989：27-45；黄国文，2000a；辛志英、黄国文，2011）。这一阶段，韩礼德语篇元功能理论的创建成就主要有：（1）初步提出衔接理论框架并将其应用于文学语篇研究；（2）描写小句的主位和信息结构以及它们与及物性系统的内在关联；（3）使用"话语功能"或"语篇内部功能"来统一指称主位、信息等范畴，并将其纳入语法的功能组成体系内，从而予以整体性考察。

韩礼德的衔接理论是在实践他本人所倡导的"语言文体学"（linguistic stylistics）的过程中提出并逐步完善的。他认为将语言学的理论和方法应用于文学语篇的研究，有助于揭示语言的具体运作，可以弥补传统文学批评的不足。1962年在第九届国际语言学家大会上的发言"文学语篇的语言学研究"（The linguistic study of literary texts），和1964年发表的"文学研究中的描写语言学"（Descriptive linguistics in literary studies），集中反映了他最初的衔接理论构想。后来，这两篇文章被合二为一，收录于 *Collected Works of M. A. K. Halliday* 第二卷中，重新命名为"文学语篇的语言学研究"（The linguistic study of literary text）（Halliday，1964/2002：5-22）。该文中，韩礼德首次提出"衔接"这一专门术语,来统称照应、替代、省略、连接等传统修辞手段。同时,韩礼德提出了描写衔接系统的最初框架,包括语法和词汇两大范畴,其中语法部分包括结构成分和非结构成分,而词汇部分包括词语重复和同一词汇集词语的使用。通过对三个小说片段衔接机制的分析,这一理论框架的适用性得到了初步验证,为文学语篇研究提供了语言学证据。

在20世纪60年代中期的"系统语法"阶段,韩礼德(Halliday,1967/2005)继承和发展了布拉格学派的主位和信息理论,即发展了Mathesius提出的有关表达出发点和表述核心的实际切分理论,着力描述其语法理论的"系统"部分,深入阐述信息单位、信息焦点、主位化等概念,集中论述了语篇的内部结构,还涉及替代、指称等衔接概念在语篇结构中的作用。这些成果为日后整个语篇元功能思想体系的构建奠定了坚实的句法基础。

20世纪60年代后期的"功能语法"阶段,是韩礼德建立元功能假说的重要时期,语篇元功能思想的雏形初现。韩礼德(Halliday,1968/2005)注意到语法的"功能成分"(functional components)的重要性,即语言系统依据其内部的功能成分结成更大的系统网络。他认为这一概念既能解释语言的内部结构组成,又能解答"为什么语言是现在这个样子"的问题。他(Halliday,1968/2005)首次提出系统语法具有四种"功能成分",即它们"反映……语言……必须承担的四种功能"(representing four functions that the language... is required to carry out),即经验功能(experiential)、逻辑功能(logical)、话语功能(discoursal)、人际元功能(或言语功能,speech-functional)。这里的"话语功能"与他后来(Halliday,1969/2005)所提的"语篇内部功能"(intratextual)(即"语篇元功能"的原型),可以说是韩礼德语篇元功能思想的重要开端。话语功能被认为是系统功能学派一个典型的原创性概念,用韩礼德的原话说,其原因是"几乎没有文献记载"(rather less well documented)。话语功能具有三个重要内涵:(1)话语功能是每种语言都具备的创造语篇的功能,说话人识别、判断语篇正是依赖语言"内在的语篇组织"(inherent texture)以及说话人对这一属性的意识(awareness of it);(2)话语功能具有"句子之上的语法"(grammar above the sentence）与"句子之下的语法"（grammar below the sentence）两个维度，前者指话语结构层面说话人连接句子时可采取的诸多选择，后者指（说话人）将话语组织成交际的（词汇语法）手段；（3）话语功能的实现或话语的构建需要依赖一定的语法资源，使句子与前文和语境相连接、相一致。那么，话语功能与小句句法是如何关联的呢？韩礼德（Halliday，1968/2005）认为，主位系统"反映"（represent）话语功能（"主位系统"为统称术语，包括信息系统，但从严格意义上说，信息系统不属于小句系统，仅为了表述便利）。这里的"反映"，实质上是语言系统不同层次之间"体现观"的雏形，后来韩礼德更多地使用"体现"（realize/realization）。

在语篇元功能思想的初创期，韩礼德一方面着力于词汇语法系统的描写，主要是对语篇元功能体现形式的研究，如对主位系统、信息系统的具体描述和对衔接系统所做的初步研究；另一方面，韩礼德把对系统语法的描写与语篇语义联系起来，他意识到语篇元功能研究必须结合语境的重要性。这个时期，从对小句词汇语法、语篇元功能语义再到对语境的重视，我们不难看出韩礼德语篇元功能思想框架已经初步搭建起来。

二 发展期（1970—1980）

20世纪七八十年代是系统功能语言学理论逐步完善、走向成熟的关键时期。就语篇元功能思想发展而言，韩礼德在这一阶段的主要成就有：（1）正式提出"语篇元功能"的概念，标志着元功能思想的诞生；（2）深入诠释"语篇"的概念和性质；（3）修正早期的衔接理论框架，对衔接的性质、类型及意义有了更深入、更细致的认识；（4）深入阐述其"层次观""体现观"，并在此基础上构建语篇语义、词汇语法、语境三者之间的关联体系；（5）从个体发生视角考证元功能假说的合理性，语篇元功能的出现标志着儿童的交际手段由原始语言正式过渡到成人语言。

韩礼德（Halliday，1970/2005）在辨明其"语言功能"观后，用textual function（语篇元功能）取代早先的discoursal function与intratextual function。他指出，"语篇元功能是语言的内在属性，对另外两个功能起到工具作用；正是因为我们可以选择自己想要的消息形式，我们也可以有效地使用语言来表达经验、与周围的人进行交际"。韩礼德（Halliday，1970/2002）还强调，语篇元功能一方面使说话者或写作者能够建构与情境相关的语篇；另一方面使听者或读者能够将语篇和一系列杂乱的句子区分开来。我们可以将韩礼德此阶段的语篇元功能观概括为三点：（1）语篇元功能所要说明的是语言内部关系；（2）语篇元功能具有使动功能，概念元功能和人际元功能要依靠语篇元功能才能实现；（3）语篇元功能的运作，体现为人们创造出与语境相关、有内在衔接性的语篇。

随后，韩礼德（Halliday，1978：128 – 151）阐述了语篇的社会意义学属性（the sociosemantic nature）。语篇元功能由语篇组成资源体现，语篇是一个语义单位，句子是其体现形式而不是组成单位。语篇是动态性的、对话性的，语义发展呈波浪推进方式。单个语篇是在系统中做出一系列选择后的结构，单个语篇来自系统同时又改变着系统。可以说，这是韩礼德语篇发生学思想的早期体现。

在这一阶段，衔接理论正式确立并深入发展。在《英语的衔接》（Halliday & Hasan，1976）一书中，两位作者将早期理论框架中的非结构部分和词汇部分（Halliday，1964/2002）发展成为一个全面的衔接理论，对衔接的属性、类型以及意义进行了更明晰、更深入的阐述。第一，就属性而言，他们指出衔接和语篇一样，是一个语义概念，旨在表明语篇中语言成分之间的语义联系，或者说是语篇中两个或多个相互照应成分之间的关系。当语篇中一个成分的含义依赖另一个成分的解释时，便产生衔接关系。第二，就类型而言，他们将衔接分为语法衔接和词汇衔接两大类，虽然1964年的理论雏形也包括语法和词汇两个范畴，但两种分类法并不完全相同。具体而言，1976年理论模型中的"语法衔接"和"词汇衔接"分别相当于当初的"语法范畴的非结构部分"和"词汇部分"，而原先的"语法范畴的结构部分"并不包含在内。第三，就意义而言，他们指出衔接的意义体现于语篇概念之中，衔接是语篇建构的必要非充分条件，在语篇建构中起促进作用。通过对"语篇组织"概念的阐述,两位作者指出虽然衔接只是语篇组织的一种资源,但是其独特之处在于表达了语篇中两个部分之间的连续性,为语言成为具有生命力的语篇提供了另一种必需的资源。此外,他们还讨论了不同类型的衔接手段在语篇建构中的意义。

立足于前期对语境的研究,韩礼德建立了语篇元功能与语境变量之间联系的假设,即语篇元功能体现语式。韩礼德(Halliday,1979/2002)还从语言"层次"的视角出发讨论了内容和表达之间的关系,并进一步阐述"层次"之间的"体现"关系。他的层次观与体现观表明,对语篇语义层的研究可以采取由内(at its own level)、由上(from above)、由下(from below)三个视角,即语篇元功能与另外两大功能的关系,语篇元功能与语境的关系,以及语篇元功能与词汇语法的关系。

此外,韩礼德进一步从个体发生学视角为元功能假说寻求实证支持,相关成果主要体现于《语言功能探究》(Explorations in the Functions of Language)(Halliday,1973)和《学会如何表达意义》(Learning How to Mean: Explorations in the Development of Language)(Halliday,1975a)两部著作中。通过对其子 Nigel 语言功能发育的观察,韩礼德发现,在语言功能上,儿童语言经历了从微观功能到宏观功能再到元功能的演变;在语言层次上,儿童语言经历了由二层次系统到三层次系统的进化;在进化时间上,相对于概念和人际元功能,语篇元功能是在个体发育进入成人语言阶段后,随着语言系统中词汇语法层的出现才进化成功的。韩礼德从个体发生维度初步考证了语篇元功能的非本源属性,对语篇元功能属性的认识更全面、更深刻,与此前(Halliday,1970/2002)提出的"使动属性"不仅形成互补,更是一种理论上的提升,彰显了语篇元功能的进化本质及其建构现实的元理论意义,为日后更深层次的理论化奠定了基础。

第三节 "悉尼学派"对早期语篇建构观的发展

韩礼德是语篇元功能的缔造者,是整个思想体系的顶层设计师。半个多世纪以来，系统功能学界其他学者从多个维度，为语篇元功能思想的发展和完善做出重要贡献。限于篇幅，我们着重概述"悉尼学派"其他几位主要代表人物的相关研究。

一 Hasan 的衔接理论

Hasan 对语篇元功能思想的主要贡献体现在对衔接理论的建构和发展。在"悉尼学派"内部，Hasan 紧随韩礼德，最早开展衔接研究，可谓起步早且成果丰。

基于韩礼德（Halliday，1964/2002）的早期衔接模型，Hasan 就其中的语法衔接做了较为详尽的研究，在其博士论文基础上，出版了《英语口语和书面语的语法衔接》，指出"衔接的研究目的就是发现语篇所具有的区别与一群句子的特征"。在理论发展期，Hasan 与韩礼德联袂出版《英语的衔接》（Halliday & Hasan，1976），不但标志着衔接理论的正式诞生，而且是系统功能语言学研究从基于小句的语法扩展到基于语篇的语法的一个重要里程碑。十年后，他们（Halliday & Hasan，1985）再度合作，推出《语言、语境和语篇》。Hasan 此阶段的主要贡献是，提出衔接和谐理论，把衔接概念的涵盖范围扩大到实现谋篇意义的结构之间，力图阐明衔接是构建连贯的基础，衔接和谐则是衡量语篇连贯的标准。然而，由于 Hasan 的衔接和谐理论是从词汇层面对语篇连贯进行的一种定量分析，在实际的语篇分析中容易受到诸多因素的影响，尤其是其定量性特征与语言固有的盖然性特征相悖，因而可能无法完全实现预期目标。但是，"衔接和谐理论的提出在很大程度上改变了以往对于语篇连贯的绝对主义的不科学的观念，有力地推动了语篇连贯具有不同程度的思想的深入发展"（薛静等，2006）。

从 20 世纪 60 年代的语法衔接概念，到 20 世纪 70 年代的词汇衔接模型，再到 20 世纪 80 年代的衔接和谐理论，Hasan 对衔接的研究在整体上采取了从语法到语篇语义直至社会语境的"上行"研究路径，立体化地揭示了衔接的本质及其在语篇建构中的意义，为 Martin（1992）等人进一步开展语篇语义研究奠定了理论基础，是韩礼德语篇元功能思想体系的重要组成部分。

二 Martin 的语篇语义理论

Martin 对语篇元功能思想的发展，主要集中于语篇语义理论。作为"第一个深入、全面阐述语篇语义学的系统功能语言学家"（姜望琪，2011：64），Martin 以衔接理论为出发点，通过探究语篇语义系统及其结构，不断丰富和完善经典理论的语义层和语境层。语篇系统是语篇语义理论的主要内容，在《英语语篇：系统与结构》（Martin，1992）和《语篇研究：跨越小句的意义》（Martin & Rose，2007）两部著作中，Martin 构建了评价、概念、联结、识别、格律、磋商六大语篇系统。我们这里主要讨论其中与语篇元功能密切相关的三个系统，即概念、识别、格律。概念系统虽然实施经验元功能，但其所关注的词项之间的上下义、反义、近义、部分整体等经验关系，却属于经典衔接理论的研究范畴。概念系统主要继承了词汇衔接理论以及衔接和谐理论，是对词汇衔接特别是其中的搭配关系的发展。但 Martin（1992：370）同时强调，两种研究路径拥有不同的出发点，概念系统以语义为中心，"试图改进词汇衔接分析使其朝向语域的语场变量"，而经典衔接理论以词项为中心，"重在构建不同语篇连贯程度的衡量标准"。识别系统实施语篇元功能，关注语篇参与者在话语发展过程中的识别和追踪。经典衔接理论中的指称衔接是识别系统的重要思想源泉，Martin 以指称性为基础，建立基于语境的复取网络，结合语言层次观探讨指称性的语法化，尤其是名词化语法隐喻在参与者识别和重构中的意义，通过勾勒语篇参与者指称成分在话语过程中形成的指称链来揭示不同语类的语篇结构。当然，Martin（1992：156 - 157）对于识别系统的不足毫不避讳，直言对参与者识别的动态过程缺少关注。格律系统同样实施语篇元功能，但侧重关注语篇中的信息流。Martin（Martin & Rose，2007：188 - 199）借鉴了韩礼德（Halliday，1979/2002；Halliday，1985：316）、Pike（1982：12）等提出的波隐喻，来描写信息流的发生方式，在韩礼德从小句层面对主位推进的波形机制所做的研究基础上，Martin 将主位、信息从小句内部拓展至小句之上，在段落和篇章两个层级分别建立了超级主位和超级新信息、宏观主位和宏观新信息，并用"大波"（big waves）和"潮波"(tidal waves)来喻指两种类型的信息流。Martin 对韩礼德语篇元功能思想既有继承，也有发展。Martin 的理论建构因经典衔接理论在阐释语篇语义方面的局限性而起，为韩礼德的发展提供了一种补充性的视角和路径，而韩礼德相关概念的内涵和外延在 Martin 的理论建构过程中也得到持续的深化和拓展。

三 Matthiessen 的语篇发生理论

在将系统功能语言学应用于计算机模拟语篇生成的实践中，Matthiessen（Halliday & Matthiessen，1999，2004，2014；Matthiessen，1991a，1992）继承、捍卫并发展了韩礼德早期的语篇发生观，不仅从本体论上修正了语篇元功能经典理论中的一些提法，澄清了一些认知误区，而且从元理论层面丰富了语篇元功能思想的内涵，得到韩礼德的高度认可。Matthiessen（1992）重新审视了语篇元功能的本质属性和理论意义，为其语篇发生理论奠定了坚实的基础，可以被视为"系统功能学派就此问题的宣言书"（严世清，2005）。

第一，凸显了语篇元功能独特的理论地位。语篇元功能由于自身的不可言说性和非指称性，因而从根本上区别于概念和人际元功能，在很大程度上昭示了系统功能语言学不同于形式语言学和认知语言学的研究立场和目标，即打破了参照客观世界模型或心理世界模型研究语言的桎梏，采取"生物体之间"的社会意义学立场，以语篇为基本研究单位探究语言建构客观现实、维系社会关系的功能和模式。

第二，深化了韩礼德的"语篇波"概念。在语义空间中，语篇元功能体现为波形运动。语篇波由主位波和信息波交织而成，波峰和波谷构成了丰富而有格律的语篇音调图谱。在语篇发生过程中，概念和人际元功能通过提供相应的载体资源，保证了语篇波的有效推进，佐证了概念和人际元功能共同作用于语篇元功能的观点，是对韩礼德早期功能观的修正。语篇波在语篇创造和理解中起到了明显的辅助作用，是语篇元功能作用于语言的重要方式之一。

第三，强调了语篇元功能的非本源性。非本源性指语篇元功能并非客观现实的固有属性，而是语言系统所建构的意义现实的属性。这一思想渗透于韩礼德的多个研究领域，如儿童语言发展、语篇发生、语法隐喻等。Matthiessen 重提非本源性，一方面有助于人们更好地把握语篇元功能作为使动功能的理论内涵；另一方面对替代、省略、上下义等语篇资源的本质和功能，尤其是三大元功能之间的辩证关系作出了更加令人信服的解释。最关键的是从元理论层面揭示了语言的现实建构功能，是对韩礼德早期语篇建构观的理论升华。

第四，提出了语篇内在结构的动态性。语篇波生动地展示了语篇元功能运作的表现形式和动态属性。Matthiessen 创造性地使用了语篇状态和语篇过渡两个概念，生动地再现了语篇波在语篇层面的转换和过渡，重新对语篇资源进行归类并交代其在语篇建构中的不同作用。对于语篇意义在多个层面呈现为波形运动，Matthiessen 与 Martin 的观点并无二致，但二者在研究目标和维度上存在一定差异。Martin 引入和发展语篇波的概念，旨在对语类结构进行共时性描写，在很大程度是一种静态呈现；而 Matthiessen 强调语篇意义波形运动的历时性视角，将语篇结构形象地比作"语篇历程"和"意义旅行"，更注重其动态性。此外，Matthiessen 还就语篇波的载体、属性、机辅模拟等维度，展开了深入而卓有成效的研究。Matthiessen 对语篇元功能的阐释独具匠心而自成体系，"丰富了韩礼德的语言功能学说，是对系统功能语言学理论的重大贡献"（朱永生、严世清，2001：43）。

第四节　国内系统功能学界的贡献

随着 20 世纪 80 年代对系统功能理论的引进和阐释，国内学者围绕韩礼德的语篇元功能思想开展了大量研究，取得了丰硕的理论与实践成果。本节基于数据统计和文献梳理，主要考察语篇元功能思想在国内近四十年来的发展历程和研究现状。

对国内研究数据的统计主要从两个路径展开：一是通过梳理"中国知网数字资源库"（以下简称 CNKI）收录的相关论文，拼图式地再现国内研究的概貌与动向；二是通过研读国内系统功能学界领军学者的相关著作，从而系统地了解其对国内语篇元功能研究产生的影响。

为精准围绕语篇元功能这一研究对象，我们首先以"篇名出现：语篇元功能"为条件进行CNKI检索，结果如图1-1所示，国内相关研究论文的年份分布，在来源类别为"所有期刊"的情况下，论文总数达到410篇。其中，"北大核心"或"CSSCI刊物"共发表84篇，"外语类核心期刊"发表49篇。通过回归预测分析（所有期刊），发现对语篇元功能思想的研究在数量上呈上升趋势，可见其一直是系统功能语言学的研究热点；但另一方面，国内语篇元功能思想研究成果表现出高产低质倾向，例如，能代表国内一线学者研究成就的"外语类核心期刊"论文数量，仅占"所有期刊"总数的11.95%。当然，检索技术的限制过滤掉了1995年之前涉及语篇元功能概念的论文，因为早在20世纪80年代国内学界就已经开始对语篇元功能的引介与研究。

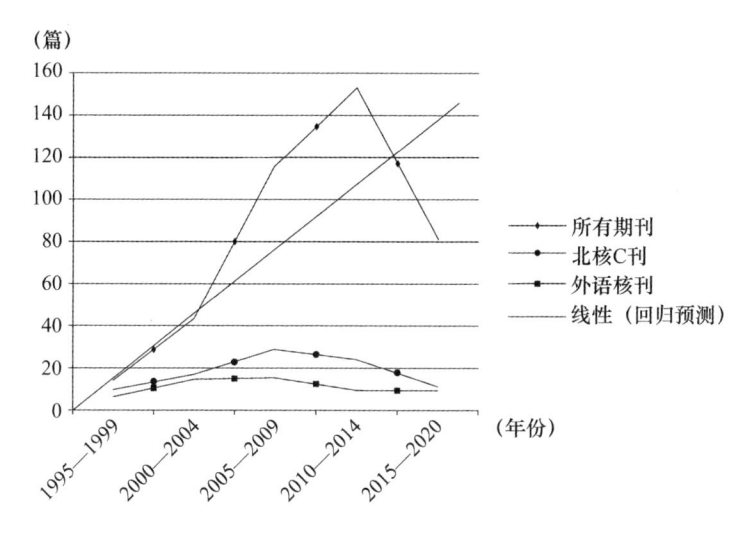

图1-1 以"篇名出现：语篇元功能"
为条件的CNKI检索结果

针对前一种检索方式可能存在的不足，我们同时以"主题出现：语篇元功能"为条件进行CNKI检索（见图1-2），在来源类别为"所有期刊"的情况下，论文总数达到11905篇。为图示清晰起见，分为七个阶段，回归预测分析表明依然呈整体上升趋势。然而，通过文献详读，发现专门讨论语篇元功能概念的学者只有严世清（2005），而大部分论文或只是覆盖语篇元功能的三种语言体现形式，即主位结构、信息结构、衔接手段，或只是涉及其中之一。为尽可能全面真实地反映国内语篇元功能思想研究现状，在逐一阅读其中的1654篇论文（来自外语类核心刊物①）的基础上，进一步析取其中涉及语篇元功能概念的相关内容。

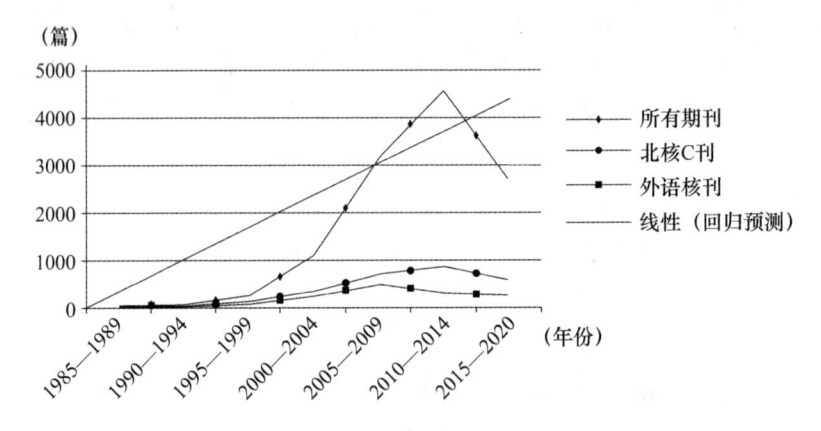

图1-2 以"主题出现：语篇元功能"为条件的CNKI检索结果

此外，国内学者还通过著作的形式引介、阐述语篇元功能思想。以对图1-1和图1-2中"所有期刊"的共引文献分析为例，引用率位于前三位的著作分别是：《系统功能语法概论》（胡壮麟等，1989）、《语篇分析概要》（黄国文，1988）、《语篇的衔接与连贯》（胡壮麟，1994）。这三部著作堪称较早介绍系统功能语言学和语篇分析相关理论的经典之作，在语言研究与理论教学中发挥了重要作用。通过分析论文、研读上述著作的相关章节，发现国内学者对系统功能语言学语篇元功能思想的研究主要集中于理论引介、理论发展、理论应用三个方面。

---

① 王红阳和周先成（引自黄国文和辛志英，2012：435—448）统计分析了《外语教学与研究》《外国语》《现代外语》和《当代语言学》四大权威期刊30年来（1980—2009）发表的系统功能语言学文章，指出就研究主题而言，位居前四的分别是衔接与连贯、纯理功能、主位结构、信息结构。本书拓展了期刊范围，旨在更广更深地反映国内对语篇元功能的研究现状。

一 理论引介

国内学者对语篇元功能概念的引介主要见诸 20 世纪 80 年代到 90 年代初的一系列论文与专著。其中,涉及语篇功能思想介绍的论文主要有:胡壮麟(1983,1984,1990)、徐盛桓(1982,1985,1987)、何兆熊(1983)、黄辉(1985)、朱永生(1986,1990)、张德禄(1987);涉及语篇功能思想介绍的著作主要有:《系统功能语法概论》(胡壮麟等,1989)、《系统功能语法导论》(程琪龙,1994)。

胡壮麟是国内较早阐述这一概念的前辈,为推广系统功能理论作出巨大贡献。他在"韩礼德"(1983)一文中指出,功能语法认为语义由概念部分、交际部分、话语部分组成,其中话语部分包括主位结构、信息理论和接应(即衔接),该文还介绍了主位和接应,前者"汲取了布拉格学派主位组成的理论",后者"受弗斯的搭配概念的启示",并指出,"接应理论……在话语分析中已证明是切实可行的"。在《系统功能语法概论》(胡壮麟等,1989:12-13)中,他还特别指出语篇元功能就是指"语篇的完整性、一致性和衔接性",同时对比了 Malinowski、Bhüler 和韩礼德的语言功能模式,认为"Bhüler 的所指功能只是韩礼德语篇元功能的一小部分,不能充分阐明语篇得以产生的实质"。

二 理论发展

语篇元功能由主位、信息、衔接三个系统体现,国内学者对于语篇元功能思想的发展也主要集中于相应的三个领域。朱永生(胡壮麟等,1989:135-163)对这三个语法系统进行了全面介绍。相对而言,国内学者对衔接的研究较为集中,取得了相对丰硕的研究成果。

1. 主位系统研究

国内学者的贡献主要在于对主位推进模式的分类、描写以及应用研究。徐盛桓(1982)提出四种主位推进模式:平行性的发展、延续性的发展、集中性的发展、交叉性的发展,他(Halliday,1982,1985)的相关研究为主位和述位的后续研究奠定了坚实基础。李战子(1992)

介绍了 Glatt 的三种基本主位推进模式：链式推进、平行主位推进、层次主位推进，并加以例证化，指出其教学意义。朱永生（1995）将主位推进归纳为主位同一、述位同一、延续、交叉等四种模式。杨斐翡（2004）基于徐盛桓（1982）和国外学者提出的几种模式，分别提出"七种模式说"与"五种模式说"。

2. 信息系统研究

对于信息结构的讨论通常跟"主位—述位"结合在一起。徐盛桓（1985）阐述了主位与信息之间的五种关系：主位表达已知信息、主位表达部分已知信息、主位表达相关信息、主位表达新信息、主位起引导作用。朱永生（1986）介绍了信息系统的基本含义、表现形式和结构特点，并简要述及其与主位、应接的关系；后来，他（Halliday，1990）在总结前人成果的基础上，提出主位与信息分布之间的四种可能性：主位不表示信息，主位表示已知信息，主位表示新信息，主位表示"已知信息＋新信息"。张德禄（1987）在介绍了信息结构和信息中心的基础上，以割裂句式探讨了句法和词汇中心标记及其范围。杨斐翡（2001）讨论了在何种情况下主位与新信息重合以及如何与述位相互作用进行信息组织与发展。由于韩礼德对主位的定义带有一定的形式性，主位推进的理论在一些情况下不能充分地解释语篇的发展和连贯。有鉴于此，王琦、程晓堂（2004）从功能的角度，以主位和信息系统共同推动语篇发展为例，来解释语篇的完整性与连贯性。

3. 衔接系统研究

国内对衔接系统的研究主要体现在对形式衔接手段的具体描写，以及衔接与连贯研究的理论化两方面。从对形式衔接手段的研究来看，何兆熊（1983）基于韩礼德（Halliday & Hasan，1976）的英语衔接模式，描述了其中的六种衔接手段：照应、替代、省略、连接、词语衔接、词语的同现；徐盛桓（1987）介绍了体现逻辑衔接的衔接词（即何兆熊所说的"连接"），着重考察了这些衔接词在话语结构中的地位和作用；李战子（1992）从篇章信息冗余的角度讨论了作为衔接手段之一的词语重现和篇章信息的关系；赵永青（2000）总结了词汇同现的语域词汇同现和组合搭配同现并分析了它们在语篇中所起的衔接作用；张德禄

(2000)分析了衔接机制中的非语言特征,认为语篇衔接的研究还应把非语言衔接机制也考虑进去,才能使语篇的衔接与连贯真正达成一致。从理论化来看,国内研究从形式描写走向认知解释,从单视角走向多视角。胡壮麟(1994)论述了语篇性(texture)的三个组成部分,即句际关系、句内结构和语篇的宏观结构,结合汉语实例说明了衔接与连贯研究必须和语篇分析紧密结合。张德禄和刘汝山(2003)建立了语篇衔接和连贯的理论模式和分析框架,为韩礼德衔接模式(Halliday & Hasan,1976)的拓展及理论化做出了积极贡献。

三 理论应用

国内学者主要将主位推进模式和衔接手段应用于四个领域:语篇分析、文体研究、翻译研究以及语言教学。

1. 语篇分析

语篇分析研究在文献中占了很大比例,究其原因,黄国文(2000a)指出,"系统功能语言学注重研究活生生的语言和语言的使用,是非常适合语篇分析的理论,很多教师和研究者都已尝到了这个理论的实用性和可用性的甜头"。

朱永生(1995)总结了主位同一、述位同一、延续、交叉四种主位推进模式,分析了单个语篇、同类语篇与不同类型语篇中的主位推进模式,凸显了主位推进模式在语篇分析中的价值。杨斐翡(2004)区分了五种主位推进模式及其与语篇连贯的辩证关系,结合语篇分析指出,主位推进有助于揭示语篇连贯的实质。国内学者或是运用主位推进模式分析单个语篇,或是比较不同语篇所采用的主位推进模式。对于衔接概念在语篇中的研究主要是分析单个语篇、同类语篇与不同类型语篇中的形式衔接手段,并以此强调衔接手段和主位推进一样是语篇连贯的重要保证。限于篇幅,相关的研究不再逐一列出。

在以"语篇元功能"为关键词进行文献检索时,发现国内汉语界也有不少研究有类似的提法。然而,其中大部分并非系统功能语言学的所指,而是在创作中用于表明作品基本结构而采用的具体手段,类似于诗文写作结构章法中的"起、承、转、合"。

2. 文体研究

结合语篇元功能思想的文体研究主要是探讨词汇衔接、语法衔接等的文体效应。人们普遍认为，在同一文体中通过使用多种衔接手段有助于增进文体效应，保证作品语境的统一，从而达到语篇连贯；语篇体裁会影响到信息发出者对主位推进模式的选择，主位推进模式有助于建立语篇体裁地位。张德禄（2005）和戴凡、吕黛蓉（2013）在著作中专辟相关章节探讨或介绍主位结构、信息结构、衔接手段在不同文体中的运用。

3. 翻译研究

在翻译研究中，学界重点关注衔接（何伟、卫婧，2011；李文戈、徐红，2012）、主位推进等在保证译文语义的整体性中的积极意义。成功的译者不仅要能认识到原文为促进语篇连贯所采用的语篇资源，以发掘原文的内涵，而且还要能在译文中熟练使用各种语篇手段。王斌（2000）研究了主位推进在英译汉中的解构功能和汉译英中的结构功能。此类研究均试图证明语篇资源的正确传译是实现译文准确性和忠实性的重要前提之一，语篇资源的合理运用有助于实现原文与译文之间形式与功能的对等，最终提高译文质量。

4. 语言教学

系统功能语言学自创立以来就与语言教学结下了不解之缘，其指导意义已被多年来的实践所证明。有学者（魏静姝，1996）围绕阅读教学展开了研究，建议在阅读教学中应该充分利用衔接手段，引导学生抓住文章核心思想、层次结构及其逻辑关系。还有学者将语篇元功能思想应用于写作教学（李锡奎，2012；王学文，2010），证明了主位推进模式、衔接手段等的恰当使用有助于提升学生的写作能力。

第五节　小结

本章重点追溯了韩礼德语篇建构观的学理传承以及早期发展，并且述评了国内外系统功能学界围绕早期语篇思想所开展的研究。韩礼德的语篇元功能思想内容广博，在其创建和发展过程中汲取了古希腊经典语言观、布拉格学派结构功能理论、中国现代语言学等研究传统中的大量养分。

系统功能语言学的三个发展阶段清晰地展示了该思想的流变历程：20世纪60年代中后期，语篇元功能思想发轫于韩礼德对主位、信息、衔接等语言系统内核心概念的研究；70年代初期，对语篇元功能的研究从小句拓展至语篇，从语言系统走向社会语境，越发彰显系统功能学派的研究立场与研究目标。尤为值得注意的是，90年代初以来，随着意义进化论的确立，Matthiessen等系统功能语言学领军人物从元理论层面重新审视语篇元功能。总的趋势是，从作为一种语法理论到作为阐释人、语言与现实之间关系的元理论，语篇元功能思想日臻成熟，元理论价值日益凸显。

国内学者在对语篇元功能思想的引介、应用、理论化等方面取得了巨大成就。这些研究成果是系统功能语言学理论体系构建、发展和逐步完善过程中的重要组成部分，主要贡献大致可以归纳为四个方面：首先，向中国学界引入系统功能语言学的语篇元功能思想，极大地推动了该理论的普及和发展，通过描写具体语篇的主位推进模式、信息结构和形式衔接手段，并且在精密度上进行拓展；其次，继承和发展韩礼德等人有关主位推进模式、信息结构和形式衔接手段的论述，并将其应用于语篇分析、语言教学、文体研究和翻译研究等领域，有力地展示了系统功能语言学作为"适用语言学"的优势；再次，在韩礼德早期衔接模式的基础上，把在衔接和连贯方面的研究加以理论化，将对衔接的关注从语篇内带向语篇外；最后，从系统功能语言学视角研究汉语语篇中的主位推进模式、信息结构和形式衔接手段，并尝试从对比的角度开展研究。

第二章

意义进化论[①]

20世纪90年代,韩礼德(Halliday,1992/2002;Halliday & Matthiessen,1999:15-22)正式提出意义进化论,并以此为核心梳理和修正其原有的理论体系(严世清,2005,2012)。在这一纲领的统摄下,以语篇元功能为核心的早期语篇建构观得到了全面发展和升华。在对西方语言进化研究进行述评的基础上,本章提出韩礼德语言进化论究其本质而言是意义进化论,故重点探讨意义进化论的理论背景、理论基础、理论维度以及理论核心。

第一节 理论背景

从创立的动因来看,意义进化论的提出并非偶然,而是系统功能学派面对当代语言学发展的新趋势而做出的主动反应。从发展的历程来看,意义进化论的发展大致经历了三个时期:萌芽期(20世纪70—80年代)、创立期(20世纪90年代)、升华期(进入21世纪以来)。正式作为语言学术语的意义进化论,直到20世纪90年代才被提出,但它所蕴含的核心思想却始终贯穿于系统功能语言学理论的建构和发展之中。在意义进化论创建过程中,韩礼德等人一方面积极借鉴其他学科或理论研究的理念和成果;另一方面重新回顾、反思、挖掘早期所积累的儿童

[①] 本章部分内容发表于《外语教学》《东北大学学报》,发表时有修改。

语言发展语料和科技语篇分析实例，以"进化的"(evolutionary)研究方法揭示其中潜在的有关人类经验建构的一般模式，为意义进化论奠定了深厚的理论及实践基础。

20世纪60年代以来，西方语言学家积极借鉴生物进化的研究成果，以期为语言研究寻求新的突破口，进而深入揭示语言的本质。在此背景下，语言进化研究的地位得到重视，系统功能语学派也高度关注这一课题，开创性地提出意义进化论这一意义研究的新范式，并以此为纲，系统梳理其语言理论体系。本节主要从生物进化思想的形成与发展、语言进化研究的历程、语言进化研究简评三个方面，来阐述系统功能学派创建意义进化论的背景和动因。

一　生物进化思想的形成与发展

当代进化论大多以 Darwin 的生物进化[1]思想为主轴。然而，早在古希腊时期，哲学家们的论著中就已经出现了零星的进化论思想。Anaximander[2] 认为动物源于无生命物质，如海中软泥，原始生物经过蜕变进化为陆地植物。Heraclitus[3] 提出了"万物皆流"(everything flows)的世界观，即自然界一直处于变化发展之中，这是一种朴素的进化论思想。Empedocles[4] 说生命是一个逐渐发展的过程，不完善的形式慢慢地被较完善的形式所代替。虽然古希腊先贤的进化思想在某种程度上为后来的进化论发展提供了一定的启示，但由于系统性、科学性不够以及缺少可靠证据的支撑，这些观点带有很强的思辨和推测的性质，未能触及生物进化的本质与核心。

随着中世纪的到来，西方学术界的各种思想受到宗教神学的影响和

---

[1] 由于历史原因，达尔文的物种起源和变异理论在我国多翻译为"进化"而非"演化"，尽管后者更确切地反映了物种演化的无方向性、无先进落后之分的达尔文论，或许"演化"比"进化"更为确切。但由于"进化"一词在我国广为应用，所以本书仍采用"进化"这一译法，但"进化"在此不具方向性。

[2] Anaximander（约公元前610—前545年），古希腊唯物主义哲学家，引入"进化"概念。

[3] Heraclitus（约公元前540—前470年），古希腊哲学家，朴素辩证法思想的代表人物。他还提出"人不能两次踏进同一条河流"的著名论断，以此说明"无物常驻"。

[4] Empedocles（约公元前495—前435年），古希腊哲学家，第一个明确提出选择进化的概念。

束缚,"创世说"逐渐取代了古希腊时期的"进化说",进化思想随之被禁锢,这种状况一直持续到近代。随着科学的进步,尤其是细胞生物学的巨大进步,越来越多的人毅然冲破神授论的桎梏,投身进化论阵营。当时欧洲持有进化论思想的代表人物有 Buffon、Linné、E. Darwin[①]、Lamarck 等,他们所取得的相关成果为 Darwin 对物种起源问题的研究奠定了深厚的基础。1859 年 The Origin of Species 的出版标志着生物进化论的正式创立。生物学研究自此摆脱了各种思辨式的推理,而开始建立在大量的事实证据和严密的逻辑思维的基础之上,从而成为一门完全具备科学意义的学科。因此,Engles 将 Darwin 的进化论与细胞学说、能量守恒和转化定律并称为 19 世纪自然科学界的三大发现。自 The Origin of Species 问世至今近 160 年以来,Darwin 的进化论思想除了在自然科学领域产生革命性影响外,在人文社会科学领域同样也得到广泛认可,本书主要关注这一思想在语言学研究中的回响。

人们对于物种进化的起源及其进化的探索从未停止过,在 Darwin 之后,学界或是继承发展 Darwin 进化学说,或是在批判其理论的基础上提出新型的进化模型。除了 Darwin 及其追随者所倡导的适应论(adaptationist theory)之外,目前处于主流地位的理论假设还有突变论(saltational theory)、功能变异论(exaptationalist theory)和拱肩论(spandrel theory)(Buss, Haselton, Shackelford, Bleske & Wakefield, 1998;张雷,2007:30 - 34)。适应论有四个核心主张,即物种可变性、共同祖先性、自然选择性、进化渐变性,其中,自然选择是核心进化机制。在现代进化理论背景下,自然选择涉及的层次已由 Darwin 时代的单个生物体走向特定种群中的基因分布。突变论由天主教徒动物学家 Mivart 最早提出,他(1871/2005:114 - 115, 129 - 130)声称古生物学证据表明大量动物化石标本基本相似,逐渐演变的进化观是不成立的;相反,物种进化是以突变的、跳跃的、随机的方式发生的,缺乏连续性,而且新特征出现的动力主要来自有机物细胞内部,每一次突变都促使物种沿

[①] Erasmus Darwin (1731—1802),Charles Darwin 的祖父,是一位诗人、医生,早期进化观的倡导者之一。本书中其它地方提及的 Darwin 均指 Charles Darwin。

着预定的路径向前迈进明显的一步。功能变异论最先由 Gould 和 Vrba（1982）提出，在进化心理学领域产生重要影响，该理论的主要思想是，一个发挥某种功能的特征并非自然选择的初衷，而是机体原有功能的变异以减轻外界环境变化造成的压力。例如，在进化之初，动物翅膀的主要功能分别是保持体温，鱼鳔本来是鱼的肺。拱肩论中的"拱肩"原本是一个建筑学术语，后由 Gould 和 Lewontin（1979）引入生物学，喻指物种某些特征的出现是另一特征的副产品（by‑product），旨在提醒人们并非所有生物特征都有着适应目的的，这一特征可能是渐变产生，也可能是突变所致，所以拱肩论往往跟其他理论交织在一起。

二 语言进化研究的三个阶段

受生物进化思想的启示，语言学家尝试采用生物进化论的研究范式来研究语言，希望找寻出语言产生、发展和变化的痕迹。随着语言学家对语言生物机制研究的深入，语言进化研究也得到了长足的发展，在人类认识论发展史上取得了一系列的突破。根据研究的性质或方法的不同，并参照 Hauser 等（2007）的划分，我们将西方语言进化的研究历史大致分为三个阶段。

第一阶段是古代至 19 世纪末的"推测性研究"（speculation‑based period）。一方面，古代哲人通过神话和思辨的形式，猜测、推断语言的起源和进化，如《圣经》中的创世解释，文艺复兴和启蒙运动中的各种思辨；另一方面，科学家们经常开展一些有趣的"思维实验"[①]，譬如，将儿童置于与人类语言世界隔绝的孤岛，以此观察其语言发展情况。这些早期努力为语言进化研究起到了摸索和铺垫的作用，但是，我们认为真正将达尔文主义融入语言进化研究的代表性先驱，当属德国语言学家 August Schleicher[②]。

---

① 思维实验（Gedanken experiments / thought experiments）是一种理性思维范畴的科学方法论，不受现实物质条件的限制，只需借助想象力，就可以使实验者置身于任何对象的实验环境中。

② August Schleicher（1821—1868），德国语言学家，是欧洲历史比较语言学发展至中期的一位重要人物，著有《论语言的比较研究》等重要著作。当然，任何事物都具有两面性，Schleicher 的生物主义（biologism）语言观也不例外，曾受到 20 世纪语言学家的严厉批评（参见朱永生、严世清，2011：66），他们认为语言不是生物，而是民族的主要特征。只要民族不灭亡，其语言就不可能灭亡。

经过生物学家 Ernst Haeckel[①] 的启发和介绍，尤其是在 Darwin 提出进化论以后，Schleicher 对 Darwin 的学说理论产生了浓厚的兴趣，创造性地在生物进化与语言进化之间建立起一种独特的类比关系，倡议语言进化研究的理论与方法可以借鉴、参考生物进化研究的既有成果。Schleicher 将语言科学视作人类自然历史的一部分，提出"语言是自然的有机体"的著名论断。他还根据自然界生物分类体系及物种进化树状图来研究语言的发展、勾画语言间的相互关系，认为语言就像物种的系族那样繁衍、生长，提出了著名的语言谱系树理论（linguistic phylogenetic tree），"他也是第一个说明树图上的分支也许可以用来代表语言消逝时间的理论家……从此研究人员才真正地开始了语言进化研究"（吴文，2013b）。

第二阶段是 20 世纪 50、60 年代的"高度实证性研究"（highly empirical period）。正如前文所述，由于"推测性研究"在理论上缺乏约束性（theoretically unconstrained），以及宗教、历史、社会等客观因素，对语言进化命题的探索，最终遭到曾经是语言学界权威机构的巴黎语言学会的彻底排斥，该学会最初的会章明确指出"绝不涉及语言起源和人造语言这两类问题"（劳宁，1965）。迫于这一禁令的威压，关于语言起源及进化等方面的研究沉寂了一个多世纪。直到 20 世纪中叶，随着 Lenneberg（1967）重新开启对语言进化问题的探讨，才使得语言进化研究再次逐步回归科学轨道。其核心思想有：生物的遗传属性是人类获得语言能力的决定性因素，人脑拥有其他动物所没有的专司语言的区域；人类语言以大脑的认知功能为基础，人脑的基本功能是对类似物进行分类和提取；语言是人脑功能成熟的产物，语言的习得存在关键期，即 2 岁左右到 12 岁左右。在这一阶段，科学家主要研究猿猴等动物经过训练掌握英语口语或其他人造符号系统的可能性。然而，他们的研究结果令人失望。Negus（1929，1949）的解剖实验解释了这一结果：这些作为研究对象的灵长类动物并不具备人类的声道，它们即便经过适当的诱导也无法发出人类的语音（Fitch，2000）。另外一些科学家从上述

[①] Ernst Haeckel（1834—1919），德国博物学家，达尔文进化论的捍卫者和传播者。

实验的失败中得到启发，着手研究猩猩家族以及海豚是否能够掌握相当于人类手势语和口语的视觉符号系统。同时，一些动物行为学家（ethologists）采取广义的比较视角，来研究动物的自然交流，其中具有代表性的是 von Frisch（1967）对蜜蜂舞蹈语言的研究，该研究试图揭示动物自发生成的交流符号是否拥有人类语言的一些区别性特征。在语言学界，转换生成语法创始人 Chomsky（1975）关于人脑语言器官进化的理论假说，开辟了对语言生物机制研究的新局面，为许多遗传学家和模块生物学家所赞同和接受，其核心思想有：语言能力具有生物性和遗传性，规定了人类语言的基本结构；语言知识是一种心理表征，具有心理真实性；语言机能（faculty of language）是人脑实现语言能力、专管语言习得及运用的能力。Lenneberg 和 Chomsky 从不同的视角阐释了语言器官的进化和语言知识的组成、习得及使用，为生物语言学及其视野下的语言进化研究奠定了基础。

第三阶段是语言进化研究的繁荣阶段，其标志是 20 世纪 90 年代进化语言学（evolutionary linguistics，以下简称 evolingo）作为语言学的一个分支学科的诞生。自 1996 年起，语言进化国际研讨会（International Conference on the Evolution of Language，以下简称 EVOLANG）每两年召开一次，成为语言进化研究步入正轨的助推器。EVOLANG 以语言进化相关学科的研究成果为出发点，旨在从多维度探究人类语言的起源及其进化路径。Pinker 和 Bloom（1990）澄清了人们在语言进化问题上的诸多误解，为语言进化研究奠定了基础。Pinker（1994/2004）捍卫了语言生物机制这个颇具争议的议题，以通俗易懂的方式呈现了语言进化研究的现状。作为 Chomsky 的忠实拥趸，Jenkins（2000）则论证了语言的生物和遗传机制，指出人类语言是一个设计完美的系统，并围绕"语言是如何设计的"和"这些设计特征是如何进化的"两大核心问题进行阐述。Aitchison（2002）认为人类语言从原始交际系统到现代语言的进化有三次飞跃，即原始词的出现、词序的形成、语法化的产生。在这一时期，Chomsky（2002；2005）多次重申语言的生物属性，指出语言的进化是人脑语言器官某个个体基因突变的结果，明确表示接受 Gould 等人的进化发育（Evo-devo）的生物学思想，尤其是 Lewontin 等人非选择主义的进化观点,并指出语言进化并非适应和改善交际功能所致,而是人类某些器官进化的副产品——拱肩拱（spandrel）（吴文,2013a）。与 Darwin 等所坚持的语言进化是一种逐渐发生的、自然选择的过程不同,Chomsky 等人认为人类独有的语言进化不是自然选择的结果,而是非连续的突变使然,语言官能的进化是一种功能变异,由原始语言一步飞跃突变成人类语言,人类的语言能力是生物体其他适应性的副产品。转换生成学派的语言进化论注重生物语言层面的基于句法核心运算机制的突变,基因突变诱发了语言的产生,因为在他们看来,实在难以想象有介于中间的半发达语言形式的存在。

三 语言进化研究简评

随着语言进化研究的不断推进,EVOLANG 的规模和学术影响亦不断提升：一是引起了更多学科学者的关注,语言学、考古学、生物学、基因学、社会学、人类学等领域的研究者广泛参与其中,他们从不同的角度出发,积极展开学科之间的协作,共同推动语言进化研究,因此跨学科性是当代语言进化研究的一个显著特征；二是历届大会交流成果集中反映了语言进化国际研究的前沿态势,不同学科思想、方法的碰撞,为进化语言学的持续发展提供了源源不竭的动力。会议的讨论范围在逐年扩展,内容在不断深入,语言进化机制、语音涌现、句法起源等问题得到多学科、多视角的探索。总之,近二十年来,进化语言学在国际上发展得如火如荼,成为国际学术界的一个研究热点。我们对此有以下五点认识。

第一,从研究对象来看,古典研究重点关注语言的神秘起源,早期语系研究者关注语音、拼写、屈折等语言形式上的历时变化,但随着科学技术的发展,研究中心逐渐转移至揭示人类与其他动物在发音器官和神经系统方面的差异。

第二,从研究思路来看,三个时期的语言进化研究都深受生物进化思想的影响,即以语言的生物属性为中心,依据不同的进化理论来探讨人类进化过程中究竟是什么生理或机体变化导致人类获得了区别于其他物种的语言系统。

第三，从研究方法来看，主要采取自然科学研究路径，例如，通过动物实验来对比揭示动物自发生成的交流符号是否拥有人类语言的一些区别性特征，或者是通过神经解剖、核磁共振等前沿技术来找寻诱发语言进化的结构基因组。

第四，从研究流派来看，从 20 世纪六七十年代以来，转换生成学派一直是语言进化研究的主流，虽然 Chomsky 的语法理论历经数次变迁，但其把语言视为一种生物功能的立场却从未动摇，其他派系多是在此基础上的继承发展，抑或变革创新。

第五，从研究成果来看，经过一个半世纪多的努力，语言进化的基本理念已获得认可。然而，学界在语言到底发生于何时、何地以及如何进化等问题上仍未达成共识。最为关键的是，现有的大量研究聚焦于语言的生物属性，把语言视为一种人脑或声道进化的次生现象，而忽视了语言还是一种识解经验和实施交际的重要资源，因此未能完全揭示其本质属性和社会功能。

以韩礼德为代表的系统功能学派和以 Chomsky 为代表的转换生成学派，无疑是当今世界影响最大的两个语言学流派。尽管几乎是在同一时期兴起，但二者在语言性质、研究任务、研究方法等重大问题上存在明显的难以弥合的分歧（朱永生、严世清，2001：156 - 167）。面对语言进化这一课题，虽然两大学派均受到了西方生物进化研究成果的启发，然而上述分歧使得双方采取了彼此对峙的立场。意义进化论是系统功能学派在纵观自身研究、审视当今语言学研究现状的基础上提出的，这一理论既是系统功能学派半个多世纪以来理论发展的结晶，也是新时期语言和意义研究的行动纲领，进一步显现了与转换生成语法一贯以来不同的研究立场和主攻方向。

第二节　理论基础

语言进化研究除了与生物学前沿研究加强联系之外，还应该不断汲取其他学科的养分，方能取得突破性进展。在创建意义进化论的过程中，韩礼德等学者一方面积极借鉴其他学科或理论的研究成果和理念；另一方面重新回顾、挖掘、反思早期所积累的儿童语言发展语料和科技语篇分析实例，以期揭示其中潜在的有关人类经验建构的一般模式，从而为意义进化论奠定理论与实践基础。

一　西方生物进化理论

由于语言系统的进化尚未得到足够的考古学支持，人们难以清晰地追溯语言形成的原始形态及其进化过程。为了尽可能弥补这一缺憾，韩礼德积极寻求借鉴西方生物进化领域的研究方法和理论成果，如 Darwin 的物种进化理论（Theory of Evolution 或 Darwinism）、Edelman 的神经元群选择理论或神经达尔文主义[①]（Theory of Neuronal Group Selection 或 Neural Darwinism，以下简称 ND），为其关于原始语言形成及进化机制的构想提供生物学佐证。

由于语言系统的复杂程度丝毫不亚于生物系统，同时也为了避免幼稚科学主义（naïve scientism）可能带来的风险，以及重蹈 19 世纪历史比较主义（historical comparatism）机械套用物种进化理论的覆辙，韩礼德对于将生命科学研究的范式引入语言学研究持有非常谨慎的态度。在借鉴 Darwin 物种进化理论时，韩礼德（Halliday，1987/2003）提出了自己的基本态度：

> Darwin 主义的观点虽然不尽完美，甚至在不适切的地方使用会有肤浅之嫌，但其作为一个重要的理论视角是不容忽视的。我们应该在历史进化的语境中来理解语言，将其视为进化过程的一个部分；当然，我们也不宜将此理论用于过分具体和特定的地方，而应将其视作我们研究工作的基本阐释框架。

可见，韩礼德对 Darwin 理论持辩证的立场，但对后者基本思想的

[①] Gerald Edelman（1929—2014），美国生物化学家，与 Rodney Porter 联合获得1972年诺贝尔生理学或医学奖。由于在研究人脑的工作机制中采用达尔文物种进化范式，因此，他创立的神经元群选择理论又被称为"神经达尔文主义"。

认同是毋庸置疑的，尤其是肯定了后者作为一种语言进化研究路径的可行性。其实，韩礼德的"系统""功能""社会意义"等主要概念，已经吸取了 Darwin "物竞天择、适者生存"的生物进化思想，"不理解韩礼德语言理论中的达尔文进化论思想，就不可能理解这一理论的思想精髓"（丁建新，2009）。我们主要从研究路径、语言发生、语法的生态性三个方面来探讨韩礼德意义进化研究对 Darwin 物种进化论的借鉴。

首先，就研究路径而言，韩礼德借鉴了 Darwin 的"渐变观"。当代语言进化研究存在两大对立的研究路径，即突变观（saltation）和渐变观（adaptation）（Croft，2000：49-51），二者均有着深远的生物学渊源。"突变观"最早由 Mivart（1871/2005：114-115）提出，主张物种进化的突现性和跳跃性，即机体内部的突发变异是新特征发生的主要动因，这些变异最终导致物种的多样性。"渐变观"可以追溯到 Darwin 的物种进化论，它认为新物种、新特征的形成源于微小变异的长期积累，即渐变成种。如前文所述，Chomsky 是"突变观"的典型代表，他接受进化论的基本思想，但否认自然选择的作用，认为人类语言能力是一种天赋的机能，语言的发生是机体大脑组织结构突变的结果而非渐进的过程。而作为一个达尔文主义者，韩礼德始终秉持"进化的"（evolutionary）语言研究路径（Matthiessen，2007a：505）。这里的"进化"显然是渐变式的，因为韩礼德一直将语言视为一种意义潜势而不是一种天赋能力，认为语言必须结合人与环境、人与人之间的关系来加以解释。对于博物学家 Darwin 来说，虽然语言进化并不是他所关注的核心问题，但是他在比较人类与低等动物的心理能力时曾专门讨论该问题，即旨在论证"人是由低等动物进化而来的"（Darwin，1871/1981：34）这一观点。结合古人类地质学证据，Darwin（1871/1981：59）提出"不同语言和不同物种的形成以及二者的发展都是一个渐进的过程，其证据也异常相似"。在 Darwin 研究范式的启发下，语言进化研究的先驱 Schleicher 将语言科学视为人类自然历史的一部分，提出语言是自然的有机体这一著名论断。在此基础上，韩礼德进一步从社会功能视角，将语言进化和物种进化进行类比，提出将属于自然学科的生物进化研究融入社会科学研究的构想，并在方法应用与交叉融合的基础上创建意义进化论，最终催生了原始语言（protolanguage）、语言发展（language development）、社会生物（social being）、表义生物（semiotic being）、语篇进化（logogenesis）等一系列原创性概念。这种研究思路也从方法论意义上印证了韩礼德一直所倡导的语言研究的超学科视角（transdisciplinary perspective）（Halliday，1990/2003：140）。韩礼德的意义进化论与 Darwin 的语言进化观在研究路径上有着相同性，都认为物种进化研究为语言进化研究提供了可资借鉴的范式。不同的是，Darwin 将人类语言的来源类比于低等动物的交际方式或人的起源，而韩礼德是将人类语言起源类比于人类个体的语言发展。在韩礼德（Halliday，1992/2002）看来，原始语言的表义模式是意义进化的最初性状，属于哺乳动物式的体验模式（mammalian experience），反映人与环境的直接对立。从原始语言到成人语言，个体语言系统根据实际使用的需要，在功能和层次上经历了一个渐进式的进化过程，即从微观功能到宏观功能再到元功能，从"内容——表达"二层次系统到"内容——形式——表达"三层次系统的演化（Halliday，1975a）。语言系统的进化满足了意义交换的需要，意义交换又进一步推动了语言系统的进化，最终使得语言系统摆脱了"能指"与"所指"为任意性关系的阶段，即人类摆脱直接情景（immediate situation）的束缚，从而以具有理据性的词汇语法作为资源创造语篇识解经验、实施交际。

其次，在语言发生问题上，Darwin 至少有两个观点引起了韩礼德的高度关注，一是语言起源的模仿归因；二是语言起源的进化性。就第一个观点而言，Darwin（1871/1981：56）坚定地提出了语言起源的模仿归因说，即婴幼儿对语言的使用起始于"对自然界的声响、其他动物的声音以及人类自身本能呼喊的模仿和调整（imitation and modification），当然这些都是在符号和手势的辅助下实现的"。韩礼德（Halliday，1975a；Halliday，1998/2003）通过对其子 Nigel 语言发展的实际观察，发现 Nigel 的原始语言有两个重要源泉，一是物质领域，主要是自然界中的各种声音；二是成人语音，但是这种模仿的成人语音并不具备成人语言的指称功能，这些发现进一步验证了 Darwin 的观点。在此基础上，韩礼德进一步描写婴儿原始语言的特征、系统及发展模式，为 Darwin

的进化论提供了语言学辩护。就第二个观点而言，两位学者都坚决反对语言的天赋论和遗传说，极力主张语言发生的进化本质。Darwin（1877）重新梳理并总结了37年前对自己孩子出生后的观察日记，阐述了婴儿交际手段的进化性，从本能哭喊到成为一种交流手段需要一个过程，其间先后大致经历了无意识的表达、各种姿势及标记性的不同语调、自创的普通词语、模仿而来的更为精确的词语。韩礼德（Halliday，1983/2003）对 Darwin 的自然的、非诱发的研究方法及其结论大为赞赏，认为"该论述很有见地、很准确，与发育语言学的日记传统在概念上高度呼应"。此外，Darwin（1871/1981：54－56）对人类和低等动物的比较，也有力地证明了语言的进化属性，在物种进化和个体进化的初期，人类和低等动物在表达意义方面基本无异，人类既使用人类专属的有音节语言，也会使用低等动物的无音节喊叫。但随着心理能力的高度发展，人类便具有把声音和观念联系起来的几乎无限大的能力，即人类所特有的通过语言形成概念的能力。韩礼德（Halliday，1975a）对婴幼儿语言从二层次系统到三层系统的发育过程的论述，与 Darwin 的研究完全呼应；韩礼德所指的元理论意义上的语篇元功能实际上相当于 Darwin 提及的人类通过语言形成概念的能力，即通过建构语篇来识解经验、协商意义。两位学者虽然属于不同的历史时代和学术领域，出发点也不尽相同，但其研究间的同质性和互补性不言而喻，这对长期以来占据主导地位的心智主义语言学传统形成了巨大的冲击。

最后，就语法生态性而言，韩礼德（Halliday，1971/2007：40；Halliday，1995/2004：8；Halliday，2003：27）多次强调自己的语法学家身份及语法观的独特内涵，其中"自然"语法（natural grammar）是贯穿系统功能语法理论的全局性思想。在他看来，语法是一个生态意义系统，和自然界中具有生命的个体一样，它也有生命并且依存于整个生态系统之中；在人类物种进化过程中，语法和语言同步进化，"对人类初等意识向高等意识进化起着至关重要的推动作用（driving force）"（Halliday，2004/2013）。韩礼德自然语法概念中的"自然"和 Darwin 自然选择中"自然"是一脉相承的，语法和有机体一样都处于一种生态环境之中。Darwin（1871/1981：60－61）认为"每一种语言都有变异性，而且不断地产生新词"，"在生存斗争中，某些受青睐的词的生存或保留乃是由于自然选择"。在这里，Darwin 直言语言系统之所以呈现为目前的状态，是它不断适应环境和改进的结果。在语言的生态性及环境对语言进化的影响问题上，韩礼德与 Darwin 持有类似的观点，然而，对于 Darwin 过分强调环境对语言系统的单方面影响，韩礼德则进一步提出作为一种生态系统，语法既与语言内部其他系统保持互动，又与所在生境（habitat）的大生态系统产生互动。在这两种互动的作用下，语法的生态性充分显现。一方面，语法系统本身得到持续性的动态建构，与其他系统之间力量消涨，而这种力量的消长促使语言日益进化成为一种复杂的自适应（self-adaptive）、自组织（self-organizing）系统。可见，作为一种生态系统，语法又从根本上区别于其他非系统的生物体，它的生态性在本质上是一种社会生态性，具体表现为其在实现社会功能过程中的迁延性、适应性、元稳定性[①]；另一方面，作为识解人类经验和社会关系的重要资源和动力库，语法具有创造意义的重要属性，因为在认识世界、实施社交的过程中，人们正是通过语法来塑造或重塑经验现实并且把我们的观察和感觉转化成意义的。在这一过程中，语法的语篇元功能成分发挥着重要的组织建构作用，使人们能够把对客观经验的识解和社会关系的协商通过语篇的形式进行交换与传递。就此而言，语法的生态性不只是局限于对其所处环境的适应，更重要的是对现有经验环境和社会环境的建构乃至解构或重构。韩礼德对 Darwin 语言生态观的发展不仅"表明了语言在整个生态社会中的重要作用"，而且从方法论上"提醒语言学家要从语言本体研究走向语言的社会性研究"（孔江平等，2016：13）。

通过借鉴 Darwin 进化论的自然选择观点，Edelman（1992）创立了神经元群选择理论，旨在解释人脑的感知及高级认知功能。Edelman

---

[①] 具体而言，语法系统与语言内部和外部生境协同变化，具有后生进化的发展特征，区别于先天性的模式。只有基于这一认识，我们才能真正理解韩礼德为什么将语言系统描绘为一种意义潜势，而且会随着周围环境的变化而发生缓慢变化，而不是主流语言学所谓的一个"设计完美的、规则的系统"（a well-designed, rule-governed system）或"自给自足的系统"（self-contained system）。语法并非存在于"人脑"中，而是存在于客观世界中，存在于人类交际的社会中，对语法的研究要充分考虑到它在实现社会功能中的生态性。

（1992：111-112）在区分初级意识和高级意识的基础上，认为初级意识是人类和具有类似人脑结构的动物所共有的特征，而高级意识是人脑所独有的属性，它形成的前提是语言能力，即符号及其语法系统的涌现。对于一些灵长类动物具有特定意义行为的现象，Edelman（2004：8-9）认为它们并不具备语法能力，因此其交际系统与人类语言有着严格的区别。这里的高级意识本质上是一种基于语言的意识，因此，从初级意识到高级意识的发展标志着语言大脑（language brain）的成功进化。语言与高级意识共生共存，并与个体所处生境密切互动，伴随个体出生、成长、成熟和消亡的全过程。"系统功能语言学有关儿童语言发展的观点和 Edelman 神经达尔文主义的语言作为高等意识的思想具有一致性"（Halliday，1995/2003：397）。根据系统进化类型图，韩礼德（Halliday，1996/2002：388）指出，个体意义系统的进化始于 Edelman 的"初级意识"阶段，此间语言以其原始状态呈现，是一种初级意义系统，即前文所说的"二层次系统"，该原始语言的主要特征为个体与环境的直接对立，语言进化之初的这种性状因此也被系统功能学派称为"哺乳动物式体验"。在物质经验和意识经验相互作用下，个体的表意方式日趋复杂化，意义能力持续进化。随着个体进入高级意识阶段，词汇语法在其交际系统中涌现，一个具有三层次的高级意义系统随之成功进化，个体发展自此进入成人语言阶段。在处理语言和意识进化及其关系问题上，我们认为系统功能学派与神经生物学有以下三点共识：一是语言和高级意识都因进化而成，具有动态性和渐成性，而非天赋的心灵实体；二是语言进化离不开神经系统的发育完善，但同时也是个体与其所在生境互动的产物；三是语法为推动意识进化提供意义资源，而高级意识的形成又进一步促成语言系统的发展。

根据 Edelman（1992：81-98）神经元群选择理论，神经元通过彼此紧密互联组成神经元群，从而影响和控制脑内神经联结的结构和功能模式的选择活动。该理论秉承 Darwin 进化论种群思想（population thinking），强调生物个体的特异性及其对于认识选择和进化的意义（Edelman，2004：32-33）。对于其中的选择过程，Edelman（2004：39）强调，选择主体是神经元群而非个体神经元，选择机制有发育选择、经验选择和折返连接三种形式，其中，前两者为意识状态的神经元分布的多样性和分化性提供了基础，而折返连接将这些机制融为一体，构成意识进化的复杂选择系统。由于意识进化过程具有复杂性、自适应性等特征，因此作为高级意识的语言也被称为复杂自适应系统，这实际上体现了将语言视为复杂自适应系统的语言观。从神经生物学来看，语言之所以具有复杂性，主要因为高级意识来自某种特殊的脑过程，牵涉大脑多个相对较为分化的区域，如丘脑皮层、小脑、基底节等；语言之所以具有自适应性，主要由于神经元群能根据生境变异，通过发育选择、经验选择和折返连接等机制，自主重构适应新生境的反应模式。系统功能学派个体发生研究中的语言观与神经生物学复杂自适应意识观是一致的，语言发展就是通过学习复杂的、自适应的、内在可变的系统来学习如何表达意义，自适应性和内在可变性使语言具有可学性（learnability），而复杂性则决定了累积式语言学习的必要性（Matthiessen，2009：214）。我们可以从三个层面进一步说明系统功能学派的复杂自适应语言观。首先，语法是一种生态系统，它既与语言内部其他系统互动，又与个体所处大生态系统互动，系统之间的力量消长使得语言进化成为一种具有复杂性、自适性、自组织性的系统。其次，个体发生是一个意义进化和文化适应过程，意义潜势的增长贯穿于个体发展一生，个体通过不停地扮演各种新角色，以适应新语境并掌握与其相关的语类变体。最后，个体发生是从集体意义潜势到个性化潜势再到语篇例示的渐变过程，涉及神经认知、心理过程、生理系统、社会文化语境等多个复杂系统的相互作用。

系统功能语言学与神经生物学在意识和语言进化研究方面相辅相成，这表明系统功能学派不仅重视机体之间的因素，而且也考虑机体内部的因素。系统功能学派个体发生学的不断发展和完善，为语言的神经生物学研究提供了社会意义视角，而后者又为语言发生的社会学研究提供了神经科学辩护，为系统功能语言学的超学科研究奠定了基础。

二 社会建构主义思想

生物进化理论有助于韩礼德等勾勒作为人类种系特征的语言的进化

图谱，为意义的种系进化维度寻求生物学理据。然而，由于考古学客观依据的缺失，关于意义种系进化的这一宏观假设自然存在先天不足。系统功能学派（Halliday & Matthiessen，1999：17）深知这一点，作为语言研究者，他们积极借鉴建构主义相关思想，从语言与思维的关系维度阐释意义及其进化的本质，为意义进化论奠定了心理学和哲学基础。

建构主义是20世纪80年代以来最具影响力的思潮之一，是当今社会变革与教育教学改革的重要理论基础。Steffe 和 Gale（1995）总结了建构主义思潮的四个主要分支，分别是认知建构主义（又称激进建构主义或个人建构主义）、社会建构主义（又称文化建构主义）、社会文化取向、信息加工建构主义。在教育心理学领域，更多的学者主张将建构主义划分成认知建构主义和社会建构主义两大类。认知建构主义强调个体自身在知识建构中的作用，主要以 Piaget 的发生认识论为基础，包括 von Glasersfeld 的激进建构主义和 Spiro 等人的认知灵活性理论等。社会建构主义强调社会互动、历史文化在个人知识建构中的重要作用，主要以 Vygotsky 的社会历史观为基础，包括上述社会文化取向等理论。

在创建意义进化论的过程中，韩礼德等（Halliday & Matthiessen，1999：17）公开申明，其意义观隶属建构主义范畴，由于其独特的社会意义学视角，他们尤其推崇苏联心理学家 Vygotsky 的社会建构主义思想（Social Constructivism）。作为建构主义思潮中的一个重要流派，社会建构主义是当代心理学和教育学研究的重要范式，其形成与发展对当今教育、教学的理论与实践产生了积极深远的影响，为课程教学的研究与开发提供了直接的理论支持。此外，它还是一种具有后现代主义色彩的思维哲学，对于阐释语言哲学的中心问题，即意义的本质亦即语言、思维和现实之间的关系，有着重要的方法论意义。纵观系统功能学派的学习理论和意义理论，社会建构主义的这两个层面在其理论建构中均有体现，我们将在第三章结合韩礼德语篇建构观的升华来进一步探讨这两个方面。

作为一个学科术语，社会建构主义中的"社会建构"通常被认为是美国社会学家 Berger 和德国社会学家 Luckman（1966）在其合著 *The Social Construction of Reality: A Treatise in the Sociology of Knowledge* 中首

先使用的，但就其哲学、心理学含义而言，Vico、Kant、Piaget、Vygotsky、Khun 等近现代思想家和理论家的认识论思想是社会建构主义得以确立和发展的主要理论基础。在发展意义进化论的过程中，系统功能学派更多的是从语言和思维的关系方面阐述意义的建构属性，"建构"和"进化"是新时代系统功能意义理论的两大主题。严世清（2012）认为，意义进化论和社会建构主义理论之间有着一脉相承的关系，至少表现在三个方面。首先，从术语使用来看，二者都从生物进化理论中借鉴了种系发生和个体发生的概念来阐述语言能力的发育过程，而且所使用的术语在内涵和外延上都有相通之处。其次，从概念内涵来看，二者对于种系发生和个体发生之间的辩证关系的理解具有同质性，个体进化是种系进化的基础，种系进化又是催生个体进化的土壤。最后，从研究立场来看，二者在探讨语言和意义的本质、语言与思维的关系、语言的发展与传承等问题时都采取了社会文化立场。因此，韩礼德等在表明其意义观的建构主义立场时，实际是在昭示其意义进化论的理论渊源或依据。

三　中国古代阴阳学说

西方生物进化研究和社会建构主义思想为韩礼德创建意义进化论提供了重要的方法论和认识论启示。然而，词汇语法作为意义潜势的进化机制并未得到明确解释，因此系统功能学派（Halliday & Matthiessen, 1999: 19–22）又从中国古代阴阳学说中借用阴阳图来演绎语符的本质及其进化的历程。

众所周知，现代语言学发端于 Saussure 的符号学思想，系统功能学派的符号观离不开对这一思想的继承和发展。这里主要结合阴阳学说探讨韩礼德在对语符的构成与运作认识方面传统二元语符观的发展。从构成来看，Saussure（2001: 66–67）把语言视为一种符号，认为"语言符号连接的不是事物和名称，而是概念和音响形象"，并建议"用符号这个词表示整体，用所指（signification）和能指（signal）分别代替概念和音响形象"，"能指和所指之间是任意的……或者可以更简单地说，语言符号是任意的"。韩礼德（Halliday & Matthiessen, 1999: 18–19）

第二章 意义进化论

认为语符是内容层和表达层的统一体,即措辞与意义同步出现。无论是能指和所指,还是内容层和表达层,如"名词"这一语符的结构可以用一个完整的阴阳太极图来表征(图2-1左上角),其中的阴阳两极分别代表语符的两个层面。

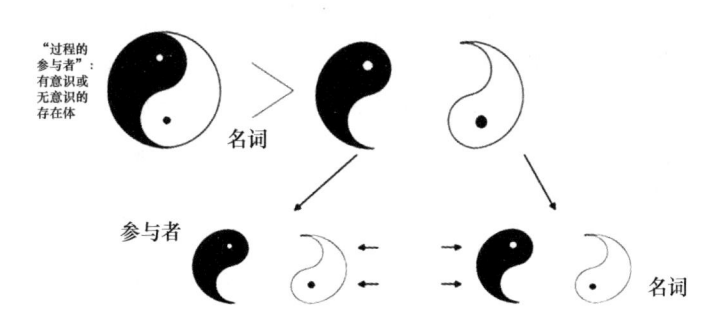

图 2-1 语符进化的阴阳转换模型

可见,在语符基本构成上的认识上,韩礼德等与 Saussure 并无区别,如"名词"(属于能指范畴)与其所体现的"作为过程参与者的有意识或无意识的存在体"(属于所指范畴)。然而,韩礼德等引入阴阳学说并非只是为了表征语符的结构组成,而是致力于通过阴阳学说所蕴含的一种辩证的和动态的视角来阐释语符的创造性和进化性。关于阴阳运行的核心机制,老子《道德经》第四十二章有言:"道生一,一生二,二生三,三生万物。万物负阴而抱阳,冲气以为和。"如果我们将语符理解为其中的"道",那么,构成语符的两个部分即相当于"阴""阳"二气。关键是,阴阳二气并非静止对立,而是辩证统一、相反相成的关系,二者之间的互动创造出新的统一体。因此,能指和所指之间不是传统语符观所主张的二元对立关系,而是动态的体现关系,即二者虽有所区别,甚至可能相互对立,但又相近,可以相互转化。基于此,韩礼德等(Halliday & Matthiessen,1999:21)提出了语符进化的阴阳转换模型(见图2-1)。

阴阳相激,催生万物,其中所反映的正是语言内在的创造或建构功能。这种创造或建构功能贯穿于世界万事万物发展变化的始终,具有历史性或历时性。韩礼德等结合阴阳说进一步阐述了语符进化的历程,增加了语符研究的时间维度，是对传统符观的又一重大发展。系统功能学派（Halliday & Matthiessen，1999：19-21）总结了语符进化的三大途径：一是创造新事物/名称的复合体来建构新的参与者，在阴阳学说中体现为阴阳二气的交融促成一个全新统一体的诞生，如对新近发明的事物进行命名，或对刚被发现的事物进行语义化（semanticize），这一途径主要是通过建构新的语义域（semiotic domains）来拓展语言系统。二是提高语义的精密度阶（semantic delicacy）来建构新的参与者，在阴阳学说中表现为一个阴阳统一体分解并衍生出两个全新的统一体，如病毒和细菌概念的形成，这一途径并未增加原有的语义空间，但形成了一个"更为精细的网格"（a finer grid）。三是转移语法的级阶即语法隐喻，与前两个途径不同，语法隐喻发生于语言系统内部，是语言自身的机制。与 Saussure 从词语概念和其音系表征之间的任意性关系来探究语符的路径不同，韩礼德等撇开表达层，立足于内容层，从意义和措辞之间的理据关系来考察语符对语义的体现方式。在这种情况下，我们发现除了"名词体现参与者"这一意义方式外，还有"参与者由非名词体现"和"名词建构参与者之外的其他意义成分"两种方式。从图 2-1 所示的关系来看，能指与所指之间是可以相互转换的，因而可以进一步推论级阶转移也可以是双向的[①]。语符进化的阴阳转化模型不仅说明了级阶的双向转移是可能的，而且是意义进化过程中的一种必然现象。这不仅是对传统语符观的重要发展，而且修正了早期关于语法隐喻只能实施级阶下降的观点，这些调整和发展在很大程度都得益于韩礼德等结合阴阳转换思想所进行的理论反思。

从阴阳学说的角度看，能指和所指与阴和阳一样本身都是相对的概念，同样，我们可以推论，"语言是关于世界的语言，世界是语言建构后的世界，两者间既相互区别又可以相互转换，它们的互动关系推动了人类认识的发展"（严世清，2012）。从这个意义上说，中国古代阴阳

[①] "级阶转移"是韩礼德（Halliday，1998/2004：76-77）语法隐喻理论新发展中的一个关键概念，语法隐喻一般是指从高级阶的词汇语法表达形式向低级阶的转义使用现象（如小句复合体或者小句由词组重新识解）。事实上，语法隐喻也可以是从低级阶向高级阶的转移（如名词动词化、名词形容词化、形容词动词化等范畴转换通常会发生级阶上移的现象）。

学说中辩证统一的转换思想为诠释意义进化论中的词汇语法进化奠定了重要的理论基础。

第三节 理论维度

系统功能学派（Halliday & Matthiessen，1999：18）采取社会意义视角，从语篇发生（logognesis）、个体发生（ontogenesis）和种系发生（phylogenesis）三个时间维度，阐述人类语言从原始语言向现代语言的进化过程，并从语言不断进化所要实现的社会建构功能出发，来阐明语言的本质、内部特征及模式。这三个维度集中体现了意义的发生和演化历程，即人类经验建构的三大"创义"过程（semogenetic processes），也覆盖了系统功能学派半个多世纪以来的研究领域。如果要做一个更为简明扼要的界定，可以说种系发生学、个体发生学、语篇发生学分别是关于"语言的历史"（history of the language）、"个人的历史"（history of the individual）以及"语篇的历史"（history of the text）（Halliday & Matthiessen，1999：537）。表2-1概括了种系发生学、个体发生学和语篇发生学在时间跨度、概念内涵、发生模式三个方面的区别性特征，三者之间互为补充，构成了意义进化的统一体。

表2-1　　　　意义进化的三个维度及各自特征

Dimensions	Time scale	Connotations	Mode of genesis
phylogenesis	multi-generational	the evolution of human language	evolution
ontogenesis	lifetime	the development of the individual speaker	growth
logogenesis	text/instance	the unfolding of the act of meaning itself	instantiation

一　语篇发生维度

与phylogenesis和ontogenesis相比，logogenesis即"语篇发生学"

系韩礼德（Halliday，1992/2002）的创造。其中的 logo－源自古希腊语 λόγος－，"大致有言谈，思考、所思、所谈、所写的东西，公式，理性，论证，尺度，原则诸义"（陈嘉映，2006：4），但系统功能语言学使用的是该词素最初的意思，即"言谈、话语"（discourse）（Halliday，1993/2004：220）。语篇发生学的研究对象是"语言内部话语形式的展开"（the unfolding of the forms of discourse in the text），即言者或作者通过语篇的形式，对意义的即时建构，或对意义潜势的例示化过程。

语篇发生维度的意义研究聚焦于具体文本或语篇实例（instance）中的意义行为的展开（unfolding），主要通过计算机生成"语篇图谱"（text score），模拟在小句复合体、小句、词组、短语、词语等系统层面的选择及其对语篇模型的建构，代表性成果有 Matthiessen（1991b，2002）等。从意义进化所需的时间范围来看，种系发生需要几十万甚至几百万年，个体发生一般需要 3—5 年，而语篇发生的时间相对短很多，从几秒到数小时不等，譬如即兴语篇可能只需要几秒的时间即可建构完成，而会议演讲则可能会持续较长一段时间。究其本质而言，这是一种个性化的例示过程。所谓例示化（instantiation），指具体语篇是从抽象语言系统中所做选择的动态过程和实际体现，所揭示的是语言或其他任何意义系统中的意义潜势与实际使用中的语言之间的关系，即语言系统与语篇实例之间的关系。从语言系统与文化语境之间的层次体现关系来看，每个系统都受语域（register）和语类（genre）的影响，进而生成不同的语篇类型（text type），所以，在更为广泛的意义上，语篇实例就是语域和语类的例示化结果。其次，系统功能语言学是一种建立于多种层次关系和互补关系（hierarchies and complementarities）基础之上的意义理论。例示化就属于其中的层次关系，除此之外，层次关系还包括体现化（realization）和个体化（individuation）（Martin & 王振华，2008）。虽然这三种层次关系的研究目标不同，各有重点，但它们却都是研究语言模式（linguistic patterns）进化的重要理论资源。三者在语篇发生中互为补充，其中，例示化渗透于体现化和个体化之中。

二 个体发生维度

系统功能语言学对语言的个体发生研究，始于韩礼德（Halliday，

1975a）对其子 Nigel 的意义能力发展的描写。就层次和功能而言，语言系统分别经历了从"内容——表达"二层次结构到"内容——词汇语法——表达"三层次结构、从微观功能到宏观功能再到元功能的进化历程。自从意义行为出现后，个体就开始逐步建构一个属于自己的意义潜势系统，可以说，系统伴随意义行为出现，而结构的出现源于潜势拓展的意义压力，在此基础上进化而来的词汇语法赋予了个体同时表达多重意义的能力。个体发生学视角下的语言进化呈现为各具特征的三个发展阶段，即原始语言阶段（1—18 个月）、过渡语言阶段（18—24 个月）以及成人语言阶段（或母语阶段）（2—3 岁）。其中，成人语言阶段又可以进一步分为幼儿阶段、小学阶段和中学阶段。在不同的进化阶段，语言有着不同的形式和功能。

在意义的种系发生中，一种语言的消亡也就意味着该语言系统的种系进化过程的终止，类似地，个体语言的意义能力发展过程伴随着个体的生长周期（cycle of growth），也会经历一个从成长到成熟，然后逐步走向衰老、腐朽，直至死亡的过程。前面提到客观原因致使种系角度的意义研究无法推进，韩礼德（Halliday，1992/2002；Halliday，1995/2004：21-22；Halliday，2003；Halliday，2008：142）多次强调儿童语言的发育过程与语言系统发生层面的进化之间有着类比关系（analogy），个体发生学的研究在一定程度上可以弥补种系发生学研究的先天不足，进而有助于管窥或模拟意义的发生机制尤其是语言系统的进化历程。当然，由于婴幼儿的个体语言发生在时间、环境等方面的个性特征而有别于种系语言发生，我们也不可将二者同日而语，诚如韩礼德（Halliday，1995/2004：22）所言，"这种类比关系只是部分的"。对此，朱永生（2011b）也提醒不可过于夸大个体发生学的作用，毕竟语言的最初形态已无从追溯。

个体发生研究催生了一批关于语言子系统进化的研究，如语气系统（Halliday，1984）、情态系统（Torr，1998）、及物系统（Painter，1999）、评价系统（Painter，2003）等。此外，针对意义能力发展不同阶段特征的案例研究也相继出现，如原始语言发展及其向母语的过渡（Painter，1984，1999；Oldenburg，1987）、儿童语言向成人语言过渡中概念语法隐喻扩展与读写能力发展之间的关联（Derewianka，1995，2003）。这类研究揭示了个体或意义者（meaners）个性化意义潜势的发展过程，如果把个体的意义潜势和人类的集体意义潜势比作一个连续统的两极，那么，意义能力发展或学习过程就是一个从个体潜势不断接近但又始终无法到达集体潜势的过程。可见，意义潜势的增长将持续于个体的一生之中，意义者主要通过不停地扮演各种新角色，进入不同的新语境并且学习到与其相关联的各种语类。对个体语言进化历程的追溯和模拟，折射出了系统功能学者对语言学习过程及其本质的深刻思考，强有力地挑战了 Chomsky 的语言习得假说，对于第二语言和外语的教学也很有启示意义。由于系统功能学派对个体语言进化的研究主要是基于社会意义学立场，在广义上属于社会学视域下个体语言社会化研究的大范畴，因此本书第五章在论述个体发生维度中韩礼德语篇建构观的发展时，也将韩礼德等对个体发生的考察称为语言社会化研究。这样做的目的有两个：一是凸显系统功能学派对个体发生研究的社会文化视角；二是将其置于一个更广阔的社会学视野，以期更好地把握韩礼德语篇建构观在意义进化论关照下日益凸显的社会建构主义内涵。

三　种系发生维度

系统功能语言学对语言的种系发生研究始于韩礼德（Halliday，1988/2004）对物理科学语篇的考察，主要有两个观察点：一是人类物种，重点考察人类语言意义潜势作为一个整体的历时性拓展，代表性成果有韩礼德（Halliday，1995/2003）关于语言与人类意识进化的研究、Matthiessen（2004）关于语言系统进化的研究；二是人类社会，重点考察特定意义群体或言语社团的语言意义潜势的历时性拓展，代表性成果有韩礼德关于科学语言的研究（主要收录于《韩礼德文集5》）、Nanri（1993）对200年来现代新闻报道语类进化的研究。

从第一个视角来看，意义的发生是一个伴随人类物种进化的过程。人类的起源和进化经历了从能人（homo habilis）到直立人（homo erectus）再到智人（homo sapiens）的漫长历史过程，系统功能语言学将这一历史过程称为人类进化的"宏观意义史"（macro-semohistory）或

"宏大历史"（big history）（Matthiessen，2004）。同时把语言系统的演化置于其中加以考察，认为人类语言进化经历了原始语言（距今约 200 万年以前）、过渡语言（距今约 200 万年起至距今约 20 万年）、现代语言（距今约 20 万年起）三个阶段，而这三个阶段又是分别伴随能人、直立人、智人的进化过程。这一观点为神经科学（Deacon，1997）关于语言和人类大脑同步进化（Brain-language coevolution）的发现提供了语言学佐证。随着物种的进化，特别是作为"解剖学意义上的现代人"（AMHs, Anatomically Modern Humans）即智人出现后，原始语言进化成为具有表义功能的现代语言（semiotically modern language），语言成为人类表达思想、学习知识的一种重要资源。基于此，人类也正式成为"语言学意义上的现代人"（LMHs, Linguistically Modern Humans）。

从第二个视角来看，意义的发生是一个伴随社会文化的不断扩展而持续进化的过程。该研究方向主要聚焦于第三阶段即现代语言的进化，其对象可以是不同语种的语言的进化，也可以是同一语种的不同语类变体的进化，如英语语言系统从古英语（Old English, 450—1100）到中世纪英语（Middle English, 1500—1800）再到现代英语（Modern English, 1500 至现在）的三个发展阶段。由于韩礼德等在创立意义进化观时，意识到人类语言系统层面的进化缺乏足够的理论和实践依据，有文字记载的文明史甚至还不到人类种系存在历史的 0.1%（Halliday & Matthiessen, 1999: 17），考古学也无法追溯语言诞生的最初形式及其进化过程，系统功能语言学一方面寻求借鉴其他学科或理论的研究成果，如西方生物进化研究、社会建构主义思想、中国古代阴阳学说等；另一方面通过解构自 Chaucer 时代以来近 500 年内的标志性科学语篇，以期揭示科学语类的进化历程（Halliday, 1988/2004；Halliday & Martin, 1993），其研究成果不仅对科技语篇的写作、阅读、教学等有适用性价值，而且更为重要的是揭示了科学现实的语篇建构性以及科学语类的发展史。鉴于此，本书第五章在论述种系发生维度中韩礼德语篇建构观的发展时，主要是基于系统功能学派关于科学语言进化的相关研究成果进行阐述。

我们前面已经讨论了生物进化思想对韩礼德创建意义进化论的重要

影响，从其术语使用上也可以推知其中渊源。事实上，phylogenesis 和 ontogenesis 都是德国生物学家 Haeckel（1886）创造的术语。在现代生物学中，phylogenesis 即"种系发生学"，也被称作"系统发生学"，主要研究地球历史发展过程中生物种系的发生和发展，该术语中的 phylo-源于古希腊语的 φύλο-（现代希腊语为 filo-），意为"种系"－genesis 意为"起源、创造、进化"；ontogenesis 即"个体发生学"，主要研究生物体从受精卵发育成为个体的过程，该术语中的 onto-也源自古希腊语的 ὄντος（现代希腊语为 ontos-），意为"生物、个体、本体"。从表面看，韩礼德直接借用了生物学术语，但需要特别注意的是，意义进化论中的"进化"以及种系发生学、个体发生学等概念，已被赋予了新的内涵，其外延也显然超越了生物学意义上的界定。韩礼德（Halliday，1998/2004：116）引入了这两个术语，分别指研究"语言话语形式的进化"（the evolution of the forms of discourse in the language）与研究"儿童话语形式的发育（the development of the forms of discourse by a child）。前者指语言系统在人类种系进化中的历史变化，尤其是人类在经验识解、社会交际过程中表达意义的能力和方式的进化；后者指语言使用者语言经验的发展过程，即个体语言随着机体从发生、成长、成熟到消亡的进化历程。

第四节 理论核心

一个语言学家的语言进化观是由他对语言本质的认识决定的（Jackendoff，2010）。韩礼德认为语言的本质是一种社会意义系统，是一种处于持续扩展之中的意义潜势。因此，系统功能学派的语言进化论就其本质而言是意义进化论，其理论核心旨在强调人类语言在功能语义范畴上的进化。与前人过分突出语言的物质性和生物性的做法不同，韩礼德更注重语言的功能性和社会性，对语言进化的研究融入了社会学、生物学、语篇语义学、建构主义哲学等相关学科的成果，是一种跨学科乃至超学科的研究视角。

一 意义进化的机制

前面我们解读了意义进化论三个维度内涵,并厘清了其间的区别性特征。然而,在意义进化论的整体理论框架内,种系发生、个体发生和语篇发生又是如何联系的?换言之,就整体而言,三个维度的"创义"过程是如何共同推动意义的发生和进化的呢?系统功能学派(Halliday & Matthiessen,1999:18)运用图2-2来模拟意义进化的机制。

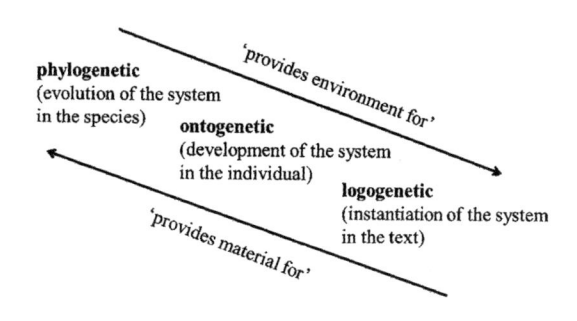

```
phylogenetic          'provides environment for'
(evolution of the system
in the species)
        ontogenetic
        (development of the system
        in the individual)
                logogenetic
                (instantiation of the system
                in the text)
        'provides material for'
```

图2-2 韩礼德的意义进化模型

图2-2不仅表明了三个维度在人类整体表义能力进化历程中各自的作用,更为重要的是揭示了三个维度之间的辩证统一关系。其中有两点值得我们关注,一是"环境"(environment)和"材料"(material),另一个是两条逆向而行的带箭头的直线。就第一点而言,这里的"环境"是语言所处的一种"生态环境",包括内部生态(internal ecology)和外部生态(external ecology)。其中,内部生态指语言系统内部意义成分之间的共存和影响关系,而外部生态指语言所处的自然环境和社会文化环境。这里的"材料"是一种"表义材料"(semiotic resources),是用来表达和交换意义的资源潜势。就第二点而言,两条带箭头的直线表明了三者之间具体的关系。就下走向的箭头而言,种系维度的进化为个体表义能力的发育提供环境,后者又进一步为语篇的例示化发生提供环境。从社会文化的传承来看,一种文化的成功进化,为个体的语言发展提供社会语境,个体意义能力的成功发育又为语篇的例示化提供资源。反过来,上走向的箭头表示,语篇建构为个体意义潜势的累积和扩展提供材料,后者又为人类作为一个物种的意义潜势的累积和扩展提供材

料。正是基于这样一种模式，人类文明才得以延续发展，个体意义能力才得以逐步发育和社会化，语篇意义才得以顺利推进并在交际中起到识解和交换经验的作用。

　　Martin（1999）重新设计了韩礼德的理论模型（见图2－3），如果说后者旨在从宏观层面上来阐释人类经验的意义建构方式和途径，那么Martin则更多的是受到教育目的的驱动而尤其注重其在写作教学中的指导价值。"基于语类的读写教学理论"（genre－based literacy pedagogy）正是建立于这一重新设计的模型基础之上，是对意义进化论在适用性研究领域的重大发展之一。Martin通过三个相切的椭圆，以层次体现的形式进一步明晰了三个维度之间的关系，凸显了语篇发生的中心地位及其对于个体意义能力发展和社会文化系统进化的元理论意义。此外，Martin还提出"谱系"（genealogy）的概念，将语言在种系维度的进化解读为文化的进化。语类是文化的组成部分，体现意识形态（Martin, 1992），不同的文化谱系影响和制约着不同语类谱系的发生。

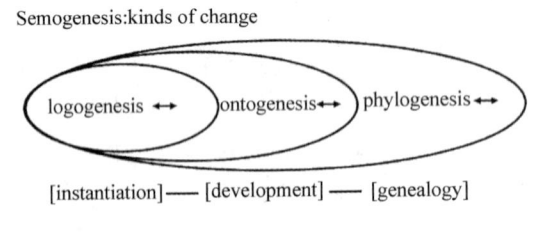

图2－3　Martin的意义进化模型

　　无论是韩礼德建构的模型，还是Martin在此基础上的进一步发展，他们对于意义进化的认识在本质上并无二致。在语篇发生、个体发生、种系发生三个意义历程（semohistory）中，意义不断地被创造、传递、重造、拓展和改变，而语言的词汇语法（lexicogrammar）是意义产生和发展的重要资源和动力。需要特别注意的是，三个维度之间并非各自独立、互不相干，而是一个相互依存、相互影响的整体，只有三者共同形成合力，才能从整体上推动人类意义能力的不断进化。可见，意义进化论的贡献不仅在于能够为个体语言的发育以及具体语篇的生成提供一种理论框架，还能够从历时性的纵观视角，为语言系统的进化、人类文明的传承提供元理论层面的理据。更重要的是,韩礼德创造性地提出语篇进化的概念,并且厘清其与种系进化、个体进化之间的辩证关系,指出语篇建构能力的进化本质,否认任何先验的意义能力,以及语篇建构能力的发展对于推动个体社会化、人类知识进步的积极作用。因此,作为一种语言理论,意义进化论除了具有内在的语言学属性,还被赋予了认识论和方法论的哲学内涵。

二 意义进化的动因

意义进化论是关涉人类意义能力进化的理论。然而,意义表达并非是人类专属的一种行为,实际上其他很多所谓高等哺乳动物(higher mammals)也具有表达意义的能力,因为动物交际在本质上是一种社会性或群体性行为,当然其复杂程度与动物智力的发展有明显关系。

所不同的是,随着人类物种的进化和个体的社会化,语言作为一种独特的意义方式成功进化并且成为人与其他哺乳动物的一大区别性特征。从具有哺乳动物交际特征的符号系统到成人语言系统,人类的意义方式发生了重大的变革,人类的意义能力得到了空前的拓展。那么,是哪些因素促成了人类意义方式或意义能力的进化呢?在正式回答这个问题之前,我们先来看一段韩礼德(Halliday, 1992/2002)关于人类意义能力的起源的表述:

> 对于人类而言,在严格意义上的语言阶段之前,伴随我所谓的"原始语言",个体就能表达意义了。那么,这种哺乳动物式的经验从何而来?这可能源自物质经验和意识经验这两种主要的经验模式之间的冲突。物质过程被体验为"就在那儿",而意识过程则被体验为"就在这儿"……物质和意识之间的相互作用通过投射过程得以转化为意义,在此过程中,意识是投射主体,而物质是投射受体。

韩礼德把意义界定为物质经验和意识经验之间相互作用的一种产物。这里的"物质经验"是指人们对外在世界里的所见所闻、所作所为的表达,"意识经验"是指人们对内心世界中的各种经历的表达,正是这两种基本经验的历时性互动才促成了人类表义能力的持续进化。对于这里的"意识",系统功能语言学(Halliday, 1992/2002)更注重其社会属性,赞同 Lev Vygotsky[①]关于意识本身就是一种社会存在方式,是一种带有社会特征的个体现象。意义行为在语言正式形成之前就已出现。具体而言,人类在种系进化之初和个体出生后的较长一段时间内,采用的是和其他哺乳动物类似的一种交流方式,亦即引文中的"原始语言",其主要特征是人与环境的直接对立(严世清,2012),意义进化之初的这种性状因此也被韩礼德(Halliday, 1992/2002)称为"哺乳动物式的经验"(the mammalian experience)。韩礼德之所以称其为哺乳动物式的经验,是因为这是人类和所有有意识的哺乳动物都具备的一种经验方式;人类可能用声响、肢体、表情等来表达他们对外界的经验,其他哺乳动物也有可能使用类似的方式来表达意义,如大猩猩哼小调召集族群用餐,猫通过不同的摆尾姿势来传达不同的情绪,寒鸦用轻蔑的眼神来保护自己的势力范围,等等。

然而,和其他哺乳动物的最大区别就是,人类的意义能力并未止步于原始语言。相反,随着所要实施的社会功能日趋多样化和复杂化,人类语言也随之呈现为一个多功能、多层次的意义系统,尤其是词汇语法层的成功进化。随着成人语言系统潜势的不断扩展,语言行使的功能得到了最充分的展现,跨越了自然界与社会和思维的界限,连接了物质经验与意识经验之间不可逾越的鸿沟。语言这一特定的"物质"不仅承载了人类对物质世界的反映,而且促进了人类对物质世界的再创造,而作为语言系统重要资源的词汇语法为人类意义能力的持续进化提供了"动力库"(powerhouse)(Halliday, 1990/2003)。

综上所述,我们认为意义进化至少有三大动因,即物质经验的进

[①] Lev Vygotsky(1896—1934),苏联建国时期卓越的心理学家,他主要研究儿童发展与教育心理,着重探讨思维和语言、儿童学习与发展的关系问题。由于他在心理学领域做出的重要贡献而被誉为"心理学中的莫扎特",他所创立的文化历史理论不仅对苏联,而且对西方心理学产生了广泛的影响。

化、意识经验的进化以及词汇语法①的进化。物质经验的进化主要涉及语言使用的社会历史环境。由于语言处在社会系统的中心位置,不仅是社会历史环境发展的产物,而且往往也是社会变革和发展赖以实现的重要媒介,所以,随着人类历史征程的推进,社会生产方式和生存方式的变革往往会引发人们意义表达方式的改变。意识经验的进化主要涉及语言使用者。意义的进化与大脑的发育是密不可分的,初级意识是个体内在世界对外在世界的一种简单和直接的映射,是所有有意识的物种都具备的特征,而高级意识是一种基于语言的意识②,是个体对内在世界和外在世界的能动映射,是人类语言进化的关键特征。词汇语法的进化主要涉及语言自身的结构。词汇语法层是介于意义层和表达层之间的一个抽象层次,是原始语言成功进化至成人语言的重要标志。词汇语法不仅是意义进化的重要动力资源,而且是关于人类经验的理论。通过词汇语法,人们既可以建构属于自己的现实,也可以对这种建构进行反思,意识经验和物质经验也因此被组织并进入语篇用于交际。但是我们必须注意,这三大动因对于语言意义进化的影响并不是孤立的,而是交织在一起发生作用并且贯穿于语篇发生、个体发生、种系发生等意义历程之中的。

在人类社会发展史上,定居文明、铁器时代、欧洲文艺复兴、信息时代等历史巨变③对于意义历程产生了重大影响(Halliday,1990/2003;

---

① 韩礼德所指的语法不同于一般意义上的语法概念,即将其视为一套有着严密体系的关于语言单位组合的规则,相反,韩礼德认为语法在本质上是一种意义资源,是语言的专属部分(a privileged part),在范围上不仅包括语法系统和结构,也包括词汇,词汇和语法是一个连续统(continuum)。因此,韩礼德的语法实指词汇语法,但他对二者不做严格区分,经常通用。本书视各处表述需要,交替使用两个术语。

② 根据 Vygotsky 建构主义心理学观点,所有的高级心理机能都是中介过程(mediated processes),而符号则是用来掌握和指导这些高级心理机能的基本工具。人类高级意识的形成,必须是以语言符号的使用为区别性标志的,作为中介的符号(mediating sign)是高级心理机能结构的核心部分。

③ 韩礼德所指的四次历史巨变实际上对应着人类历史上三次重大的生产力革命,即农业革命、工业革命和信息革命。其中,定居文明和铁器时代分别标志着农业革命的起始与兴盛;欧洲文艺复兴可以被认为是英国工业革命的思想源头;信息时代即第三次技术革命,开始于"二战"后初期,以电子计算机为主要代表、以信息技术为主要标志,所以又被称为信息革命。为保持原文要旨,此处沿用韩礼德的表述法。

147—149),极大地推动了意义表达方式的改变。就定居文明而言,随着人类由狩猎游牧生活进入了耕种定居生活,书面语作为一种新的意义方式随之而生。与物质经验本身的进化相比,我们更加注重这一变革给语言意义系统所带来的重要成果,即和书面语一同发展起来的语法。这种语法具有两大特点:一是通过名词把事物识解成商品,如同商品有价值、可罗列等,名词也可以被量化、赋予不同的品质、分门别类;二是通过人际元功能向概念元功能的转变,把社会关系转化成抽象的制度,即亲属关系的权利和责任被概括化为经验现象,而概念元功能中的过程又进一步被识解为事物。在定居文明时期的意义方式进化中,书面语法起着关键作用,与此同时,语篇本身也被事物化,语篇中的书面符号及其组织把过程转化成了事物。但我们必须清楚,这里并不是在暗示书面语法的进化导致了关系、过程等的"名词化",而是说明该过程反映了一种新的意义体现方式。换言之,意义进化不是社会历史发展的结果或副产品,而是这一过程的积极参与者,书面语法和新的经验现实之间不是因果关系(causal relationship),而是一种体现关系(realizational relationship)。正是基于这种体现关系,通过物质经验和意识经验的相互作用,书面语法建构了一种耕种定居的文化现实。在书面语法建构的现实中,人类活动被识解为产品,时空中的动态经验(flux of experience)被空间位置固定的建构体所覆盖,在这里,韩礼德(Halliday, 1990/2003: 148)特地强调重新建构只是对先前人类经验的"覆盖"(overlaid)而不是"擦除"(obliterated)。我们认为,二者的区别在于是否承认新旧两种意义方式之间存在延续性的关系;"覆盖"表明书面语法和定居前语法(即口语语法)共存,只是后者不再占据主导地位,本质上是一种渐进式的进化,而"擦除"表示书面直接取代,二者之间有断层,本质上是一种突变观,显然有悖于与系统功能语言学一贯主张的渐变进化观。

  进入早期铁器时代后,社会生产获得了巨大发展,人类历史产生了深刻变化。以欧亚大陆铁器文化为例,人类物质经验的发展对意义历程的影响在于语法的持续进化,主要表现为在语言系统中选择那些有助于经验现象达到"客观化"(objectified)效果的潜势项,从而使得此前被识解为过程之类的经验可以用事物进行模拟。随着工艺和技术的逐步理论化，相关语篇中的专业性意义成分相应增加，经验被越来越抽象化和客观化的术语所重新建构。这一时期的希腊语、汉语、梵语中就涌现了大量用名词来重新识解过程和属性的现象，譬如"运动"（movement）、"力"（force）、"体积"（volume）等，还有使用名词词组来表达抽象的数学概念，Aristarchus of Samos[①]（Halliday，1990/2003：148）就曾使用下面这个很长的名词词组来充当小句的主语：

The straight line subtending the portion intercepted within the earth's shadow of the circumference of the circle in which the extremities of the diameter dividing the dark and the light portions of the moon move…

随着英国工业革命的兴起，西方世界进入所谓的"现代社会"[②]，科学技术高度发达，生产效率全面提高。人类物质经验的进一步巨变再次引发了语法对经验的重新建构，而这一次语法进化的显著特征和标志成果就是"隐喻化"意义方式的诞生。自此以后一直至当代瞬息万变的"信息社会"，通过语法隐喻来识解人类经验的现象屡见不鲜，出现于诸多语境之中，即"现实如今已被我们习以为常的学术性、官僚主义、技术主义方式所重新识解"（Halliday，1990/2003：149）。我们将在第五章中结合科技语类的进化做进一步探讨。

基于对意义进化动因的分析，我们有如下认识：

第一，意义进化是人类进化的关键，语言之所以发展成为现在的形态是与其所实施的社会功能分不开的。意义的进化既受到语言系统外部因素的驱动，又依赖语言系统内部机制的运作，其核心动力源于人类意识经验与物质经验之间的互动，由于人类大脑和社会历史一直处于动态进化之中，所以作为二者互相投射的产物的意义也必然具有动态性和进化性。

第二，意义进化的目标不可简单地理解为"事物化"或"名词

[①] Aristarchus of Samos（约公元前310—前230年），古希腊天文学家、数学家，最早提出日心说。

[②] 现代社会（modern age）实质上就是通常所说的科技社会，是指以工业生产为经济主导成分的社会，是继农业社会或传统社会和工业社会之后的社会发展阶段。

化",尽管它们是意义进化的显著性语法特征,但社会发展的曲折性、人类意识的独特性、词汇语法的抽象性,决定了意义进化是一个相当复杂的过程,是诸多特征的"综合征"(syndrome),而这些特征又以并协互补、对立统一的关系形式并存。

第三,人类社会的发展兼具物质性与意义性,即历史发生于现象和语言两个层面,语法对经验的不同识解与经验本身的不同性质是分不开的。社会成员在表达意义的过程中既与不断变化着的物质环境产生互动,又和不断演化着的语言系统发生互动,这就意味着,社会发展和意义进化不仅同步发生,而且还会持续进行下去。

第四,物质经验的进化、意识经验的进化以及词汇语法的进化是彼此相连并共同推动意义进化的统一体。如果说物质经验和意识经验的互动是意义的核心动力,那么词汇语法则为这种动力储备了充足的能源。物质经验只有被赋予意义或"语篇秩序"才能进入交际,而这一过程只能由作为认知主体的人类来实施,因为只有人类才拥有把经验转化为意义所必需的高级意识和语法资源。高级意识的成功进化不仅是大脑与周围环境相互作用、自然选择的结果,而且还要以词汇语法的进化为重要前提。

三 意义进化的译名诠释

术语翻译在学术思想的交流与传播中发挥着重要作用。适切的译法通常能够最大限度地再现原文术语所承载的核心理念,实现对等乃至超越。

首先,从词源来看,semogenesis 由 sem(o)- 和 -genesis 两个词素构成。sem(o)- 源自古希腊语,指"sign, mark, token";-genesis 源自拉丁语,指"origin, creation, generation",例如,《圣经·旧约》的《创世记》就叫 Genesis。从字面意义来看,semogenesis 指"符号的产生"。而在系统功能语言学中,该术语首先专指"意义的发生"(Halliday, 1991/2005, 1992/2002),并逐步成为阐释语言意义发展演变过程的一个核心概念。世纪之交,韩礼德等(Halliday & Matthiessen, 1999: 17)进一步将其确立为建构人类经验的意义识解模型即概念基块的四大纲领性原则①（guiding principle）之一。在国内文献中，semogenesis 最早被译为"意义进化论"（严世清，2002）。后来，也有学者（肖祎，刘承宇，2014）建议译为"语义发生理论"。我们认为"意义进化论"更为适切，原因详见以下两节的讨论。此外，"意义进化论"的译名在国内系统功能学界已经获得较高的认可度，例如，张玮（2004）、杨忠（2010）、李战子和陆丹云（2012）、杨雪芹（2013）、张德禄和雷茜（2013）、赵霞（2015）等在其研究中直接使用该术语。为防止人们误认为意义进化论的核心只是为语篇分析提供理论框架，从而低估该理论在系统功能语言学中的地位和价值，译者严世清（2002，2012）特地使用 the evolutionary theory of meaning 这一提法，对 semogenesis 予以补充说明。我们认为这一补充说明的意义有二：一是凸显了 semogenesis 经过韩礼德等"悉尼学派"领军人物多年的发展，已达到一定的理论化程度，蕴含着深刻的元理论意义；二是提醒我们要格外注意韩礼德语言观和意义观所折射的进化论思想，该思想是韩礼德语言理论的核心部分之一，因为"进化论对韩礼德的语言学思想的影响很少有人挑明，更没有人系统地挖掘与论述"（丁建新，2009）。

其次，选择使用"意义进化论"这一术语而不是"语言进化论"，是为了突显系统功能学派以意义为基点揭示语言本质的研究初衷。根据系统进化类型图（Halliday，1996/2002：388），语言之所以成为一种高级意义系统（higher-order semiotic system），是因为语言不仅是意义系统（a semiotic system），更是能够创造意义的系统（a semogenic system）。正因为如此，韩礼德（Halliday，2003；Halliday，2004/2013）不止一次表明，系统功能语言学的最终目标是要建立意义进化机制。在理论建构过程中，系统功能语言学家们一再强调"意义"和以意义为基础建构语言模型，并对"什么是意义""如何表达意义"等富含哲学意蕴的命题进行了长期思索。可以说，系统功能学派从一开始便选择了与传统语法和转换生成学派不同的研究立场，明确反对其将意义与语言

---

① 韩礼德等（Halliday & Matthiessen，1999）提出的四大纲领性原则分别是"基于语法的路径"（approach from grammar），"意义建构于语法之中"（meaning constructed in grammar），"意义进化论"（semogenesis），"语义与语法关联"（semantics in relation to grammar）。

系统的运作相割裂的做法。作为一个功能主义者，韩礼德对 Chomsky 关于"语言机能"（language faculty）的提法表示质疑，指出这一概念实质上主张语言能力是一种"就在那儿"（just there）等着语言使用者去获得的客观实体，其先天不足在于将语言能力视为僵化的成品，忽视了意义的动态性和相对性。在系统功能学派看来，语言能力是一种意义建构能力，是在人类意识与社会文化语境互动中逐步累积起来并处于持续扩展中的一种意义潜势。

最后，在语言的起源和进化问题上，韩礼德（Halliday, 1987/2003）指出，"语言和我们人类一样是进化的产物，而非人类的创造物；语言是一个进化的系统（an evolved system），而非设计的结果（a designed system）。语言与人类不可分离，它是人类的一大重要区别特征"。这一观点显然带有较强的 Darwin 进化主义色彩。但需要指出，这里的"进化"已被赋予了独特的社会学和语言学含义，显然超越了生物科学领域中进化一词原有的内涵。在研究视角和研究路径上，韩礼德对语言进化有着独到的理解，明显区别于语言进化研究的其他流派。他对语言进化的关注点，既不是语言的神秘起源，也不是人类与其他动物在神经系统（主要是大脑）和发音器官（主要是声道构造）上的生理差异，更不是早期语系研究者所探讨的语音、拼写、屈折等语言形式上的历时变化，而是人类通过语言符号所实施的社会功能的进化过程，亦即"功能的进化"（functionary evolution）（McKellar, 1987）。其实，系统功能理论中的"进化"和"功能"两个概念是密不可分的：进化的动力源自功能的需要，而功能的需要必然促成意义的持续进化。

意义进化论主张对语言的研究不能脱离人类历史进化的动态语境，和其他很多进化而成的系统一样，语言应该被视作一个功能性的整体（functioning totality）及人类进化的一个重要组成部分。对于语言在某一阶段的进化，要放在生态社会历史进化的整体语境（the context of the whole）中进行理解，这也是一种基本的阐释框架。这里的"整体语境"并不是某种"理想化的、静止的建构物"（idealized and static construction），而是对既有存在持续小幅调整之后产生的一种"综合体"（conglomerate）（Halliday, 2008: 183）。换言之，生态社会环境不断变化发展,社会成员与这种瞬息万变的"整体语境"不停互动,作为重要互动资源的语言系统在满足人类实现特定社会功能的需要中逐步进化成目前的形态。这种进化也将会随着人类历史的推进而一直持续下去。因此,动态性、整体性、历时性是意义研究中不可忽视的重要因素,从这一角度看,意义进化论具有一定的方法论启示。

第五节　小结

随着语言进化研究的深入开展,不同学科的研究者结合自身学科立场,从不同的角度对语言进化提出了不同的理论假设或阐释,进化语言学因此日渐成为国际学术界的一个研究热点。本章在对西方语言进化研究进行述评的基础上阐述了韩礼德的语言进化思想,整体而言,韩礼德的语言进化观是一种意义进化观。就其理论基础而言,意义进化论采取了一种跨学科甚至超学科的研究视角,融入了西方生物进化理论、社会建构主义思想、中国古代阴阳学说等成果和理念,创造性地从语篇发生、个体发生、种系发生三个维度研究语言在功能语义范畴上的进化方式。就其理论核心而言,语篇发生、个体发生、种系发生三者之间的循环互动是意义进化的机制,物质经验、意识经验、词汇语法的进化则是意义进化的动因。就其理论成果而言,对科学语类、儿童语言、具体语篇的进化范式的建构不仅是韩礼德意义进化观的理论成果,而且是其进一步理论化的思想源泉。

面对当今语言进化研究的大潮,我们并不否认基因研究和语言机能研究是人们追溯语言起源及其进化的重要渠道。但我们认为 Chomsky 语言学仅代表了语言进化研究的一种范式,由于其研究立场和路径的局限性,语言的社会性和功能性并未得到很好的诠释。而意义进化论作为韩礼德语言进化研究的思想结晶,因其独特的视角、深刻的内涵、丰富的成果,不失为解释人类语言进化机制的另一种可资借鉴和沿用的范式。当然,语言进化研究是一项任重而道远的事业,不同学科和流派之间的对话和借鉴也是必需的,能够为语言进化研究带来新的突破。

第三章

语篇发生维度的韩礼德语篇建构观

在第一章中,我们追溯了韩礼德语篇建构观的学理渊源,从历时的视角梳理了其早期发展历程,介绍了"悉尼学派"其他主要代表人物,如 R. Hasan、J. R. Martin、C. M. I. M. Matthiessen 等,对韩礼德语篇建构观的发展与贡献。随着意义进化论的确立和发展,尤其是对语篇发生研究的深入,系统功能学派语言研究的重心逐渐从对语篇资源的静态描写转向语篇发生的动态过程,韩礼德语篇建构观的理论化程度越来越高,其元理论内涵亦愈发彰显。从语篇发生维度来看,韩礼德语篇建构观至少有四个层面的发展:(1)重新划分语篇资源;(2)阐述语篇元功能的非本源属性;(3)描写语篇发生的三位一体机制;(4)彰显语篇建构的元理论内涵。本章围绕这四个层面展开讨论。

第一节 语篇资源的重新归类

一 语篇资源的概念

语篇资源(text-forming resources)指语言系统中参与语篇建构的词汇语法成分,或将所言所写的语言与语义环境联系起来的一组意义特征。从广义上来说,语言的整个语义系统都是"语篇构成性的"(text-forming)。也就是说,语篇是概念元功能、人际元功能和语篇元功能共同作用的产品,三种意义成分都可以称为语篇资源;然而,从严格意义上来说,语篇资源特指具有创造语篇的功能,能将抽象语言和实际语言予以区分的一类词汇语法成分（Halliday，1977/2002b：29），具体包括主位系统、信息系统和衔接系统。就其功能而言，语篇资源一方面通过建立"语篇组织"（texture）赋予原本抽象、孤立的语言成分以"语篇性"（textuality），促成语篇自身前后的一致性和整体性，是为区分"语篇"和"非语篇"（non-text）的标准之一；另一方面，语篇资源通过实施"使动功能"（the enabling function）来实现或增强语言与其使用环境之间的关联性，从而有别于脱离语境的语言（decontextualized language），如词典或语法书中的单词或句子。

二 语篇资源的两种归类视角

在创建意义进化论的过程中，韩礼德等（2004：579；2014：650）提出划分语篇资源的两种视角："由下而上"（from below）和"由上而下"[①]（from above）（见表3-1）。以韩礼德《功能语法导论》的四个版本为例，1985年版和1994年版采用了第一种视角[②]，而2004年版和2014年版则采取了第二种视角。

表3-1　　　　　　　　　语篇资源的重新分类

from above \ from below	Strnctural	Cohesive
textual transitions ["organic"]	(logical：TAXIS [clause complex])	CONJUNCTION
textual statuses ["componential"]	THEME：Theme^Rheme； INFORMATION：Given + New	REFERENCE； ELLIPSIS

"由下而上"的划分法以结构性为切入点，将语篇资源分为两大范

---

① 在审视语言的三大元功能的理论属性及其之间关系时，韩礼德（Halliday，1978：130-133）就提出了这两种视角（vantage point）。正是基于"由上而下"的视角，韩礼德诠释了为什么语篇元功能具有"使动属性"（enabling），而概念和人际元功能具有"外指属性"（extrinsic）。

② 此前的文献在对语篇资源进行分类时，基本上也都采用了"由下而上"的视角，尽管具体分类结果之间存在一定的差异。

畴：一类能产生语法结构，如主位、信息；另一类则不能产生语法结构，如连接、指称、省略（含替代）、词汇衔接。我们在此要格外注意"结构性"的独特内涵。所谓结构性，是指两个语法成分之间的关系是由结构决定的，即属于结构内部关系。进一步说，结构和结构之间的关系就不具备结构性，如主位结构之间的关系就不能称为结构关系，但却可以形成衔接关系。有鉴于此，系统功能语言学将衔接界定为一种非结构性的语篇建构资源，"结构性资源"（structural resources）和"衔接性语篇资源"（cohesive resources）的区分应运而生。与此不同，"由上而下"的划分法着眼于整个语篇，充分考虑到词汇语法资源在"语篇流"（discourse flow）持续推进中状态和功能的动态切换。据此，语篇资源可以归为两类：一类用以实现语篇转接（textual transitions），表明信息之间的前后承继关系，如小句复合体中表示依存关系的逻辑成分；另一类用以传达语篇状态（textual statuses），反映上述信息成分在各自小句中所承担的即时性角色，如主/述位、旧/新信息。具体而言，语篇转接资源包括结构性资源中的"小句复合体"和衔接资源中的"连接"，语篇状态资源包括主位结构和信息结构等结构性资源，以及"照应"和"省略"等衔接资源。在此基础上，语篇状态资源又被进一步细分为"已知信息+新信息""主位+述位"等。在语篇建构中，讲话人通过赋予某些成分以合适的语篇状态，一方面帮助自己生成语篇，另一方面帮助听话者理解语篇。值得注意的是，在第二种划分中，韩礼德等并非只是关注语篇资源的语法和结构属性，而是更多地强调它们在语篇整体意义动态建构中的作用，即主位成分、述位成分、已知信息、新信息等在语篇生成中的作用；另外，除了主位结构和信息结构，衔接系统中的照应和省略等也起到区分不同信息的作用。

　　当然，上述两种划分依据并不是一种对立排斥关系，而是拥有交叉共性之处的（intersected）。可以说，后者对语篇组织做出了更令人信服的解释，凸显了语篇的动态性和历史性，是韩礼德语篇建构观的新发展。它为推动语篇生成的计算机辅助模拟奠定了语言学基础，与意义进化论一再强调人类通过创造语篇来建构现实的核心理念也是十分契合的。

三 对重新归类的解读

我们如果将表 3-1 和韩礼德（Halliday, 1985; Halliday, 1994a）早期对语篇资源的归类相比，会发现新的划分标准有三个方面值得关注。

其一，全面贯彻语篇发生视角。如前文所述，"由下而上"和"由上而下"代表语言研究的两种不同切入路径，"由上而下"是新时期韩礼德语篇建构观的一个重要特征，其意在提醒我们应该更多地关注语篇资源的本质属性及其在语篇意义实现中的作用和机制，这一视角贯穿于对语篇资源的重新归类和描写之中。以省略①为例，系统语言学家过去往往通过句子结构的比较来澄清被替代或省略的词汇语法成分，这在语篇分析实践中表现得尤为突出。不可否认，这一做法对于语言使用者（尤其是语言学习者）发现语篇的语类特征、掌握口语和书面语技巧是大有裨益的。然而，从语篇发生的角度来看，话语发出者之所以选择省略主要是为了凸显省略成分以外的其他语义信息，不仅有助于自己顺利创造语篇，而且能够引导话语接收者更好地理解语篇的关键信息。只有当交际双方能够区分和把握延续性信息（continuous information）和对比性信息（contrastive information），交际意图才算是真正得到实现。试举韩礼德（Halliday, 2014: 606）一例，Kate, I must say this fish is cooked beautifully – Thank you, Craig, so much for saying so。此例中的 so 替代了主从关系的投射小句 this fish is cooked beautifully，这种语篇建构方式通过在省略的内容和未省略的内容之间形成一种鲜明的对立（sharp contrast），不仅有效地保证了语篇语义前后的延续性（continuity），更重要的是凸显了 Craig 对 Kate 的感谢之意，使听话人关注到更多的对比性信息。

其二，重新审视衔接理论。首先，新的归类体系取消了词汇衔接，原因之一是此类衔接主要涉及的是信息的成分（components of messa-

---

① 省略（ellipsis）指的是把语言结构中的某个成分省去不提，韩礼德通常也将其视同替代（substitution），认为省略是一种特殊的替代现象，即零替代（substitution by zero）。

ges）而非信息的整体（whole messages），它们通常需要结合连接成分共同参与语篇中关系的建构；原因之二是在对语篇转接和语篇状态的讨论中，都会涉及词汇衔接，这一改进弱化了过去以结构性为中心、过分注重语篇资源描写的做法，也使得新的分类界限更为简洁明晰、重点突出。其次，此前国内外一些系统语言学家，如 Martin（2001/2010）、胡壮麟（1994）、张德禄（2001）等，创造性地把衔接的范围从语言的语篇元功能延伸至概念和人际元功能，这些努力无疑极大地拓展了衔接概念的内涵和外延，有助于深化认识衔接在语篇组织中的重要意义。然而，在韩礼德语篇建构观的发展过程中，他始终坚持把衔接视为体现语篇元功能的一个重要成分，主张从语篇元功能视角考察衔接在语篇发生过程的作用。在新的归类体系中，韩礼德更加注重从意义发生尤其是语篇发生层面来探讨衔接的作用。与此同时，其研究重心也从对各种衔接关系的描述转移到了这些关系在语篇发生中所起作用的运作机制上。

其三，重新审视逻辑元功能的属性。逻辑元功能与经验元功能统称为语言的概念元功能，逻辑元功能用来识解小句之上的单位即小句复合体的内部关系，具体表现为相互依存关系（taxis 或 interdependence）和逻辑语义关系（logical-semantic relationship）两大类型。其中，相互依存关系确定小句之间是并列（paratactic）还是从属（hypotactic），逻辑语义关系则确定小句之间是扩展（expansion）还是投射（projection）。在重新归类中，韩礼德将作为逻辑元功能的体现形式作为语篇建构资源来加以考察。很显然，无论是对于过去的"结构性资源"来说，还是对于最新的"语篇转接"而言，它都是一个新成员，是对此前语篇组织概念的一种发展。这一发展实际上也反映了韩礼德对此前提出的三种元功能的体现方式各不相同，互不重叠干扰的观点一种反思和修正（朱永生、严世清，2001：40-43；2011：52），即作为逻辑元功能体现形式的关系成分可以用来实现语篇的建构。

提起小句复合体内部的相互依存关系，我们自然还会联想起小句或小句复合体之间的连接（conjunction）关系并对二者进行比较。作为一种重要的语篇衔接资源，连接主要是通过连接成分来识解序列性经验现象。这些连接成分往往是一些表示时间、因果、转折、条件、递进等逻辑关系的过渡性词语，在具体的语篇建构中起"关系链"的作用（周海明，2017）。回顾相关主要文献，我们发现，韩礼德等（Halliday & Hasan，1976）在对衔接资源进行系统描写时的着眼点主要是句子之间的连接。后来在集中论述语篇组织时，韩礼德（Halliday，1985；Halliday，1994a）依然将重点放在句子之间的关系上，而对于句子内部的逻辑语义关系则未有过多涉及，只是在讨论连接关系时顺带提及"连接与从属关系扩展（paratactic expansion）之间的界限模糊"（Halliday，1985：318；Halliday，1994a：338）。然而从理论上讲，把握小句复合体内部的相互依存关系对于语篇建构的作用是不可或缺的，因为离开了这种联系，我们也就失去了探讨语篇组织的重要基础（徐健，2007）。相互依存关系和连接在语篇生成过程中相辅相成，起到语篇转接的作用。那么，两种关系在语篇建构中到底分别起什么作用，它们又是如何形成互补的呢？韩礼德等（Halliday & Matthiessen，2004：583；2014：655）指出，小句复合体（相互依存关系）做了较多的局部性（local，即小句或小句复合体内部）贡献，而联结的贡献更多地在于语篇整体上（global，即小句或小句复合体之间或更大的语义单位上）。具体来说，小句复合过程通过单变结构①（univariate structure）来"精心设计"（choreograph）语篇的局部发展，同时表明了相互依存关系和逻辑语义关系。连接可以与相互依存关系共同作用以强化局部关系，但更多的是取代后者以使小句或小句复合体顺利地朝前发展，直到语篇意义的整体实现。请看下例：

||| **Given** the demanding pace of military operations, ||| service members should be allowed to focus on their mission free from worry about the welfare of their families. ||| **Accordingly**, funding

---

① "单变结构"指的是只有一个变量的线性循环结构，如 Mother thought Tom knew Father would tell his brother that... 逻辑元功能的组织范式就是单变的，而经验、人际、语篇元功能则是多变的（multivariate）。在建构其语篇语义理论的过程中，Martin（1992）提出"同变结构"（covariate structure）的概念，并且认为同变结构是语篇语义学用以建构篇章的主要资源，如形成上下义关系的词语在语篇"衔接链"中具有重要意义。这里主要探讨韩礼德在语篇建构资源归类方面的发展，对上述概念的异同和相关观点不再做进一步探讨。

for quality DOD schools, child development activities, and other family assistance programs is important, particularly today ‖ **when** the stresses of operational deployments are higher than ever before. ‖‖
(Halliday & Matthiessen, 2014: 610)

在上述语篇中，accordingly 表明前后两句（或小句复合体）之间是一种因果关系，属于连接关系。第一句中，given 体现前后两个小句之间的条件关系，第二句中有两个小句，其中 when 表示二者之间的从属关系，属于小句复合体内部的相互依存关系。就语篇局部来看，given 和 when 推动了各自所在小句内部"意义流"（semiotic flow）的前进；就语篇整体来看，accordingly 将前后两股"意义流"汇流成河，形成更大的语义单位。小句间的相互依存关系和句子之间的连接在语篇组织中起转接作用，为语篇意义的持续扩展提供了巨大的"语篇发生力"（logogenetic power）(Halliday & Matthiessen, 2014: 609)。

第二节 语篇元功能的非本源性

在元功能假说的初创期，韩礼德（Halliday, 1978: 145）以一种看似不经意的方式，首次提出语篇元功能的非本源性（second-order nature），旨在说明该功能作为"使动功能"（enabling function）的运作机理。其后数年间，学界围绕语篇元功能在语篇分析等领域的"适用性"展开了大量研究，取得了丰硕成果。然而，语篇元功能的非本源性似乎并未引起学界的足够关注，部分学者对该本质属性的认识存在不足甚或误区（Matthiessen, 1992）。在创建意义进化论的过程中，系统功能学派（Halliday, 1992/2002; Halliday & Matthiessen, 1999; Matthiessen, 1991a, 1992）重申语篇元功能的非本源性并着重强调其元理论意义。为更好地把握语篇元功能的非本源性及其在韩礼德语言元功能假说乃至其学术思想体系中的重要地位，本节围绕语篇元功能非本源性的概念内涵、理论基础、重要体现三个方面做进一步探讨。

一 概念内涵

在系统功能语言学中,"非本源性"(second-order nature)是与"本源性"(first-order nature)相对应的一个概念。国外部分学者,如Dik(1979)、Foley & Van Valin(1984,1985)(参见Matthiessen 2004),从英文字面解读两个术语,认为二者仅强调时间上的先后顺序,将非本源性理解成语篇语法的出现"在时间或逻辑上迟于所谓的核心语法",并据此将语篇元功能解读成"一种用于调整文体或'包装'概念和人际意义的后期处理单位"。我们认为这是片面的,曲解了非本源性的概念内涵,忽视了韩礼德从一开始便赋予语篇元功能的元理论意义。

在哲学范畴中,"本源性"最初是指人们对本源世界的探寻,即世界的始基、世界,具有本体论和认识论意义。当然,系统功能学派引入这一具有哲学内涵的概念并非为尝试回答"世界的本源是什么"这一亘古难题,而是为了从社会意义学立场彰显语言,尤其是其中的语篇元功能对意义现实的建构性,为元功能思想奠定深厚的哲学基础。概念、人际两大元功能揭示了语言所具有的本源性,即语言对客观世界的指称性。换言之,自然存在和社会存在中的个体、性状、现象等能够通过语言符号直接指称,因此本源性又被称为指称性。相对而言,语篇元功能反映了语言同时具有的非本源性,非本源性并非客观世界的本质属性,而是语言系统建构的符号世界或意义现实所具有的性质。由于符号世界或意义现实是在人类运用语言系统指称客观世界的过程中派生而来的,是对客观世界的高度抽象化,所以非本源性也被称作派生性。

我们可以结合图3-1来具体说明语篇元功能的非本源性及其与概念、人际元功能相连共生却又彼此有别的关系。

根据系统功能语言学的经验识解模式(Halliday & Matthiessen 1999),人类通过语言的概念元功能和人际元功能识解本源现实(如图3-1阴影部分所示)。具体而言,概念元功能识解语言外部的自然现实,表征社会人与自然世界的互动(如图3-1中左侧实线箭头所示);人际元功能识解语言外部的社会现实,实现"社会人"之间的互动(如图3-1中右侧实线箭头所示)。自然现实和社会现实都具有本源

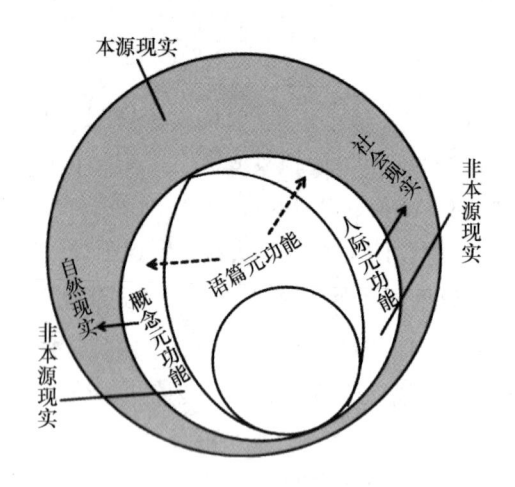

图 3-1 语篇元功能的非本源性

性，属于本源现实。在此基础上，语篇元功能发挥其作为使动功能的作用，产生表达概念意义和人际意义的语篇资源，将相关信息建构到语篇之中从而供交际双方使用。在这一过程中，语言构建了一个属于自身的"平行宇宙"（a parallel universe），而且这是"一个由意义构成的世界"（a world that is made of meaning）（Halliday，2001/2003：276）；也正是经历了这个过程，我们才可以说概念和人际元功能真正参与进了语言对现实的建构之中。由此可见，语篇元功能识解的是语言内部的意义现实，亦即非本源现实（如图 3-1 虚线箭头所示）。语篇元功能的非本源性将其与概念、人际两大功能区分开来，即后两者在语篇元功能的作用下得以关联并且获得在语境中的可操作性。

二 理论基础

从系统功能语言学内部理论发展来看，语篇元功能非本源性思想根植于韩礼德的语境理论。根据意义识解是以社会系统还是语言系统为参照，韩礼德（Halliday，1978：142-145）将语境分为本源性语境与非本源性语境。本源性语境指向并基于社会系统，是社会活动和角色关系的意义模型，语言在其中承担从属或辅助角色；非本源性语境指向语言内部或者其他意义系统，是对语言和其他意义行为的意义识解，语言在其中起关键作用。

本源性与非本源性思想也渗透到韩礼德（Halliday，1978：142 - 145）关于话语范围、话语基调、话语方式三个语境变量的相关论述之中，Matthiessen（1995：35）也对此进行了概括（见表3 - 2）。我们对之有三点认识：第一，本源性语境由本源性话语范围和本源性话语基调所体现，具体由社会系统中的社会过程、社会角色及其间关系构成，上述范畴的存在不依赖语言系统。第二，非本源性语境由非本源性话语范围和非本源性话语基调所体现，具体包括意义系统所识解和界定的社会经验（即通常所说的"会话话题"）、社会角色（即通常所说的"会话角色"），二者都是以语言为参照的，即只有在语言中或通过语言才能产生。第三，话语范围和话语基调都有本源性与非本源性之分，二者既可以指向语言外部的客观世界，又可以指向语言自身的内部世界。但是由于话语方式涉及语言和其他意义系统在语境中所起的作用，所以话语方式是而且只能是非本源性的，是与语境相关的符号组织。根据"语境——功能耦合假说"（Halliday，1978：63），在一般情况下，语境变量制约相应语义要素的选择，即话语范围制约概念成分的选择，话语基调制约人际成分的选择，话语方式制约语篇成分的选择。从这个层面看，鉴于话语方式的非本源性，语篇元功能及其语法资源（如主位、述位、信息、语态、衔接等）也因此被赋予了非本源性，因为"这些概念的界定需要借助语言本身，且其存在依赖语篇前文中的现象"（Halliday，1978：145）。

表3 - 2　　　　　　　　　　**本源性/非本源性语境**

	话语范围	话语基调	话语方式
非本源性范畴	在社会活动过程中由语言创造的社会经验域，如气象、烹饪、育儿、金融、常识、非常识等	通过语言执行的社会角色，亦即会话角色，如询问者——回答者，发令者——应允者等	在本源性语境中，语言依据交际渠道、媒介、修辞所承担的角色
本源性范畴	社会系统中的社会过程，如生产、教育、信息、娱乐等	社会系统中的社会角色及其间关系，如家庭和亲属，阶层和等级，职业角色等	

三 重要体现

意义进化论倡导在个体发生、语篇发生、种系发生三个时间框架内考察人类运用语言符号实施社会功能的发展历程。因此这里主要讨论语篇元功能非本源性思想在语言发展、主位推进、语法隐喻三个理论中的重要体现,从而管窥韩礼德等人在创建意义进化论中一再强调语篇元功能非本源性的根本原因。

1. 语言发展

韩礼德(Halliday, 1973:24)从功能的角度研究儿童语言发展(language development),认为"学习语言就是学会如何表达意义",而"语言发展就是一系列功能的学习"。韩礼德(Halliday, 1975)把儿童语言发展分为三个阶段:原始语言、过渡语言及成人语言。我们将通过概述儿童语言的功能在三个阶段的进化来诠释语篇元功能的非本源性。

在语言功能上,儿童语言经历了从微观功能到宏观功能再到元功能的演变。原始语言承担工具功能、控制功能、互动功能、个体功能、学习功能、想象功能等"微观功能"(Halliday, 1975:18-20),这些功能在本质上就是语言的具体使用(uses)。在语言层次上,儿童语言经历了由二层次系统(内容、表达,即语义、语音)到三层次系统(内容、形式、表达,即语义、词汇语法、语音)的进化。语言二层次系统反映内容和表达形成的一对一匹配模式,即一个声音或手势只对应实施一种微观功能。韩礼德(Halliday, 1992)认为,这种表义模式是意义进化的最初性状,属于哺乳动物式的体验模式(mammalian experience),反映人与环境的直接对立。在过渡语言阶段,六种微观功能被概括和组合为实用功能和理性功能,二者在成人语言阶段又分别发展成为人际元功能和概念元功能。可见,微观功能是人际元功能和概念元功能的雏形和基础,是所有动物交际系统的共有特征;而人际元功能和概念元功能是微观功能的高度抽象化,具有指称自然世界和社会世界的作用。相对而言,语篇元功能出现较晚,直到成人语言阶段随着三层次语言系统中词汇语法层的形成才进化成功。词汇语法的出现从本质上把人类语言和其他哺乳动物的交际系统区分开来,作为词汇语法固有属性的语篇元功能同时出现并且成为语篇创造和交换的关键机制。语篇元功能与词汇语法层的成功进化，既是人类认知能力发展和表义模式进化的内在需要与必然结果，又是人类能够摆脱直接情境，运用语言塑造经验现实、维系社会关系的重要前提。韩礼德对儿童语言发展的观察和研究一方面从个体意义发生维度考证了语篇元功能的非本源性；另一方面彰显了语篇元功能的进化本质及其建构现实的元理论意义。

2. 主位推进

系统语言学家（Matthiessen，1992；Halliday & Matthiessen，1999：398）从物理学中引入"波"的概念并使用"语篇波"（textual wave）来喻指语篇发展的主位推进模式，指出语篇意义的发生表现为一种独特的波浪式语义运动。这一运动是两种语篇波或渐变群的结合，即从主位逐渐到述位、从已知信息逐渐到新信息。其中，主位和已知信息的凸显形成波峰，述位和新信息的非凸显形成波谷。凸显与非凸显之间的对立不断推动波的前进，波峰和波谷在整个过程中呈现韵律性脉动特征。

在物理学中，大部分波的传播必须依赖一定的介质，同样，语篇波在意义空间中的形成与运作也不能脱离相应的载体。具有本源属性的概念和人际元功能为语篇波的发生和运作提供了载体资源。具体来说，概念元功能产生成分关系，为主位凸显作为小句信息的出发点提供了切分结构载体，即小句成分序列中的起始位置。人际元功能产生声调韵律，为信息的新颖度凸显提供了韵律结构载体，即小句调群中的主要声调移动。当然，这些载体资源本身并不具备语篇意义属性，只有在具有非本源性的语篇元功能赋予其以相应的值后，才能真正参与到语篇的构建和交际之中。譬如，the terrorist killed the hostage 和 the hostage was killed by the terrorist 分别属于"施动者 + 过程 + 目标"和"目标 + 过程 + 施动者"的构型，可以说二者由相同的语义成分构成，具有相同的概念意义。然而，在语篇元功能的作用下，语篇创造者对同一种人类经验采取了不同的功能配置，即选择了不同的成分作为各自的凸显主位，进而向语篇接收者传递了不同的意义现实。统而言之，语篇波是语篇元功能作用于语言的形象化写照，在语篇的组织、推进和理解中起着积极的辅助作用。语篇元功能的实现是以概念和人际元功能提供的意义资源为先决条件的，单纯的主位、信息等语言系统并不能构建语篇。同时，语篇元功能通过产生表达概念和人际意义的资源，帮助人们以与上下文和语域一致连贯的方式组织信息。语篇主位推进的波形机制揭示了概念和人际功能共同作用于语篇发生的过程，这不仅是对早期提出的三大功能互不交叉的观点的修正，更为重要的是从语篇意义发生维度论证和凸显了语篇元功能的非本源性。

3. 语法隐喻

语法隐喻是创造新意义的一种重要途径，有助于释放语言系统的词汇语法层和语义层之间的张力，也使得语言呈现出巨大的灵活性与包容性，因此被韩礼德（Halliday，2004：xiii）称为"意义潜势之潜势"（meaning potential potential）。语法隐喻与语篇元功能互相驱动，无论是作为一种文体策略实施着组篇功能，还是作为一种意义机制承载着现实重塑功能，语法隐喻的形成与运作都贯穿着语篇元功能的非本源性思想。

语法隐喻是发生在两个或两组语法特征之间的隐喻变体，体现在语法结构上，就是用一种结构替代另一种结构来实现同一所指；这种指称变体正是语法隐喻具有非本源性的重要体现。换言之，在语法隐喻的运作中，非本源性表现为语法被反过来用于表达语法本身，即以语言系统自身而不是客观世界为参照重新组织语篇信息。这种机制正是韩礼德（Halliday & Matthiessen，1999：239；2014：716）所指的"语篇顺应"（textual accommodation），譬如原先由小句表达的信息被语法隐喻化为名词性表达，顺应了语篇元功能在语篇建构中的要求，最终促成了"语篇波"按照一定的逻辑向前有序推进。由此可见，语法隐喻是一种独具价值的文体现象和策略，通过对前文相关信息的整合、包装和抽象化，"既可以作为一种衔接手段参与构建连贯的语篇，又可以作为语篇主位推进过程中的一种重要机制，参与构建语篇内部新旧信息互动的'信息流'，推动语篇的优化"（朱永生、严世清，2011：49）。

然而，在对Chaucer时代以来500年内代表性科学语篇进行解析后，韩礼德（Halliday，1998）更多地从种系发生的历时性视角来看待语篇元功能和语法隐喻现象，似乎将二者看作是超越语言系统的一种现实建构机制。基于这一转向,不难发现,语篇元功能的非本源性已经被赋予了越来越深刻的元理论意义,语法隐喻所执行的语篇元功能不应该仅仅被视为一种文体特征或创作技巧,从而完全囿于语言本体研究范畴。相反,在语篇元功能的驱动下,"语法隐喻在意义层面创造出虚拟现象,如虚拟实体、虚拟过程,并使之成为用于思考的强有力的抽象工具"(Halliday,2004:xvii),而这正是科学语类在进化过程中的主要特征和核心机制。在科学语篇作为一种语类的进化历程中,语篇元功能的非本源性越发明晰地表现为科学家在科学语篇的创作中,通过语法隐喻对常识性经验不断地进行解构与重构,最终转化成一种将规律性强加于经验之上以使其处于人类可控范围之内的"非常识性"现实。

语法隐喻对语法资源的重新配置是语篇元功能运作的重要体现与必然结果,它的形成和运作有着极强的语篇动因。同时,语法隐喻本身又成为优化语篇组织、推动语篇发展的关键机制。语法隐喻与语篇元功能交织在一起作用于语篇意义的构建和推进,形成语言系统进化、认知水平提高的合力。语篇元功能非本源性的思想无疑推动了语法隐喻元理论层面的理论化,而科学语篇中语法隐喻的研究成果也为语篇元功能的非本源性提供了种系学证据。

四 非本源性与其他属性之间的关系

实际上,在系统功能语言学中,语篇元功能是一个具有多元属性的概念。除了韩礼德在理论建构之初提出的使动性和上文述及的非本源性,语篇元功能还具有进化性。韩礼德(Halliday,1975a)对婴幼儿语言功能发展的考察表明语篇元功能具有进化性,具体来说,概念元功能和人际元功能均可以追溯到原始语言阶段的微观功能,而语篇元功能直到原始语言向成人语言过渡的中后期才初见端倪。我们相信,对这一属性的深入挖掘不仅具有极其重要的个体发生学价值,因为语篇元功能的成功进化是人类原始语言发展成为成人语言的一个关键标志,而且无疑也会为语言的种系发生研究提供多重启示。

我们说语篇元功能具有多重属性,并不意味着这些属性之间毫无关联甚至相互抵触。相反,我们认为无论是使动性、非本源性抑或进化性，均贯穿着系统功能学派历来所秉持的并且在意义进化论中得到全面彰显的建构主义立场。换言之，建构性是语篇元功能的核心属性，其他多个属性则是建构性在不同侧面的具体体现，它们之间是一种并协与互补的关系。使动属性侧重强调语篇元功能在语言运作中的建构性角色，即通过创造语篇将概念、人际成分建构到一个语境相关的语篇流（discourse flow）之中。非本源属性侧重强调语篇元功能自诞生起即被赋予的元理论内涵，即通过赋予原本处于混沌之中的本源世界以"语篇秩序"（discursive order），最终建构一个非本源性的意义世界。进化性侧重强调婴幼儿对外部世界的进化式建构，即该功能并不是伴随婴儿表义行为的初次发生而出现的，而是随着婴儿作为认知主体的意识的逐渐形成，并与物质世界产生互动，到达一定的程度才进化成功的。语篇元功能的成功进化使得人类摆脱了即时情境的束缚，为人类认知能力的发展提供了语言学证据。对语篇元功能本质属性的多维度考察，不仅有助于语篇元功能思想本身的理论化，而且有助于深刻理解系统功能学派基于语篇的社会意义学立场和社会建构主义哲学观。

第三节　语篇发生机制

从意义进化论来看，人类意义能力的进化实际上就是语言潜势在种系发生、个体发生和语篇发生三个时间框架内持续扩展的一个过程。而语言潜势得以扩展的关键途径则是语篇建构，人们在通过建构语篇来识解经验、实施交际的过程中，与社会环境和语言系统同步产生互动作用，由此产生的语篇不仅改变了原有的社会环境并重塑了经验现实，也相应地改变了原有的语言系统且拓展了原有的意义潜势。意义进化论为语篇研究提供了一个动态性和历时性的视角，即语篇发生学，其核心概念是例示化。例示化不得不与体现化和个体化联系起来，因为这三个概念不仅是系统功能语言学理论建构中的三大层次关系，而且是诠释语篇发生机制的重要理论资源。总体来说，体现化的元冗余性为语篇建构提供了多样性的选择，例示化再现了语篇语义的动态性和历时性，而个体化诠释了意识形态和个体身份在语篇中的协商建构。三者辩证统一、互为补充，共同构成了语篇建构和意义进化的机制。

一 体现化

自韩礼德（Halliday，1961/2002）在 Categories of the theory of grammar 一文中全面描写"单位""结构""类""系统"等范畴以来，语言系统的分层体系思想（hierarchy of stratification）就成为建构系统功能语言学理论的一个不可或缺的组成部分。"体现化"不仅是阐释语言系统层次关系的核心概念，而且"在意义系统的组织中处于中心位置"（Butt，2008）。无论是在原始语言系统还是成人语言系统之中，分层体现化的思想都渗透于其中。具体而言，在原始语言中，内容层由表达层来体现，或者说表达层体现内容层。而在成人语言中，语义层由词汇语法层来体现，词汇语法层又由音系层来体现，或者说音系层体现词汇语法层，词汇语法层又体现语义层。然而，由于韩礼德早期对该模式的理论化程度不够，未能澄清体现化概念的本质属性，而且过分强调语言系统内部相邻两个层次之间的关系，未充分凸显语言系统各层次在整体上的动态性以及由此实现的创造意义的功能，因而在一定程度上遭受诟病，甚至影响到系统功能语言学理论模式的整体建构。譬如 Gregory（Butler，1985：80）曾指出，"韩礼德模式的主要问题在于意义潜势和它在形式层的体现关系以及体现这两个层面的规则的本质"。韩礼德本人也坦承他对体现化概念的解释不够充分，"也许是语言学中最难解释的一个概念"（Halliday，1992/2003：210），以前的相关解释"会造成相当严重的误解"（Halliday，1992/2002：356）。对于体现化难以界定的原因，Matthiessen（2007a）认为，这一概念的解释对象即分层体现，专属于意义系统，而意义系统的独特性使我们无法从对其他系统的阐释范式中找到可资借鉴之处。

为了更好地说明体现化对语篇建构和意义进化的触发和推动作用，韩礼德（Halliday，1992/2002：356-357）引入 Lemke（1984）的"冗余"（redundancy）和"元冗余"（metaredundancy）概念，来重新诠释和界定体现化机制。冗余是一个信息论（Information Theory）术语，最早由 Shannon（1948a，1948b）提出。冗余是信息传播中的一种常见现象，指信息发出者所传递的信息量超出受众接收所需的最少信息量。后来，Attneave（1959）和 Bateson[①]（1972）分别将这一概念引入心理学和人类学研究之中，均取得了开拓性的成果。语言学界对这一概念也非常重视，然而相关研究更多的是围绕语言结构形式对冗余现象进行分类和描写。而最早从功能语义角度研究冗余现象的当属 Lemke，他（Halliday，1984，1995）指出冗余是描写什么和什么相关的一种形式。如果说两件事情是"冗余的"，实际上是指两者之间是一种可以互相预测的关系，即假使见到其中之一，你完全可以相信另一方就在附近。在符号学中，冗余关系是意义建构的必要条件；因为任何事件本身（包括口语词汇和书面语词汇）并不具有意义，它们有意义只不过是使用者通过一些规则的或可预测的方式，即建立冗余关系，把这些事件置于不同语境之中才使之有了意义。由于语境具有多样性、动态性和进化性，即使是高度类似的事件也可能会被赋予不同的意义。元冗余关系指两件事情之间的冗余关系如何与第三件事情形成一种冗余关系，简言之，元冗余是关于冗余的冗余（redundancy of redundancy）。元冗余关涉语境中某一层次的型式（patterns）与下一层次的型式构成冗余，而意义系统中的语境化关系（contextualizing relations）可以被描写为一种元冗余关系的等级体系。文化中社会组织的型式体现为情景语境中的社会互动型式，而后者又进一步体现为语篇中的话语型式。

　　基于 Lemke 的研究，韩礼德（Halliday，1992/2003：210）首先对体现化概念的属性进行本体论意义上的反思：第一，体现关系不同于传统物理系统中的"因果"关系，而是一种"意义和意指"关系，与"起因"不同，体现化并不具有时间上的先后性；第二，体现化关系是一种双向性的关系（two-way relationship），例如，我们说词汇语法体现语义就有两点内涵，即措辞（wording）不仅表达意义，而且建构

[①] Bateson（1972：172-173）提出了"元交际"（metacommunication）的概念，并提议把"冗余"概念拓展至意义研究中的语境因素。Lemke（1984：35-39，23-58）深受启发，主张从形式和功能相结合的视角来建构符号学的一般模型，并使其与社会学习和发展的动态模型相一致。

第三章　语篇发生维度的韩礼德语篇建构观　　　83

意义。

　　在一个由简单符号构成的最小意义系统中，如原始语言，其内部结构具有对称性特征，内容层的 p、q、r 在表达层相对应地体现为 a、b、c。具体而言，给定发音或手势的表达式 a、b、c，就可以预测相应的意义 p、q、r；同理，给定意义 p、q、r，就可以预测发音或手势的表达式 a、b、c。我们把这样的一种二元组织关系（dyadic relationship）称为冗余关系，其中的"冗余"可以被理解为"体现"或"被体现"。以 Nigel 为例，在他五个月刚学会够东西、抓东西的时候，发出一个高声尖叫的声音符号，韩礼德（Halliday, 1992/2002）用 v. h. p. s 进行编码，并把它解读为"那是什么？真有趣"。按照冗余原则来理解，Nigel 的发音和所要表达的意义之间的一种对称关系，或体现与被体现的关系。我们认为，像原始语言这样最小的意义系统，其实是符合词汇语法层与音系层之间的任意性体现关系的，亦即 Hasan 所谓的语义共现。

　　随着原始语言潜势系统的拓展，尤其是词汇语法的涌现（explosion into grammar），物质经验和意识经验投射而成的二维弹性意义空间被重新建构，原始语言的内容层面被分解为语义层和词汇语法层（又称措辞）。在这个过程中，原始语言最终进化成为一个三层次系统（language as tri-stratal system），包含语义层、措辞/词汇语法层和音系层。如果我们用 l、m、n 来表示新进化成功的词汇语法层，原始语言中内容层 p、q、r 和表达层 a、b、c 之间的二元组织关系因此被打破。换言之，当表达 a、b、c 体现措辞 l、m、n，而措辞 l、m、n 又体现意义 p、q、r 时，三个层次之间的体现就不再是原先孤立的对应关系，而是一种元冗余的关系，如图 3-2 所示。

　　所谓"元冗余"，就是说 p、q、r 不是直接由 l、m、n 来体现，而是由 l、m、n 和 a、b、c 之间的冗余关系来体现。元冗余不是指两个相对对立的二元关系，即意义由措辞体现以及措辞由音系体现，而是意义由"音系体现的措辞"来体现的关系，其间关系可以简单地表示为 p、q、r↘(l、m、n↘a、b、c)。反之，音系对意义的体现实际上是音系体现了"措辞对意义的体现"，即音系和意义之间是关于"措辞和意义的冗余关系"的冗余关系，可以表示为 (p、q、r↘l、m、n)↘a、b、

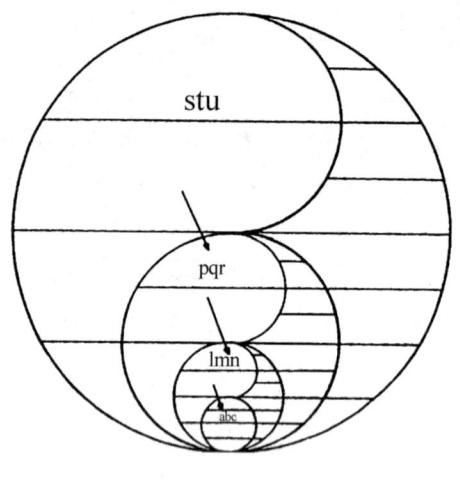

图3-2 元冗余

c。在这里，我们不难发现对体现化的考察有"从下往上"和"从上往下"两种视角，前者适合于音系理论的解释和建构，而后者有助于阐释语言对文化中其他更高层次系统的识解。根据第二种视角，我们可以通过元冗余机制把语言与其所处的语境联系起来，情景语境s、t、u由"音系a、b、c所体现的措词l、m、n"所体现的"语义p、q、r"来体现，情景语境和语言之间是一种关于"冗余关系的冗余关系"的冗余关系，可以表示为s、t、u↘[p、q、r↘(l、m、n↘a、b、c)]。当层次之间的冗余通过这样一种体现方式转变为元冗余时，原始语言即成功进化至成人语言，"迭代"（iteration）是元冗余关系的显著特征，进而也为情景语境甚至更高层次系统的重新解读提供了可能性，如言语艺术的主位、象征性表达、言语化之间的层次关系（Hasan, 1985: 96 – 99）以及语言与意识形态、语类、语域等意义环境之间的层次关系（Martin, 1992: 493 – 497）。

现在，我们再回到元冗余关系的模型图，从整体上来把握体现化在意义发生和进化中的具体运作过程。结合韩礼德对个体发生的观察，Nigel的语言发展从原始语言到成人语言，按照抽象化的层次经历了一个由二层结构到三层结构的进化历程，这些层次通过体现化彼此发生联系。语义层即意义系统通过词汇语法,即措辞来体现;词汇语法进一步通过表达层,即音系或书写系统来体现。词汇语法与音系层之间是一种任意的象征关系,而语义层与词汇语法层之间则是一种自然体现的关系,这就表明内容层次间的关系既是体现的又是元冗余的。

二 例示化

以元冗余为核心的体现化机制,为语篇建构和意义进化提供了层次原则。词汇语法的进化,解构了原始语言中面向经验现象且只有内容和表达两个接面(interface)的简单平面。取而代之的是,人类以词汇语法为资源,建构了一个纯粹由语言符号所识解的三维空间,即意义世界。然而,层次体现化更多的还只是从概览或静态(synoptic)的视角审视了语篇语义的发生机制,而且主要局限于语言系统内部,把体现看成是一种关系,对层次之间的动态性凸显不够。语言是一个动态的开放性系统,任何被识解了的东西也能被重新识解,进而产生语义空间的另一拓扑维度,因此语言系统不是自稳定的(autostable),而是元稳定的(metastable),语篇语义的发生还需要通过不断地与系统内部和系统外部环境的互动来保持。

基于上述原因,韩礼德(Halliday,1992/2002)提出了"例示化"的概念,来说明系统和语篇之间的关系,并以此作为体现化机制的重要补充。"系统"是系统功能语言学中的一个非常重要的概念。一般来说,系统与"结构"是相对而言的,前者指语言中的"纵聚合序列"(paradigmatic ordering),而后者指语言中的"横组合序列"(syntagmatic ordering)。对于语言而言,我们既可以将其视为系统,也可以将其视为语篇。具体地说,语言系统(即意义潜势)通过具体语篇(即意义潜势的实例表现)来加以"例示"(instantiate),实际使用中的语篇是语言系统的"例示"或"实例"(instance)。换言之,语篇是语言系统的具体表现形式,例如日常生活中的一个简单请求"Can you close the window?",就是意义潜势系统的一个"实例"。如果不了解这个实例背后的语言系统,我们就无法理解这句话以及它所要表达的意义和功能。相反,如果一套缜密的理论无法说明语篇是如何由系统进化而成的,它也将是毫无用处的（Halliday，1985：xxii）。

系统和语篇密切关联，二者好比"气候"（climate）和"天气"（weather）的关系（Halliday，1992/2002：359；Halliday & Matthiessen，2004：26-27）。气候是天气现象的概况，相对稳定；天气是气候走势的实例，变化无常。气候是关于天气的系统，天气是针对气候的例示。如果说语言系统是气候，语篇则是天气。正如气候和天气属于同一现象，语言系统和语篇也不是两个彼此有别、互不相干的独立现象，而只是不同的观察视角造成二者有所区分。例如，我们这里只有一组天气现象，从例示角度来看时，我们称之为天气，即气象学上的"语篇"；而当从长远角度试图建立和解释气候中的潜在规律时，我们称之为气候，亦即气象学上的"系统"。天气和气候之间形成了一个渐变群（cline），二者分别处于这一渐变群的两极，处于两极之间的则是各种具体的天气形式。同理，系统和语篇所构成的也是一个渐变群，而绝非一种对立的二分法（dichotomy），因为两极之间是由一系列中间型式（如语篇类型、语域）所组成的意义域（Halliday & Matthiessen，2014：593）。从意义进化的角度来看，这些中间型式既可以从系统角度看作子系统（subsystems），也可以从例示角度视为例示类型（instance types）。因此，语篇的本质是动态性的，是一个例示化的过程，而绝非传统语言学所认定的只是一种"事物"或"产品"[①]；在对语篇的描写和分析中，我们应该充分考虑其背后的语言系统，将之视为随着时间的展开而在概念、人际、语篇等意义系统中所进行的一系列选择。正因为如此，系统功能语言学主张从两个路径考察语篇建构机制：一个是从语言系统（词汇语法层构成语法系统，语义层构成语义系统）入手，途经次级系统、语篇类型，到达语篇实例，这是实例化的维度；另一个是选定一个（或一组）语篇例示，考察特定意义范畴的体现方式及相互关系，从而揭示一定语篇范围内的语言系统的运作情况，这是逆向的例示化维度。当然，这两个研究途径是相辅相成的，既是对传统语言学语篇研究的重要

[①] 传统语言学轻语篇、重系统，甚至割裂二者之间的关系，这一做法受到了韩礼德的严厉指责，他（Halliday，1985：xxii）指出，"这一错误在20世纪很长时间内困扰着语言学家们，使人们不考虑语篇而迷于系统，从而使现今的钟摆甩向了相反的方向"。

补充，也是对意义进化视角下韩礼德语篇建构观的重要发展，对于揭示语篇发生机制及其对于语言种系进化和个体语言发展有着深刻的元理论启示。

虽然韩礼德（Halliday，1978：137）早期也强调"语篇是一个连续的语义选择过程"，指出"语篇是意义，意义是在聚合关系环境中的一系列选择"，但真正基于语言系统来建构语篇模型、模拟语篇发生的动态机制，则始于 20 世纪 90 年代（Matthiessen，2002；Matthiessen，2007b）。当时，韩礼德等一方面从理论层面不断精密化地描写语篇发生的词汇语法系统；另一方面大力推动计算机语篇生成系统（computational text generation）开发。在此过程中，系统功能语言学开始对例示化过程进行系统选择算法（systemic selection algorithm）的模拟（Matthiessen & Bateman，1991），语料库建设、对语言结构发生频率的计算也进入了一个崭新的发展阶段。在此基础上，Matthiessen（1995：824—825）借用"语篇乐谱"（text score）的概念，来形象化表征系统选择和语篇生成之间的关系，在语言系统中的每一次选择就好比音符的选择，随着谱曲或演奏的不断进行，音符被逐渐建构成为一个乐谱。以选自"UTS/ Macquarie 语料库"的小句复合体为例，小句中的"联系"（link）意义的实现离不开在相互依存关系和逻辑语义关系两大系统中的选择，而小句意义的继续或停止则取决于递归系统，在这三个系统中的连续选择就形成了图 3 - 3 中语篇例示部分的"语篇乐谱"。

Clive：And then opened the door and the first thing I realized was that that this ice – block shoots horizontally through the door, and we thought "oh my God"; and then all hell breaks loose.

"语篇乐谱"的绘制不受系统数量、语篇长度等因素的制约。相对而言，文本篇幅越长更加有助于揭示语篇在不同的发展阶段所具有的语篇型式。即便上面所引的语篇较短，还是不难发现"并列"的选择贯穿于小句复合体展开的全过程，而"延伸"和"拓展"则是该语篇的主要发展方式。当然，Matthiessen 对语篇发生机制的计算机辅助模拟并非只是为了描写具体语篇的语类特征，而是从实践层面凸显韩礼德新时期的语篇建构观（即语篇发生学）的元理论价值，图 3 - 3 对小句复合

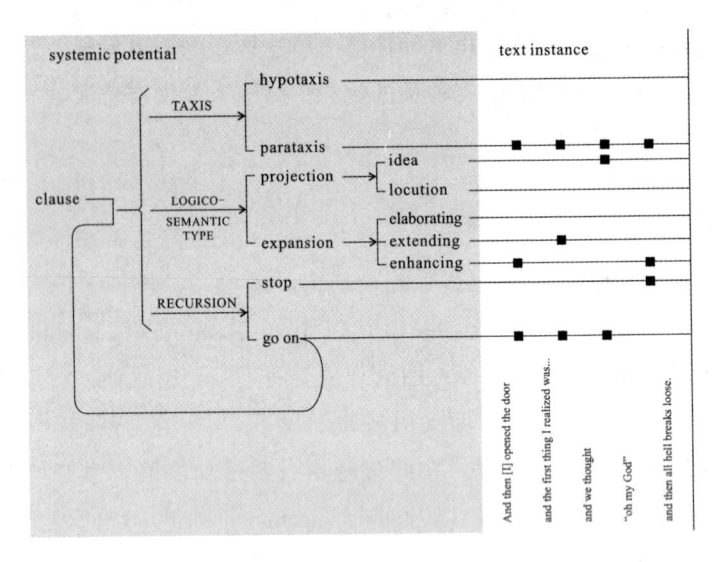

图 3-3 小句复合体中的系统选择和"乐谱式"例示

体例示化的展示清晰地呈现了系统和语篇的辩证统一关系以及语篇语义发生的动态性。

三 个体化

"体现化"诠释了语言系统各层次之间的关系,"例示化"揭示了语言系统与语篇实例之间的关系。然而,在对体现化和例示化的研究中,韩礼德重点关注的是语境类型与语言功能变体之间的关系,忽视了对语篇建构主体即语言使用者本身的研究。进入 21 世纪后,系统功能语言学建构了个体化的理论模型,为诠释语言使用者的个体特征在语篇中的体现,尤其是意识形态和个体身份的语篇建构,提供了研究视角,在很大程度上弥补了体现化和例示化忽视语言的实际使用及其使用主体所造成的不足。

追本溯源,个体化本来是社会学、教育学、心理学等学科的研究课题,最初源于 Bernstein[①] (1996:158) 关于把人类表义资源分为"文

[①] Basil Bernstein (1924—2000),英国著名的社会学家、教育学家和语言学家,被 Hasan 誉为 20 世纪对当代社会语言学研究影响深远的研究者,其建构的语言编码理论 (the theory of language code) 对 20 世纪以来的教育社会学研究有着至关重要的影响。我们还将在第五章讨论其教育社会学思想对系统功能语言学语言社会化研究的启示。

化意库"（reservoir）和"个体意库"（repertoire）的阐述。前者指特定文化意义及其潜势的总库，后者指个体所能调用的表义资源。系统功能语言学范畴中的"个体化"大致相当于 Bernstein 所谓的从文化意库到个体意库的动态过程。

虽然韩礼德并没有直接提出"个体化"这一术语，但他关于语码、语域、方言的变体学说为个体化概念的理论化奠定了基础。需要特别说明的是，在发展意义进化论的过程中，韩礼德从社会意义学立场对"个体"（individual）进行了界定，指出"人类个体是同时作为生物个体、社会个体和社会意义个体出现的"（Halliday & Matthiessen, 1999: 610）。换言之，现实交际中的人类个体同时具有生物学、社会学和社会意义学属性。可见，在系统功能语言学中，个体的存在和意义与其所处的特定社会文化语境密不可分，这一界定和传统认知心理学或心理主义范畴的个体概念有着根本的区别。就其生物属性而言，人类个体是一个机体（organism），作为人类物种的一员出生于一个生物种群；就其社会属性而言，人类个体是一个特定的人（person）或社会角色（social persona），作为社会的一员出生于一个社会群体；就其社会意义属性而言，人类个体是一个表义者（meaner），作为言语社团的一员出生于一个意义群体。三者被赋予不同的内涵，是不同的社会建构的结果，但三个层面所反映出来的"个体性"（individuality）又彼此关联、互相投射，表义者是一个具体的人，而具体的人又是一个生物机体。在对个体概念的界定中，韩礼德（Halliday, 1999: 610）通过引述 Lemke（1995: 81）对个体人作为生物机体和社会角色两个概念的区分，指出社会行为和语篇行为系统在建构个体性中的重要意义，强调对社会个体的界定离不开社会互动、社会角色以及具有社会和文化意义的行为模式。个体性的建构伴随着语篇的文化模式，以及与之相关的行为模式，就其本质而言，个体性的建构必须是基于特定文化环境的建构过程，是一个具有社会意义属性的过程。这一过程也揭示了儿童如何学会表达意义、人类意义能力持续进化的本质。

此外，Hasan（1984, 1999b, 2005）、Cloran（1989, 1999, 2000）、Hasan 和 Cloran（1990）、Williams（2001）等通过观察儿童语言发展，

探讨了意识形态在其中的调节作用,尤其是考察了文化意义潜势在儿童个体上的不同分配方式,为个体化理论的提出奠定了实践基础。早期的这些研究工作在很大程度上印证了 Bernstein（1990）关于言语编码或编码取向规约儿童言语交际的观点,同时也表明文化意库和个体意库之间的关系,即特定文化的意义总库是如何分配到个体并供其自由调用的。

系统功能语言学对个体意义建构的研究已有一定的历史,但从更严格意义上来说,"个体化"正式成为系统功能语言学的一个核心概念是在进入21世纪之后。在系统功能语言学内部,Matthiessen（2003:24）率先引入"个体化"概念并创造了这一语言学术语,将其定义为介于例示化连续统中语域变体和方言变体之间的一个中间层次,即"语义潜势→语域变体→编码取向（个体化）→方言变体→示例",并将其描写为语义编码取向（coding orientation）或"语义风格"的一个变体。Martin（2006:294）接受了 Bernstein 等把人类集体语义资源分为"文化意库"和"个体意库"的主张,认为个体化是有关编码取向的研究,并且把 Matthiessen（2003）的个体化思想推广至语言系统的各层次,认为每个层次上的语义资源都可以进一步区分为文化意库和个体意库。我们认为,Martin 的个体化研究真正把语篇建构者纳入了系统功能理论的总体框架,并且把个体化作为与层次体现和系统例示同等重要的一个单独的层级关系,以此分析个体在层次化结构各层面上所拥有的语言资源和使用状况,最终解释个体在辨识资源和实现资源等方面的差异以及由此产生的对意义识解和语篇建构的影响。

具体来说,Martin 对个体化概念的研究有两个方面。一是与教育社会学理论开展跨学科合作,构建个体化的层级模式,为阐释个体语义变异提供理论模型。二是提出"资源分配"（allocation）与"亲和关系"（affiliation）两个概念并以此阐释个体化和社会化之间的互动关系。

在个体化的层级模式中,文化意库和个体意库形成一个连续统,分别处于顶端和底部,二者之间从上到下依次为"系统→编码取向→个性类别→个体"（Martin,2006:294）。语篇是文化意库和个体意库相互作用的建构物,即文化意库为个体意库的实现提供了环境,而个体意库为文化意库的建立提供了原材料,语言系统的每个层面都存在个体化。

文化意库和个体意库经由语言使用者而相互作用，语言使用者在文化系统中通过交换语篇来进行互动，互动时选择意义的编码取向，选择自己个性类别和个体，最终建构个体的某种身份或意识形态。也就是说，不同的个体在识解具有同一性的客观经验时，早已按照其自身的异质性在系统中进行选择、组合，最终生成语篇，体现了意义的社会性、主体间性的本质。

提及个体化，必然会联系到社会化。社会化指的是个体接受社会文化、融入社会群体的过程，由自然人转变为社会人。个体化与社会化相对，指的是社会文化资源向个体的分配和转化，是同一发展过程中的两个维度。两者之间的关系可归纳为：个体化是"众→从→人"的演变过程，而社会化是"人→从→众"的演变过程（朱永生，2012）。系统功能语言学历来主张主体间性的研究视角，强调人是社会人，社会人与个体并不对立，因为它指社会环境中的个人（Halliday，1978：8）。

在个性化的层级模式基础上，Martin（2009）进一步从"资源分配"与"亲和关系"两个互补性的层级来说明个体化和社会化的关系（见图3-4）。社会化主要是建立亲和关系的过程（个体身份→亚文化→主流身份→文化），反映个体在社会中如何使用社会意义资源来建构与其他成员之间的关系，是个体通过语篇来融入言语社团或社会文化的重要途径；个体化则是社会意义资源分配到个体而赋予个体社会文化

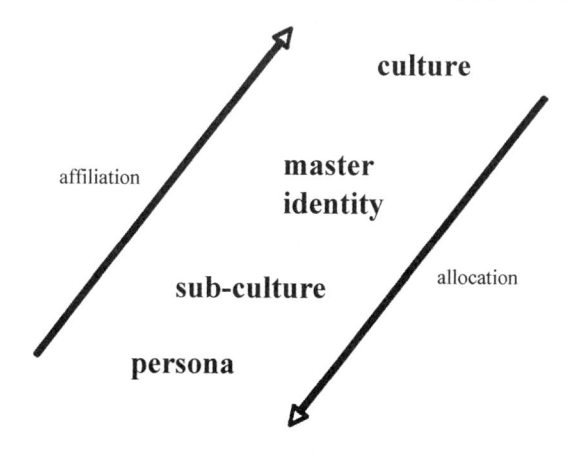

图3-4 个体化作为亲和关系和资源分配的层级体现

身份的过程（文化→主流身份→亚文化→个体身份），资源分配主要表现了社会的本质特性，是个体通过语篇来建构社会文化身份的重要前提，为亲和关系的建构奠定了基础。资源分配与亲和关系是一个双向演变的互补过程，诠释了个体化和社会化之间的互动关系，尤其是语言使用者通过建构语篇来拓展个体意义潜势并融入特定文化的内在机制。

四 语篇发生的三位一体机制

体现化、例示化和个体化三者结合，形成当前系统功能语言学针对系统、语篇和语言使用者的"三驾马车"（旷战、刘承宇，2017），语篇的发生离不开这三种层级关系的共同作用。我们把由这三种层级关系所构成的综合体系称为语篇发生的三位一体机制（见图3-5）。其中，就理论创建的时间顺序而言，体现化是最早得到发展的，但在创立意义进化论的过程中被重新诠释；例示化是随着意义进化论的创立，作为意义进化的一个时间维度而被提出的；个体化则是系统功能语言学进入21世纪后才发展起来的一个理论模型。就各自所关注的焦点而言，体现化关注语言系统，例示化关注具体语篇，个体化关注语言使用者。

要把握语篇发生的核心机制，必须从总体上厘清体现化、例示化、个体化三者之间的内在关系，而意义进化论为准确理解其间的关系提供了一个综合性视角。从根本上来说，体现化、例示化、个体化分别与种系发生、语篇发生、个体发生紧密相连（见图3-5）。具体地说，体现化诠释了语言系统如何在系统选项中通过抽象化的层级关系为语篇建构积累和提供资源，属于种系发生学范畴。例示化诠释了具体语篇如何在实际语境中通过例示渐变体来实现动态建构的过程，属于语篇发生学范畴。个体化诠释了语言使用主体如何通过话语社团所共有的意义资源来建构个性化的语篇的过程，属于个体发生学范畴。

就韩礼德本人的研究来看，在过去的半个多世纪中，他始终把语言系统视为一种意义潜势，一直高度关注语言系统及其运作机制。他首先关注的是语言系统内部层次之间的体现化，对语篇建构资源进行分类和描写。后来又将重点放在语言系统与具体语篇之间的例示化上，提出"例示化——层次化矩阵"（Instantiation / stratification matrix）（Halli-

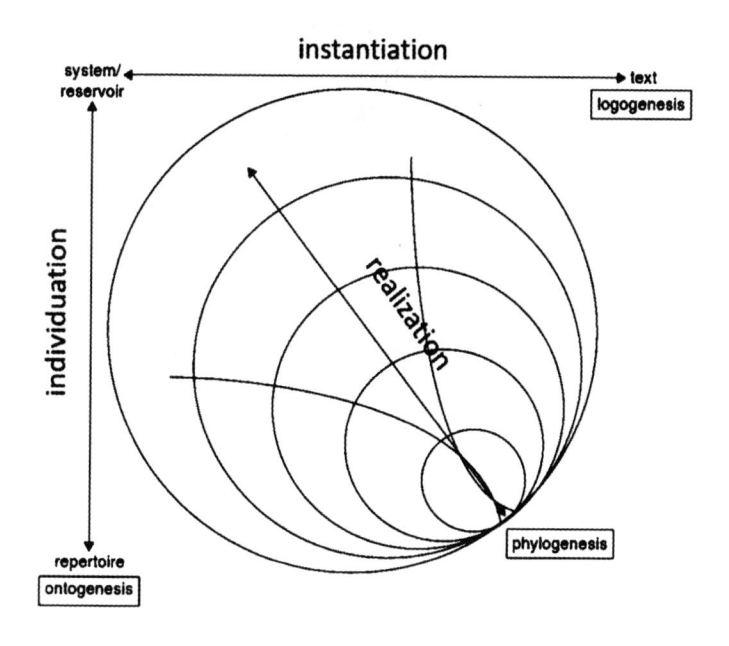

图3-5 "体现化—例示化—个体化"三位一体机制

day,1995/2005),认为具体语篇的发生是语言系统在语类和语域共同作用下而进化形成的例示。体现化表示抽象化的程度,指的是在语篇建构过程中人们使用一种意义方式来识解另一种意义方式。从意义进化的角度来看,每个层级在语篇建构过程中都有自身的价值。体现化与例示化紧密相连,体现化层次关系中的每一层都可以例示化为语篇。譬如,语法系统最终例示化为"作为措辞的语篇",语义系统最终例示化为"作为意义的语篇"。随着 Hasan、Matthiessen、Martin 等人对个体化研究的深入,韩礼德语篇建构观也得到进一步的完善,即在语篇建构研究之中融入语言使用者这一关键因素,最终形成关于语篇发生的"体现化——例示化——个体化"三位一体机制。在语篇建构中,体现化与例示化、个体化共同作用,即所有的体现化层次关系既能例示化(all strata instantiate),也能个体化(all strata individuate)。

Martin 和王振华(2008)简要阐释了"体现化——例示化——个体化"的三位一体机制与中国式英语口音的进化,三个具有英语专业背景的中国人操着不同的英语口音，比如美国口音、澳大利亚口音、英国口音，但就音系统而言三人讲的都是英语。同时由于受到汉语母语背景的影响，三人所讲的英语又不完全同于美式英语、澳式英语、英式英语，即三人在运用英语进行语篇交际时产生了中国式英语口音。在这一过程中，中国式英语口音的进化可以被视为语篇交际例示化的结果，该口音系统建构了相应的语篇类型。另外，在说英语的过程中，三人又具有各自的口音特点，并由此建构了个性化的"作为音系的语篇"，这便是个体化作用的结果。如果将这一情景置于种系意义进化的历时性框架中加以考察，即会发现，中国式英语口音的形成离不开音系统在一代代人无数次语篇交际中的体现化、例示化和个体化。同理，如果将音系层的这种进化类推至语言系统的其他层级，我们也会发现，语言系统的种系发生是与体现化分不开的，是数代人共同努力的结果，即语言系统在一代代人语篇交际的过程中逐步进化；语言系统的语篇发生是语篇系统意义潜势不断例示化的过程，这个过程直接催生了具体语篇。语言系统的个体发生贯穿于个体化过程之中，是社会个体自出生后的语言发展情况，直至其语言行为或个体意库最终融入整个语言系统或文化意库，即集体意义潜势。

第四节 语篇建构的元理论内涵

意义进化论作为意义研究的一种新范式，已经发展成为系统功能语言学最成熟的语言哲学思想，内容不仅丰富而且极其深刻（朱永生，严世清，2011：14）。作为一个元理论框架，它有效整合了体现化、例示化、个体化三大概念及其对应的核心层级关系，使得三者更加紧密地融为一个有机体，进而不仅从系统、语篇、使用者三个维度对语篇建构做出了更为全面、更加合理的诠释，而且更为重要的是，系统功能学派语篇建构观的元理论内涵得到了充分彰显。这里主要从学习理论中的建构主义思想、语篇建构的认识论意义、非本源性思想的哲学启示三个方面，探讨韩礼德语篇建构观的元理论内涵。

一 学习理论中的建构主义思想

系统功能学派在其语言学习理论的建构中始终践行建构主义思想,诚如韩礼德所言,其意义观隶属建构主义范畴(Halliday & Matthiessen, 1999:17),尤其推崇 Vygotsky 的社会建构主义理论。韩礼德在 *Towards a Language - Based Theory of Learning*(1993/2003)一文中通过描述儿童语言学习行为的 21 个体发生特征,提出"基于语言的学习理论"(Language - based Theory of Learning)。韩礼德开宗明义地表明创立该学习理论的动机,"大多数学习理论(包括语言学习理论)都源自语言学习之外,要么忽视语言发展,要么仅将其视为学习的一个方面……如果把这些理论付诸实践,我们可能无法达到预期目的"。基于语言的学习理论把学习的本质视为一种社会意义过程,主张语言不是人类认知的一个方面,而是认知的重要前提和关键工具,经验通过认知转化为知识。这一学习理论不仅引起了学术界的广泛关注,而且对教育规划决策者在 21 世纪到来之际开展学校课程内容以及实施方式改革具有重要的启示意义(Wells,1994)。

韩礼德和 Vygotsky 的学术背景不同,但他基于语言的学习理论明显受到社会建构主义理论的影响,可以说,社会建构主义思想是韩礼德学习理论建构的重要基石。在意义进化论背景下,这一理论基石对于整体把握系统功能理论所起的作用日益凸显。Wells(1994)围绕语言与社会活动、语言学习与掌握文化、语言与智力发育、校园里的语言与思维等维度,分析了系统功能学习理论与社会建构主义理论在语言和学习本质问题上的同质性观点。我们认为韩礼德学习理论中的建构主义思想至少体现在以下三个方面。

第一,从方法论来看,和 Vygotsky 一样,韩礼德也选择发生学作为研究路径来考察人类学习行为。譬如,学习者的意义建构过程因何起源、呈现何种发展模式、具有哪些发展特征等。在这种路径下,学习过程被看成是一种运用语言、以语篇创造和交换的形式进行意义建构的动态过程。个体表义的发生源于意识与物质的相互作用,意义能力的发展呈现为渐变式的进化模式,这一过程具有社会性、功能性、进化性、历时性等发展特征。虽然两位理论家都从个体发生出发来研究学习行为，但 Vygotsky 的最终目标是区分人类高级机能和低级机能，揭示个体高级心理机能的结构、发生和发展及其所具有的特殊规律性；而韩礼德旨在通过将儿童语言发展和人类语言进化初期进行类比，以期揭示语言的系统和本质，尤其是人类作为社会物种是如何使用语言资源来识解经验和建构现实的。

第二，从对意义的理解来看，两位理论家一致认为意义工具独具价值，无论是从种系发生还是从个体发生维度看，学习的发展总离不开社会意义（social semiotic）这一工具。他们坚持语言是人类用以实现社会生活各种目标的一大"创造"，把握语言本质的最佳路径就是通过发生学的研究方法来考察语言在其使用情景中所发挥的功能（Wells，1994）。在系统功能语言学中，意义潜势形成一个巨大的网络系统，在学习过程中可以起到类似"筛网"（grid）的工具性作用。以韩礼德（Halliday，1993/2003）所举的第十四个学习特征为例，即"过滤原则（the principle of filtering）和'挑战区域'（the challenge zone）：拒绝在能力范围之外的、处理力所能及的"，换言之，只要语篇的建构没有过分超越学习者当前意义潜势范围，学习者总能自如处理那些构成"挑战"的内容；反之，超越其表义能力太多的内容将会被"筛网"直接"过滤"。这里，韩礼德特别提醒我们关联 Vygotsky 的"最近发展区"概念（Zone of Proximal Development，以下简称 ZPD），因为 Vygotsky（1978：90）提出，"学习的一个本质特征就是创造了最近发展区，也就是说，学习唤醒了一系列内部发展过程，这些过程只有当孩子和周围的人互动交流或者是和他的同伴合作时才能够实现。一旦这些过程内化了，它们就成为孩子独立的发展成果"。语言教学应该着重帮助学习者建构意义，途径之一就要通过创设语境，使学习者在真实语境中发挥能动性，积极主动建构而不是被动地接收知识，进而帮助其深刻理解当前学习内容所反映的事物的性质、规律以及该事物与其他事物之间的内在联系。两位学者对语言作为一种意义工具、文化工具有着相同理解，不同之处是 Vygotsky 倾向于关注由语言调和的社会交际活动（linguistically mediated social interaction）在个体思维机能发展过程中的意义，而韩礼德更加重视"生物机体之间"这一研究视角,聚焦语言作为一种社会行为的属性,尽管他并不否认"生物体内部"这一研究视角为揭示语言本质所做出的贡献(Halliday,1978:12-13)。

第三,语言是一种非常强大的意义工具,因为其内在语义结构不仅可以对经验的文化理论进行编码(包括与其他工具使用方面的知识),而且让其使用者能够与他人进行互动,以此调和自身行为,同时能够反思和分享自己对于经验的理解。韩礼德和 Vygotsky 都把意义工具尤其是语言的使用,视为一种日常交际、文化融入乃至文化传承的重要手段。在儿童成长为社会人的过程中,语言起着核心作用,从与家庭成员、街坊邻里、社会团体等的互动中接触到他们的文化、行为思维方式、价值信仰体系等(Halliday,1978:9)。然而,在现实生活中,并没有人专门向儿童传授社会团体的各种组织体系或者信仰体系。那么,儿童是如何实现这一过程的呢?实际上,这是一个间接完成的过程,不过需要依赖语言这一关键的媒介。根据系统功能语言学,我们首先需要深入理解文化和语篇之间的辩证互动关系。在特定的情境之中,语篇既可以被理解成过程(testing as process),也可以被理解成成品(text as product)。语言发展的早期,儿童主要是通过无数次的日常语篇建构来不断掌握语言及其含处的文化,当然这里的"语篇"不同于课堂语言,更有别于来自法庭、契约、课本等的专门性语言,而是最平凡的日常语言。随着儿童的成长以及学习方式的发展,他们的语篇建构活动会愈发复杂化、抽象化、隐喻化,他们的社会化程度也将越来越高,并融入相应文化的价值体系和行为范式(详见第五章关于语言社会化的讨论)。从种系发生维度来看,通过掌握先辈们所创造的工具,学习者还可以不断提升学习层次。总而言之,"社会系统的稳定性和可变性既反映于语篇,又产生自语篇。语篇是文化得以传播和传承的首要渠道"。(Halliday,1978:141)韩礼德和 Vygotsky 对待语言和文化之间的"互惠关系"(reciprocal relationship)的看法一致,不过对于语言研究的切入点有所不同。作为一个心理学家,Vygotsky 关注的是生物体内部的活动,强调词在心理工具中的地位,因此选择将词以及词义作为分析"概念""思维"等概念的基本单位。而作为一个具有典型的社会学兴趣的语言学家,韩礼德始终坚持社会意义学立场,关注的是生物体之间的活动,选择具有社会意义本质属性的语篇作为研究单位,强调语篇建构对于意义能力发展、语言学习、文化传承等过程的重要价值。

二 语篇建构的认识论意义

除了作为一种教育教学指导理论之外,建构主义还是一种后现代哲学认识论范式,对当今许多学术领域都产生了巨大影响。在认识论领域,建构主义主张科学理论是由科学家建构出来的,而不是语言对外部世界的简单和被动的映射,因而建构主义常常带有反本质主义实在说的色彩。就语言学研究而言,建构主义与非建构主义已然成为判断一个学派意义研究立场或路径的重要标志[1],从中可以进一步管窥该学派所秉持的潜在的语言哲学立场。系统功能学派在创建意义进化论的过程中重申其语义研究的建构主义立场,更重要的是彰显了该学派在新时期对于现实和真理建构等哲学命题的关注。从元理论层面来看,韩礼德语篇建构观属于非本质主义范畴,倡导逻辑相对论,抵制本质主义所主张的逻辑实证论,主要体现为语篇的现实建构功能,即语言通过语篇元功能"创造了一个只属于语言的意义世界,即平行宇宙,或用现代术语说,'虚拟现实'"(Halliday,2001/2003:276)。由此可见,概念元功能和人际元功能在语篇元功能所建构的符号现实中得以关联并且获得在语境中的可操作性。韩礼德语篇建构观的核心思想是,元功能不仅可以用来解释语言本身,还可以用来识解人类经验,实施社会关系,而语法是关于人类经验的理论,同时起着"知之"(由概念元功能实施)和"为之"(由人际元功能实施)的作用。正是语篇元功能的建构性才使得这两种意义模式紧密融合在一起,"赋予语言以生命"(breathe life into language)(Halliday,1975a:17;Halliday,1985:xiii)。

系统功能语言学非常关注语言的社会属性,把语言看作是与意义相关联的可供人们选择的由若干子系统组成的系统网络或意义潜势;而语

---

[1] Ortony(1993:2)把20世纪的隐喻研究分为建构主义和非建构主义两大阵营,前者主张隐喻语言揭示了人类认知世界、建构现实的机制,而后者仅将其视作附属于语言的文字游戏而已,这一区分对后来的语言学研究尤其是意义研究具有重大的启示。

言操用者使用语言来表达意义则被看作是依据社会文化语境从该系统网络中进行各种有意义选择的社会行为。这种"社会行为"就其本质而言是一种社会建构行为，亦即人们通过词汇语法来识解经验，并建构起一个由事件和事物构成的世界（Halliday & Matthiessen, 1999: 3, 17）。这个世界中的所有范畴和逻辑关系是词汇语法建构的产物而非客观"赋予"的结果，语言对经验表征功能并非是一种被动、机械的反应，而是人类认知主体在已有的知识和经验基础上的一种主动建构。

为了更好地阐明其理论的建构主义基础，韩礼德（Halliday, 1990/2003）总结了三种有关语言与现实关系的立场。其一，所有语言都是静止的不变的产品，现实是预先存在的，语法是对这一现实的任意或约定俗成的表征，语法只关乎概念意义，而人际意义被排除在外，Labov 的观点与此接近。其二，语言一直处于进化之中，具有动态性，但这种动态性更多的还是对动态现实的被动反映，语言在与环境的互动中得到优化，苏联语言学家 Marr 及其合作者是该观点的拥护者，他们基于对马克思主义对历史的简单化理解，把语言视为凌驾于经济基础之上的上层建筑的一部分，通俗地讲，这一观点认为语言通过人类文化的中介来反映现实。其三，处于前两种极端观点之间的折中性观点，认为语言并不是被动反映现实，而是主动创造现实，该观点由 Sapir 及其学生 Whorf[①]提出，哥本哈根学派创始人 Hjelmslev 和现代语言学伦敦学派创始人 Firth 也提出相同观点。韩礼德（Halliday, 1990/2003: 145）赞同第三种观点，认为"'现实'并非事先存在，等待被赋予意义，它是通过人们的主动建构而形成的；语言不仅在现实建构的过程中不断进化，而且是现实得以建构的一种媒介"。关于语言对现实的建构功能，韩礼德（同上）进一步指出，语法是关于人类经验的理论，词汇语法不仅塑造了我们的经验，而且将我们的感知转化为意义。经验是我们通过语言所识解的现实，而现实并不是现成的东西，等待着我们去表达。

如果语言只是通过与物质世界中范畴的对应来"反映"人类对于

[①] 本书将在第五章中讨论 Whorf 的人类语言学思想及其对系统功能学派相关研究的启示。

客观世界的经验,那么很难看出我们是如何通过运用语言来威胁或颠覆现有秩序的（threaten or subvert the existing order）（Halliday, 1990/2003）。韩礼德进一步以性别角色和社会阶级为例,来说明语言资源对社会现实的建构功能。就性别角色的塑造而言,在回答儿子和女儿提出的问题时,母亲往往会做出不同的语法选择,通过不同的称谓形式和指称形式来体现不同的人际选择,在叙事中赋予男性和女性以不同的及物性角色。性别差异、种族特征以及各种社会不公等现象之所以能够产生和持久化,其手段就是改变人们在日常语言的语法系统中的选择潜势。社会阶级也通过类似的方式在语言中建构,不同阶级的父母倾向于实施不同的语法选择,阶级的形态意识也因此得以传承。当然,与性别和种族的语篇建构相比,阶级的建构是一个相对缓慢和隐性化的过程（a more "slow motion" and cyptotypic process）,两个阶级所采用的不同编码取向并非两个不同系统,而是对同一系统的内部资源的不同配置。然而,由于二者的配置方式悬殊,以至于以各自方式所建构的矛盾在历史上空前绝后。总之,语言具有建构现实的功能,语篇建构是通过语言使用者在词汇语法系统中的选择来实现的。

三 非本源性思想的哲学启示

我们已在前文专门探讨语篇元功能的非本源性,该属性在意义进化论中得到元理论层面的提升。非本源性思想是韩礼德语篇建构观在语言哲学层面的重要组成部分,下面重点解析语篇元功能非本源性思想的哲学启示。

第一,语篇元功能非本源性思想佐证了语篇能力的进化性。语篇是人类在使用语言时采用的组织方式,语篇建构在经验识解、社会交际中起着关键作用。韩礼德在20世纪70年代对个体发生的研究表明,人类语篇建构能力的发展经历了从概括化（generalization）到抽象化（abstraction）再到隐喻化（metaphor）的进化历程。随着语言适用性研究向纵深推进,韩礼德越来越关注语篇建构者的目的和要求,指出随着意义潜势的不断拓展,个体的高级意义能力（high-order semiotic）会越来越强,会形成"低级"和"高级"的区分,呈现"发展性"和"社会性"的特征。韩礼德（Halliday，2001/2003）所说的高级意义能力即元理论意义上的语篇建构能力，它不仅是人类与其他动物差异的区别性特征，更是个体社会化乃至人类文化传承的重要前提；这种能力和 Vygotsky（1986：109，148）提出的儿童感知"实物"的高级思维机能[①]（higher mental function）是一致的。Vygotsky 的高级思维机能是一种脱离直接情境、从混沌之中感知有序的能力，最终体现为具体的语篇形式，这正是语篇元功能在元理论意义上的运作机制。强调语篇元功能的非本源性旨在昭示该功能是语言功能高度抽象化的结果，是人类语篇建构能力发展到特定阶段时才出现的。可见，高级意义能力和高级思维机能的提法是相通的，二者均重视语言在意义进化进程中的核心作用，尤其是语言使用者语篇建构能力的不断进化在个体社会化和文明传承传播中的推动力，进而从根本上否定了任何语言功能和思维能力的预先存在性。

第二，语篇元功能非本源性思想体现了意义发生的动态性。意义是人类交际的中心，是语言哲学研究的核心问题。传统语法和结构主义认为语言与世界之间是确定性的关系，视语义为一种静态逻辑。与此相对，韩礼德历来强调意义的动态属性，并从发生学视角创造性地提出"语篇进化"（logogeny）的概念，倡导意义研究的语篇进化路径。语篇进化观提出了一种关于语篇意义发生的历时视角，它有助于重新审视语篇元功能的非本源性和语篇意义的动态性。就发生形态而言，语篇意义表现为"语篇流"（discourse flow），在很大程度上是对构成客观环境的"物质流"（material flow）的一种动态模拟（Halliday，1995）。正是这种"语篇流"使概念和人际意义发生关联并将二者带入了一个纯粹由语言构成的意义现实。必须指出，语法隐喻对于"语篇流"，尤其是科学语篇中的"语篇流"的形成，起到了至关重要的作用，为考察语篇

[①] 高级心理机能的发展问题是 Vygotsky 创立文化历史发展理论的核心。传统上，客观心理学和主观心理学认为高级机能的起源并不清楚，导致人们误以为它们原本是和高级机能一起被安排好的，而且在发生、机能和结构上同低级机能并没有任何联系。Vygotsky 持相反观点，认为无论是从种系发生还是个体发生来看，高级机能是在人类文化发展过程中由低级机能进化而来的。

元功能的非本源性提供了动态视角。Vygotsky（1986：99，218）曾使用"观念流"（flow of idea）、"意象流"（flow of image）、"思维流"（flow of thought）等比喻来界定抽象概念和内部言语发展的复杂性和动态性特征，我们认为这些提法为韩礼德的动态意义观提供了有力的个体发生学证据。就发生机制而言，语篇绝非传统语言学所认定的一种静态产品或结果，而是社会交往的重要工具，属于社会成员之间的一种意义行为。在这个意义上，互动性才是语篇意义行为的本质特征，充分体现了意义的动态性。具体来说，意义的动态性一方面体现为社会成员与变化着的社会语境之间的互动作用，另一方面体现为社会成员与变化着的语言系统之间的互动作用；由此而产生的语篇同时也不断地改变着原有的社会语境和语言系统。Vygotsky持有类似的观点，他将语言视为儿童认知世界的"文化工具包"，通过这一媒介，儿童在与社会互动的过程中逐步建构起关于世界的知识并对这一知识加以检验、甄别和反思。此外，Vygotsky的"知多者""最近发展区"（1986：187－189，194－196）等概念，也从元理论层面佐证了语篇意义的互动性及其在人类认知能力和语言能力发展中的重要价值。

第三，语篇元功能非本源性思想揭示了意义现实的建构性。西方语言学传统对于语言与现实的关系问题大致有三种观点，即语词表征事物、语词表征概念以及语词通过概念表征事物。就其本质而言，上述观点均属于客观主义所主张的实在说，认为意义先于编码，语法和意义之间存在某种映射或对应关系。系统功能学派继承和发展了Vygotsky的建构主义相对论思想，明确反对客观主义实在说的机械反映论，认为"语法本身识解经验，并为我们建构物质世界"（Halliday & Matthiessen 1999：17）。韩礼德等重申语篇元功能的非本源性，实际上就是为了说明语言对现实的社会建构功能，即语篇元功能通过建构一个与物质世界相平行的"意义现实"（Halliday，2001：276），赋予原本处于混沌之中的本源世界以"语篇秩序"（discursive order）。换言之，丰富多变的经验现实一旦进入语言范畴之后就变得井然有序了，而不再是原先处于本源世界时的"无名"或"不知"状态。语法隐喻是非本源性思想重要体现之一，不仅为现实的建构性提供了语言学上的解释或理据，而且对于考察真理的本质也具有重要的启迪意义。在韩礼德（Halliday, 1999）看来，科学语言通过大量语法隐喻的运用，建构了一个与日常话语截然不同的意义现实。通过语义上的事物化和语法上的名词化，科学语言重新建构了一个具有相对稳定性和持久性的意义现实，使我们可以对其反复观测和实验，同时掩盖了原先用以表达可争辩性和可协商性的人际意义成分，以此传递一种科学真理精确客观和不容置疑的意识形态。总之，语篇元功能非本源性思想有力地回击了客观主义实在说，诠释了系统功能学派的建构主义现实观，语法隐喻作为一种非本源性语法资源和语言进化机制，从语言学层面佐证了科学真理的相对性和建构性。

第五节　小结

本章深入讨论了韩礼德早期语篇建构观在意义进化论创立过程中的发展和升华。

首先，从意义进化视角阐述了系统功能学派对语篇意义资源的重新界定，讨论了语篇资源"由下而上"和"由上而下"的两种视角，认为系统功能学派在重新归类中全面贯彻了语篇发生思想、重新审视了衔接理论以及逻辑元功能的属性。其次，围绕非本源性的概念内涵、理论基础、重要体现展开讨论，认为非本源性旨在从元理论层面强调语篇元功能是语言符号所建构的意义现实的固有属性，语篇元功能的非本源性根植于韩礼德的语境理论，在很大程度上取决于语式变量，非本源性思想体现于韩礼德的语言发展、主位推进、语法隐喻等理论。再次，阐述了韩礼德引入"元冗余""天气与气候关系比喻""文化意库和个体意库"等概念的深刻内涵，梳理了系统功能语言学关于语篇建构的三位一体机制，体现化、例示化、个体化三者辩证统一、互为补充，共同构成了语篇建构和意义进化的机制，从系统、语篇、使用者三个维度对语篇建构做出了更为全面、更加合理的诠释。最后，从系统功能学派学习理论中的建构主义思想、语篇建构的认识论意义、非本源性思想的哲学启示三个方面，揭示了韩礼德语篇建构观的元理论内涵，相关分析表明，韩礼德语篇建构观与社会建构主义思想一脉相承，因为社会建构主义强调现实的社会建构属性，以及语言在社会现实建构中的重要地位，而系统功能学派关于语篇建构的研究为社会建构主义提供了有力的语言学证据，对于这一具有后现代性的哲学思潮的发展具有重要意义。

总之，韩礼德语篇建构观可以看作是系统功能语言学建构主义思想的具体体现，诚如朱永生和严世清（2011：12）所言，"系统功能语言学不仅是建构主义学派的支持者，甚至可以被看作是解构主义者"。韩礼德语篇建构观的重点不只是通过语类分析，以期发现具体语篇中重复出现的某一结构成分，归纳总结其文体特征，或是寻求某种结构成分或语法项目所代表的社会意义，也不是发现语篇中所暗含的某些不平等现象。以社会建构主义为基础的韩礼德语篇建构观更多的是侧重发现语篇所具有的建构现实、实施交际的元理论功能。在此思想的指导下，语篇的社会建构功能得到充分彰显。

第四章

个体发生维度的韩礼德语篇建构观[①]

系统功能语言学的个体发生,指的是婴幼儿交际系统在社会文化语境中的发展。由于系统功能学派的个体发生研究主要采取社会意义学立场,故本章将其置于语言社会化(language socialization)研究的大背景下加以考察。这样做的目的,一是凸显系统功能学派对个体发生研究的社会文化视角;二是将其置于一个更广阔的社会学视野,以便更好地把握韩礼德语篇建构观在新时期日益凸显的社会建构主义内涵。

语言社会化是一个新兴的多学科交叉研究领域。它着眼于语言、文化和社会之间的互动关系,主要考察人类个体如何通过语言使用来实现社会化,亦即从自然人向社会人的转变过程。那么,系统功能学派对语言社会化有何独到的理解呢?语篇建构的内涵在个体发生研究中获得哪些新的发展?本章将在回顾语言社会化研究的基础上,结合意义进化论,重点讨论以下三个议题:(1)韩礼德语言社会化研究的核心理念、研究问题及主要贡献;(2)韩礼德语言社会化思想的理论承袭及其所蕴含的语篇建构理念;(3)个体对现实进行语篇建构的发展特征及其对揭示人类意义能力进化的元理论启示。

---

① 本章部分内容发表于《西安外国语大学学报》,发表时有修改。

第一节　语言社会化研究

一　研究缘起

作为一种跨学科的研究理念，语言社会化理论兴起于20世纪60、70年代对语言习得即儿童语言能力的研究。一般来说，语言习得（language acquisition）是指以获取或交换信息为目的，进而形成语言能力的一种潜意识过程[①]。语言习得研究观点纷呈，其中以Bloomfield和Skinner为代表的行为主义学派和以Chomsky为代表的心智主义学派最为典型，因为这两种针对儿童语言发展研究的对立观点分别反映了哲学上的"环境论"（environmentalism）和"天赋论"（nativism）（Halliday，1975a：1）。

环境论流行于20世纪40年代和50年代初期，认为语言能力的形成是一系列刺激反应的连锁和结合。具体来说，儿童语言能力的获得是对所处环境或成人话语做出反应。若反应正确，将会得到物质或精神鼓励，若反应错误，则会得到纠正直至做出正确反应。经过反复强化，儿童就会形成语言习惯。很明显，在语言习得环境论中，环境起着至关重要的作用，它既提供刺激，又能促使个体通过有选择地对某些反应做出奖赏来形成反应。环境论的另一个观点是个体语言能力的获得主要依靠后天学习，模仿（imitation）和刺激的概括（stimulus generalization）是这个过程中最重要的两种学习方法。模仿的过程要求学习者找出话语和对其做出反应的话语之间的规律性，以及话语和其所产生的环境之间的规律性。模仿之所以重要，是因为它能给学习者提供完全而适当的反应，学习者只要对环境所提供的反应进行模仿即可，所以没有必要产生新的话语。

[①] S. D. Krashen（1981）提出了著名的"习得/学得假说"（the Acquistion/Learning Hypothesis），习得是"在自然条件下的、本族语环境中的、非正式的、下意识的学习"，儿童掌握母语就属于习得，而学得是"学习者'有意识的'学习，是系统的、正规的"，学习者通过课堂教学或自学掌握语法规则就属于学得。

天赋论兴起于 20 世纪 50 年代末和 60 年代初，实际上是 Chomsky 对行为主义的批判，是对心智主义的继承与发展。Chomsky 发现许多语言现象是描写结构主义语法和行为主义心理学所解释不了的，比如环境论就无法解释儿童为何在五六岁时就可以掌握母语。他认为唯一的可能就是，儿童天生就具有一种适宜学习语言的而且是人类所独有的语言能力，这种能力即人脑内固有的"语言习得机制"（Language Acquisition Device）。

在习得理论发展过程中，Chomsky 也对语言能力和语言运用①这组概念进行了界定。他（Halliday，1965：4）认为语言能力指"言者和听者关于其语言的知识"（the speaker - hearer's knowledge of his language），语言运用则指"具体语境中对语言的实际使用"（the actual use of language use in concrete situations）。语言能力是一种独立于情景的、理想化的语言概念，是说话人内化的关于语言规则体系的知识，因此语言使用者可以创造和理解无限多的合乎语法的句子，并且能够识别语法错误和歧义。语言运用是语言能力的具体体现，在理想的交际环境下，语言运用能够精确具体地反映语言能力。Chomsky 将语言事实视为揭示语言能力的一种重要手段，声称语言学研究的最终目标就是要描写潜在的语言能力。Chomsky 认为语言能力是由心智的内在逻辑所掌控，否认其具有类属性或社会性，而且主张语言能力在个体身上的普遍性和平等性，把描写所有儿童都具备的普遍潜质（universal potential）作为转换生成学派矢志不渝的奋斗目标。由此可见，转换生成学派对于语言能力和语言运用的二元划分，以及对于语言能力的研究，属于个体心理认知的研究范畴，即认为语言能力是一种纯粹的心智现象。

尽管环境论和天赋论在某些关键问题上存在巨大分歧，例如，语言能力是先天赋予的还是后天学习的，是被动模仿的还是主动创造的，但是两大理论在早期的语言习得理论中却一直共同占据主导地位，均有着

---

① "语言能力"（competence）和"语言运用"（performance），因为两者是作为一组二元对立的概念被同时提出的，从广义上说，这组概念一直是哲学界孜孜以求的命题；前者指做某事的能力，后者指实际做某事的行为。语言能力的属性问题是任何语言习得理论必须首要面对的问题。

庞大的支持队伍，对语言教学产生了深远影响。然而，由于研究立场和视角的制约，环境论和天赋论都有其自身无法逾越的局限性。环境论过分强调刺激的作用，即外部环境和输入对学习者的单向作用，忽视了儿童习得语言的主动性。事实上，强化并不能保证儿童理解句子的正确与否，但他们的语言习得过程却依旧顺利。天赋论对语言能力的理解忽视了社会文化因素，割裂了语言和文化的关系。Hymes（1972）批评Chomsky对语言能力的理解是一种"伊甸园式的观点"（a Garden of Eden view），并进而提出"交际能力"（communicative competence）的概念，认为语言能力应该包括四个部分：语法知识、心理语言知识、文化知识、实际运用知识。他的语言能力观融入了社会、文化、交际等方面的因素，极大地促进了社会学视野下的语言能力研究。行为主义和心智主义基于不同视角，在语言习得范式和语言能力属性问题上各执一词。实际上双方都只强调了研究对象的一个侧面，不论是外在环境，还是内在能力，二者又有一个共同点，即未重视语言交际的互动属性，片面强调了语法规则的掌握而忽视了社会文化因素对于语言能力发展的作用。

随着语言学领域的"社会文化转向"，语言学研究的视角逐渐由"生物体内部"（intra-organism）转变为"生物体之间"（iner-organism）（Halliday, 1978: 12-13），研究焦点也逐渐由原来的句法结构特点和心理认知机制转移到了影响语言能力发展的外部文化因素。语言社会化的研究范式在此背景下应运而生，该范式充分汲取了社会语言学领域的先进理念和研究成果，把语言能力的发展视为个体与社会之间的互动过程，而不是心智内部建构的产物。语言社会化认为语言学习与文化适应属于同一个统一体，是一个过程的两个方面，个体语言能力的发展不仅与语言学习活动本身有关，而且也是个体参与社会交际的结果。因此，在社会化过程中，特定的社会文化语境会制约个体所接触到的语言形式，也会对个体如何使用语言产生重大影响。

二 基本概念

1. 社会化

社会化的概念源自西方心理学，因为随着现代社会学学科的发展，社会化课题在19世纪末引起了社会学界研究者的关注①。尽管学界早期对社会化的定义在表述上不尽相同，但其核心内容大致一样，即社会化指个体获得群体所认同的社会行为，以适应群体生活的过程。可见，早期研究过分强调个体对于群体和社会的顺应，未能完全凸显前者对后者的能动作用。

基于对以往定义的述评，俞国良（2006：116）重新定义社会化"是个体在特定的社会文化环境中，学习和掌握知识、技能、语言、规范、价值观等社会文化行为方式和人格特征，适应社会并积极作用于社会、创造新文化的过程"。该定义有两点值得关注。第一，社会化不只是获得共性，恪守既有社会规范、行为准则，而且还包括个性的获得和人格的形成，以及个体对社会文化的选择、发展和创造。第二，在社会化过程中，个体既是社会化的客体，又是社会化的主体，不能把个体的社会化简单地视为社会塑造个体以及个体消极适应社会的过程。

此外，社会学家对影响个体社会化的因素也进行了研究，认为有主观和客观两种因素。主观因素大致包括个体的遗传素质、思维能力、语言能力、学习能力和生活依赖期等方面，而客观因素主要是社会环境（即社会经济制度和上层建筑的环境条件），主要包括家庭、学校、社区、同龄群体、大众传播媒介等（俞国良，2006：120-123）。

综上所述，我们认为社会化是个体与他人和群体双向互动的过程，也是个体获取个性和社会性的发展过程。社会化对于个人和社会的发展来说都至关重要。从个人层面来看，社会化是个体适应社会、参与社会生活的必要前提，即个体通过社会化可以逐步学习承担各种社会角色，取得社会生活的资格，发展自己的社会性。从社会层面来看，个体的社会化是社会得以持续发展的基础，是社会文化得以传承和创新的前提。

2. 语言社会化

在过去的一个多世纪中，伴随着社会学学科的长足发展，社会化研究也取得了累累硕果，为语言社会化研究奠定了坚实的理论和实践基

---

① 德国社会学家 G. Simmel（1895）在"社会性的问题"一文中较早地使用社会化的概念来表示群体的形成过程。

础。自从 Schieffelin 和 Ochs[①]（1986）首创"语言社会化"（language socialization）这一概念以来，学界便予以高度关注——语言社会化已经从一个语言学术语逐渐发展成为语言能力研究的一种范式。语言社会化研究"着眼于语言、文化和社会之间的交互关系，主要考察日常社会互动中如何通过语言使用实现社会化"（魏慧琳、张福慧，2013）。在其理论发展过程中，语言社会化研究汲取了语言学、社会学、人类学、心理学等学科的思想精华，是一种典型的多学科交叉性理论范式。

我们在前文曾提及语言能力是个体社会化的重要条件和影响因素，因为离开语言，个体无法进入社会，无法进行人际交往，社会化也终将成为无本之木。在很大程度上，社会化研究只是将语言能力视为进入社会必备的一个主观条件。与此不同，语言社会化研究则认为，语言能力的发展不仅与语言学习本身息息相关，而且是个体参与社会交际的结果，个体语言能力获得发展的同时也逐渐形成了自己观察世界的独特视角。根据 Schieffelin 和 Ochs（1986）的定义，语言社会化关涉社会化过程的两个维度，即"通过使用语言实现社会化"（socialization through the use of language）和"在社会化过程中使用语言"（socialization to use language）。具体而言，语言社会化是指个体通过对语言形式的学习实现社会化的过程，并接受相应的价值观、行为方式和社会习俗。同时，个体的语言能力在这个过程中也得到了相应发展。厘清语言社会化的概念有助于把握语言与社会文化之间的辩证关系，相关研究并不局限于考察个体在融入社会过程中的语言的作用，而且也关注在个体生命周期内不同社会经历和语境中的语言社会化过程。此外，对语言社会化的全面研究，除了要考察口语使用外，还要重视书面语使用与社会之间的相互作用。

3. 语言习得和语言社会化的关系

我们已在前文回顾了语言习得的概念，厘清了早期两大主要语言习

[①] Bambi B. Schieffelin 是纽约大学人类学系的教授，Elinor Ochs 是加州大学洛杉矶分校语言学系的教授，二人均从事语言人类学（linguistic anthropology）研究，于 1986 年首创"语言社会化"这一术语，并逐渐发展成为语言学的一个核心概念和语言能力研究的一种重要范式。

得理论在宗旨上的区别。那么,语言习得和语言社会化两个概念之间关系如何呢? Schieffelin 和 Ochs (1986) 也对它们进行了对比考察,他们认为语言习得研究的目标是揭示在不同的发育阶段,语言能力有哪些构成要件,语言的理解和生成有哪些过程和策略;语言社会化研究的目标是揭示个体如何发展成为社会团体中的资格成员,以及在此过程中语言所起的作用。在社会化语境中,可以从两个角度来理解语言:一是语言在社会化过程中的媒介或工具作用;二是得体的语言使用是习得社会能力不可或缺的部分。由此可见,二人既意识到语言社会化和语言习得在研究目标以及对语言本质的认知差异,但同时又坚持认为语言习得过程和语言社会化过程是不可分割的 (Ochs & Schieffelin, 1984)。二者的辩证关系表现为,习得语言的过程深受个体社会化即成为合格社会成员的过程的影响,而要想成为合格的社会成员,在很大程度上也需要通过习得语言相关的知识来实现。

三 研究概述

1. 研究理念

采用语言社会化视角的研究复杂繁多,然而究其根本发现,这类研究多遵循以下基本理念[①]。第一,语言能力的发展离不开文化学习,二者密切相关、同步进行。语言和文化是一个不可分割的整体,任何研究都不能将二者孤立开来,否则两个概念都会被扭曲[②]。语言和文化具有一体性,这一观念构成了语言社会化理论最核心的基本理念。第二,语言和文化彼此建构,互为生态环境。语言是文化知识得以交流、协商、论证乃至演进的关键媒介,而以文化为基础的社会活动、社会环境以及社会行为则是语言传授与学习过程中最强有力的影响因素。第三,作为一种与环境和社会文化密切相关的现象,语言能力是通过交际在社会化常规中逐渐形成和发展起来的。家庭、社会群体、学校、工作场所等社

[①] 史兴松 (2009) 探讨了第二语言社会化研究的核心理念,在此基础上,这里主要整合了语言社会化研究所具有的三条共性理念。

[②] 美国人类学家 M. Agar (1994) 曾创造"语言文化 (language culture)"这一术语,强调语言和文化的一体性、相互依赖性。

会环境对个体的社会交际行为发挥了重要影响，因为它们从不同的侧面建构和塑造着学习者的交际常规及交际方法。

2. 研究方法

语言社会化研究有着多学科的理论基础，但就研究方法而言，主要沿袭了人类学、社会学的基本理念。Garrett（2006）总结了语言社会化研究方法的四大特征：第一为纵向设计，即通过历时性的观察，直接从研究对象的视角描述语言社会化的现象，进而揭示学习者个体语言能力在社会化过程中的阶段特征和发展趋势；第二是田野工作，即通过细微的自然观察，收集来源于社会生活实际（如校园、餐馆、菜场、宗教等交际场合所使用的日常语言）的一手语篇语料，并对所获取的音视频语料进行定性分析；第三为整体论的民族志视角，即注重事物之间联系，采取民族志话语分析法，识别语言初学者和熟练者之间的互动模式及其对于个体发展过程的影响；第四为注重微观和宏观层面的分析以及二者之间的关联，不仅要对个体语言社会化的语类进行微观分析，发现语言认知的微观变化，而且要研究宏观社会文化结构对语言认知的影响。

3. 研究领域

尽管语言社会化研究的历史远不及社会化研究久远，但通过积极汲取其他学科的养分，经过长期的理论建构和方法论的完善，逐步形成了具有一定影响力的理论流派，对当下语言学习和教学有着现实启示和指导意义。语言社会化研究所涵盖的范围广泛，研究问题多具有跨学科的属性。因此，对研究领域的划分也有多重标准。按照社会互动的场合来区分，Garret（2006）认为语言社会化研究可分为专业教育社会化、课堂社会化、咨询类社会化、家庭交流社会化等等。如果参与互动的对象是第二语言学习者，Duff（2008）认为语言社会化可以分为第二语言占统治地位而且广泛使用（如在美国学英语）、在隔绝的有限范围内学习外语（如在墨西哥学习法语）、在散居国外少数民族中使用（如在墨尔本的越南人）、通过网络虚拟社团（如网上汉语学习）等。按照研究主题划分，尹洪山和康宁（2009）认为语言社会化研究聚焦于五个方面，即少数民族语言的社会化、性别角色的社会化、语用社会化、课堂环境下的语言社会化、网络社区的语言社会化。

第二节 韩礼德语言社会化研究的基本内容

一 核心理念

系统功能语言学把语言能力研究与社会学、人类学紧密联系在一起,从社会和功能的视角重新审视语言和语言能力的本质属性问题。韩礼德语言社会化思想的核心理念可以概括为:语言在本质上是一种社会意义系统,语言能力因此是一种意义表达能力,语言社会化可以理解为人类通过语言资源实施社会功能、建构社会现实,进而促成意义能力逐步发展和不断进化的一个过程。由于语篇是意义编码和交换的首要渠道,语篇建构与语言社会化并协统一、互为促进,社会系统的稳定性和可变性既反映在语篇之中,又通过语篇得到持续的建构,语篇是文化传播的重要载体,是语言社会化的意义过程,也正是这一点促成了意义现实的不断进化。

儿童学习母语的过程常被称为"语言习得",然而,韩礼德(Halliday, 1975a; Halliday, 1978: 16; Halliday, 1980/2003b)并不赞同这一术语,因为它"很不贴切,似乎在暗示语言是某种可以获得的东西",建议使用"语言发展"(language development)(Halliday, 1978: 16)。事实上,把语言比作是可以获得的东西这个比喻本身没有问题,但仅仅从字面理解就会引起严重后果,因为它会导致人们相信所谓的语言学习"缺陷论"(a deficit theory)。这一理论认为,一些儿童由于社会背景的原因可能无法完全习得语言知识;为了帮助他们,我们必须给予救助。这实际上是在暗示我们需要填补其间的空缺,"缺陷论"衍生出的各种补救措施也就纷至沓来,然而这些措施可能与儿童的实际需求毫无关联。在韩礼德(Halliday, 1978: 16)看来,"这是一种错误的、误导性的语言观和教育失败观。"相比之下,"语言发展"这一术语体现了系统功能学派所倡导的意义进化思想,语言社会化就是语言能力的进化和发展。将语言社会化视同语言发展的定位,蕴含了系统功能学派在理解社会语境、语言发展及语言本质之间关系的一系列理念(Williams，2008）。要想理解语言的本质，韩礼德（Halliday，1980）相信最好的办法就是采取意义进化的视角，来研究语言如何在特定的使用中作为一个工具而发挥作用。语言发展体现了个体从出生到成长再到成熟的渐进式过程，而意义的表达则自始至终贯穿于该过程。语言发展同时也是一个社会建构过程，这个建构过程的基础是语义而非句法，语言发展的目标不是"习得"一系列句法规则，而是不断积累资源和拓展意义潜势，进而推动意义能力的持续进化。在这方面，韩礼德的理论观点与 Schieffelin 和 Ochs 为代表的语言社会化理论也有所不同，后二者虽然是语言社会化研究的领军人物，但他们并不否认语言习得过程。Schieffelin & Ochs（1984；1986）认为，语言习得和语言社会化是两个不同的过程，但二者是互补共存关系，习得能加快社会化，社会化反过来促进习得。Schieffelin 和 Ochs 在概念上并未厘清语言习得与语言社会化的关系，而根据系统功能语言学，语言社会化就是语言发展的过程（Williams & Lukin，2004），二者不是一个过程的两个维度，更不是两个对立的概念。

从语言习得到语言发展，两个术语不只是措辞的差异，更折射出转换生成学派和系统功能学派对于语言能力概念的不同理解。这种区别归根结底是两大理论在语言学史观、语言观等方面的诸多分歧。转换生成学派主张 Descartes[①] 的理性主义思想，遵从以哲学为本的语言学传统，认为语言是一种心智器官或机能。系统功能学派从诞生之日起，就具有人本主义的倾向，恪守以人类学为本的语言学传统，认为语言是意义的源泉和潜势，是由各种语义子系统构成的大系统，而这个系统又是更大的社会系统的一部分。前者从事的是语言结构的形式研究，后者试图把形式和意义结合起来，既强调语言的形式规则，又强调语言在社会生活中的运用规则。

---

① René Descartes（1596—1650）法国哲学家、数学家、物理学家，西方近代哲学奠基人之一。Chomsky（1966）在专著 *Cartesian Linguistics*：*A Chapter in the History of Rationalist Thought* 中重新解读了 Descartes 的理性主义思想，厘清了转换生成语法的理性主义传统。

二 研究问题

与形式主义语言学不同,功能主义语言学始终认为语言研究离不开意义研究,而意义研究又离不开社会文化语境。当然,作为一种语言理论,系统功能语言学对语言社会化的研究并不是试图直接描写社会结构,而是参与到和社会学理论的"元对话"(meta-dialogue)之中,因为社会学理论赋予语言在社会传播和再生产中以重要地位(Hasan,1999a)。也正是基于这样的研究宗旨,系统功能学派历来关切个体意义能力发展的社会理据、语言和语篇的社会属性和互动本质、话语意义的社会建构等议题。因此,我们完全有理由相信,系统功能学派不仅是语言学研究"社会文化转向"的积极拥护者,而且是当代语言社会化研究之意义进化路径的开拓者,是推动语言社会化研究深入发展的中坚力量。

研究问题是研究活动的起点和中心,决定了研究活动的目标和方向。因此,正确解读系统功能学派语言社会化研究的主要问题,有助于我们快速把握其研究立场,深刻领会其核心理念。系统功能语言学对语言社会化或语言发展研究的核心问题是儿童如何学会表达意义(learning how to mean)(Halliday,1975),这个核心问题又可以分为紧密相连的两个基本问题:第一,儿童是如何学会语言的;第二,在学习语言的过程中,儿童是如何学习相应文化并融入其中的。不难发现,语言、学习、文化是系统功能学派相关研究的主题词,揭示其间关系便是该学派开展语言社会化研究的奋斗目标。我们将深入分析 Doughty、Williams 等学者对上述主要问题的解读,以期诠系统功能学派语言社会化理论的核心理念。

Doughty(Halliday,1975:Introduction)从教育语境出发,认为"儿童对语言的创造主要基于其对人类特有环境的累积式经验,这是任何从事教育研究的人员都不能忽视或回避的"。他将语言发展研究细化为四个层层递进的问题:第一,儿童所学的语言的本质是什么?第二,儿童语言和成人语言之间有何关系?第三,儿童如何通过使用语言来创造意义?第四,如果说儿童在创造语言系统的过程中,为自己所积累的意义潜势来源于社会系统,那么这些来自社会系统的"意义"又是如何呈现于具体语篇(即儿童对自身语言系统的局部和特殊使用)之中的?我们认为,上述问题环环相扣、层层递进,意义进化思想便是贯穿其中的主线。对这些问题的探索和解答,不仅是系统功能学派语言社会化研究的阶段性目标,即建构意义进化的个体发生学理论,而且与近年来语言研究的"社会文化转向"遥相呼应。具体而言,第一个问题表明对语言本质的探求是系统功能学派语言社会化研究的第一要务,另外三个问题分别与语言的功能进化性、语法建构性、语篇例示性等重要观点密切相关,而这些观点也正是韩礼德等系统功能领军人物在创建意义进化论过程中所秉承的基本理念。因此,我们认为,系统功能学派语言社会化研究的宗旨与其创建意义进化论的初衷也是高度契合的。

　　Williams(2008)从系统功能语言学和社会学理论之间的"元对话"视角出发,认为上述核心问题关涉两个具体议题:一是儿童在进入成人语言阶段前后,其创造意义的方式之间有何关系,二是日常语言使用中意义创造的文化内部变体。他进一步分析了如此解读韩礼德语言社会化研究核心问题的三个原因:第一,有助于阐释语言功能和语言系统两个概念在系统功能语言学中的深层次内涵以及在语言社会化研究中的理论地位,功能并非"具体的使用",系统也不是一般意义上的语言概念;第二,有助于诠释语言学习者和社会环境之间的互动和彼此建构关系[1],儿童学习母语依靠的不是大脑中的知识,而是与周围环境的互动过程,语言元功能就是在这个互动过程中逐渐抽象出来的,元功能系统的建构促进了儿童认识世界并建构现实的过程;第三,如此阐释还意味着韩礼德语言社会化思想具有丰富的元理论内涵[2],即阐释了意义、思维和社会之间的关系,不仅为系统功能语言学教学理论的建构提供了思想基础,而且已成为诸多语言学前沿学科的理论基础或重要组成部分,

---

　　[1] 韩礼德反对 Chomsky 语言能力和语言运用的二分法,认为二者是融于一体、不可割裂的。Kramsch(2002: 2-3)曾质疑韩礼德在阐述个体语言使用者和社会环境之间的辩证关系时,实际上并未能完全摒弃上述区分。此处,Williams 提醒我们注意把握好功能和系统两个概念的内涵,有助于从根本上领会韩礼德抵制 Chomsky 二分法的初衷。
　　[2] Martin 等人创立的"基于语类的读写教学理论"(Genre-based literacy pedagogy)是韩礼德语言社会化思想的重要成果之一,是系统功能语言学适用性价值的具体体现。

甚至为社会学、人类学等学科的研究提供了语言学和语言哲学方面的理据。

三 研究方法

在语言社会化研究中，韩礼德采用了意义进化的视角，具体从语篇发生、个体发生、种系发生三个维度考察儿童话语形式的发展过程以及语篇内部话语形式的展开方式。其中，韩礼德认为个体发生学对于语言的种系发生学研究具有启示意义。此外，个体发生学也是个体语言社会化研究的重要路径。系统功能语言学对于语言社会化的最早研究始于韩礼德（Halliday，1973；1975a）对其子 Nigel 语言发展所做的个案研究。

系统功能学派历来强调语言的社会实践属性，因此提倡在自然状态中对儿童语言的发展进行观察与记录，这对于发展心理学的实验研究来说也是有力的材料支撑。韩礼德采用自然观察法（naturalistic observation），对 Nigel 从 9 个月到 2 岁进行语言观察。在语音转写时，由于婴儿发音不适宜使用国际音标体系进行描写，研究采取了能概括性呈现身势和韵律赋值的标注法。在获取一手语料后，研究者将其分为 10 个时期予以分析：NL_1（9—10.5 个月）、NL_2（10.5—12 个月）、NL_3（12—13.5 个月）、NL_4（13.5—15 个月）、NL_5（15—16.5 个月）、NL_6（16.5—18 个月）、NL_7（18—19.5 个月）、NL_8（19.5—21 个月）、NL_9（21—22.5 个月）、NL_{10}（22.5—24 个月）。其中，NL_1 表示"Nigel 语言进程1"，往后由此类推。采用 6 周作为一个周期的观察法，有助于发现个体语言系统的变化历程和阶段特征。从语言功能发展来看，Nigel 的语言发展被进一步分为三个各具特征但又彼此相连的阶段：原始语言阶段（9—16.5 个月）、过渡语言阶段（16.5—22.5 个月）及成人语言阶段（22.5—24 个月）。

除了对 Nigel 语言发展的长期观察，韩礼德（Halliday，1993/2003）指出 Hasan、Martin、Oldenburg – Torr、and Painter 等人关于个体发生的研究成果也是系统功能语言学语言社会化理论的理论基础和思想源泉，此类研究同样采用自然观察法，主要借助现场笔记、录音等手段来系统记录交际活动，研究者不仅是活动过程的记录者，更有可能是实际的参与者。因此，所收集的语料具有很强的真实自然性。从个体在语言社会化进程中所处的阶段来看，这些语料大致有四种类型：家庭邻里情景中的自发语言，识解常识知识、实施人际关系时使用的语言，进入小学、过渡到读写和教育知识阶段时使用的语言，进入中学和不同学科技术知识阶段时使用的语言。

综上所述，韩礼德等所采取的自然观察法具有明显的人类学和社会学研究特征，均强调在自然真实环境下，通过系统的和历时的实证观察来获取语料，并对其加以定性分析和研究。这样的研究方法把语言的发展视为意义的自然发生过程，将研究对象置于具体的社会文化和言语社团之中，将研究重点集中在真实发生的交际事件和行为之上。其优势在于，研究者可以直接从参与者的视角描述语言社会化现象，这不仅有助于揭示个体在该过程中语言发展变化的趋势和特征，而且有助于通过这些微观发展和变化，来研究宏观社会文化语境对个体语言认知发展的影响。

四　主要贡献

韩礼德对语言社会化的研究强调功能、意义、社会等因素，其贡献不仅局限于语言本体研究，还从语言的外部审视语言及其与文化、社会、教育等的关系。这里重点讨论韩礼德语言社会化研究对揭示语言的本质、诠释意义的属性以及建构学习理论的贡献。

1. 对揭示语言本质的贡献

韩礼德的语言社会化研究从个体发生学视角阐明了语言是一个由语义、词汇语法、音系组成的三层次系统，是实现社会功能的意义资源，而语言使用是在意义潜势中做出一系列选择的社会行为。这里有三个关键词需要解释，即系统、层次、功能，与其对应的分别是语言的系统性、层次性、功能性。

第一，语言具有系统性。这里的"系统"并不是 Saussure（2001）所说的"所有合乎语法规则的句子的集合"，且与心智主义把语言视为一个由语音、词汇、句法等语言形式所组成的抽象的、自足的规则系统也不同，而是"一种可进行语义选择的网络，当有关系统的每个步骤一一实现后，便可产生结构"（胡壮麟等，1989：14）。以 Nigel 的原始语言为例，当他发出"nà nà nà nà"的声音时，意思是"我想要它"，"把它给我"；同理，当他需要某个东西的时候，他也能发出"nà nà nà nà"的声音，这就是原始语言系统性的体现。当然，成人语言的系统性要远比原始语言复杂和抽象。

第二，语言具有层次性。与哲学为本的语言学传统相比，以人类学研究为学理渊源的系统功能学派始终坚持语言多层次论，并提供了个体发生学的证据。在 Nigel 语言发展的第一阶段（NL1 至 NL5：9—16.5个月），原始语言系统是一个由内容层和表达层组成的二层次系统，在第二阶段（NL6 至 NL9：16.5—22.5 个月），Nigel 的交际系统中开始出现词汇和结构，在第三阶段（NL10 至 NL11：22.5—24 个月），Nigel 正式进入成人语言阶段，其标志是语言系统中词汇语法层的成功进化。由此，语言作为一个三层次系统正式形成，"儿童学习语言的根本任务就是要建构这样一个三层次系统"（Halliday，1980/2003b）。关于层次之间的关系，韩礼德在创建意义进化论的过程中从信息论中引入元冗余的概念进行界定，并由此建构意义发生的语言内部机制。

第三，语言具有功能性。在观察和分析 Nigel 语言发展材料时，韩礼德始终坚持功能主义理念。儿童学习母语就是学习如何表达意义，而意义和语言功能紧密联系，儿童使用语言表达意义，归根结底是为自己服务，即执行各种社会功能。以 Nigel 为例，他的语言发展完全可以说是受功能驱动的，从原始语言的"微观功能"到过渡语言的"宏观功能"再到成人语言的"元理论功能"，充分说明了语言的功能性。语言系统之所以进化成目前的状态，正是因为它在持续满足人类不断变化的需求。

2. 对诠释意义属性的贡献

意义问题是语言哲学中最基本的问题，数千年来为智者哲人思辨争论却尚无广为认可的答案。韩礼德未直接探讨这一哲学课题，但他关于儿童语言社会化的研究，为把握意义的属性提供了一种新的范式。韩礼德（Halliday，1992/2002）在儿童语言发展与语言进化之间建立类比关系，探讨意义的起源问题，并开创性地提出意义进化论。

对于个体发生来看，婴儿自创的原始语言形式（包括身势、尖叫、啼哭等）既体现了婴儿认识世界的本能也反映了他自省的本能，然而这种交际形式仍然处于与直接情景相对应的原始阶段。对于人类语言的种系进化来看，现代语言的进化源于最初物质经验和意识经验之间的相互投射，即前文所讨论过的"哺乳动物式的经验"（详见第二章）。个体掌握成人语言是随着儿童逐步融入社会并成为社会人之后才完成的，相比之下，语言的种系进化历程是漫长而复杂的，韩礼德等曾以儿童语言发展的三阶段模式来追溯人类语言从能人时期到直立人时期再到智人时期进化历史。通过对Nigel语言社会化过程的观察，韩礼德认为，无论是对于个体表达意义的能力，还是从人类表达意义的能力来说，意义既是外在的（out there），又是内在的（in here），即意义是物质和意识相互作用的产物。在人类种系进化和个体进化之间进行类比的研究方法本身不仅蕴含着辩证法思想，而且有助于阐释意义的起源与属性等语言哲学命题。

既然意义是物质和意识互动的结果，因此意义具有相对性，而表达意义的过程是说话人进行社会建构的过程。作为内容层和表达层之间的接面，词汇语法层为语言建构现实提供了物质基础，因为只有当人类超越了其经验的直接情景后才真正成为认知主体，以观察者的深入窥视作为"他者"的世界（朱永生、严世清，2001：150）。儿童在语言社会化过程中通过语言不断建构和重塑经验现实，反过来，儿童的意义能力或建构现实的能力在这一过程中也不断发展进化。从元理论层面来看，意义的相对性进一步证明了知识的建构性的观点，社会因素对知识的建构具有影响和制约作用，知识不是对客观世界的描述，而是社会性地建构出来的。

3. 对建构学习理论的贡献

韩礼德的语言社会化思想不仅从意义进化视角阐明了语言和意义的本质，为系统功能语言学提供了坚实的理论基础，而且对学习理论的建构也具有重要启示意义。

首先，语言学习是一个意义建构的过程和主体间性的社会现象。通过对Nigel语言发展的研究，韩礼德（Halliday, 1993/2003）认为语言的个体发生同时也是学习的个体发生。儿童学习母语就是学习语言的使用和意义，或与之相关联的意义潜势，而结构、词语和语音仅是意义潜势的体现形式（Halliday，1973：24）。当然，儿童学习母语不仅是建构意义潜势的过程，而且也是为自己建构社会意义系统的过程。语言学习本质上是主体间性的，个体语言得以发展绝不是某种天赋使然，而是社会互动所致。可以这样理解，学习语言的过程就是学习如何通过语言来实施意义建构，进而使自己不断社会化的过程。在韩礼德（Halliday，1978/2007）看来，学习一门新语言的同时也在学习一种新现实，学习外语也是一个建构过程，只不过所建构的是一种新的现实，人们在其中交换着不同的意义。外语学习者既要掌握相关情景语境及其识别方法，同时又要学习在不同情景中可能会遇到的具体意义。

其次，常识性知识和教育性知识之间具有相关性。语言既是学习的对象，也是学习的媒介，如韩礼德（Halliday，1991/2007）所言，所有教育活动都是通过语言媒介发生的。因此，掌握学科知识和掌握学科语言是不可分开的，脱离语言的话学生就无法学到知识。结合 Nigel 学龄前后的语言发展，韩礼德（Halliday，1977/2003）提出了"家庭邻里的语言学"（linguistics of the family and neighborhood）和"课堂上的语言学"（linguistics of the classroom），后来（1980/2003b）又在此基础上提出"常识知识"（commen sense knowledge）和"教育知识"（educational knowledge）。这两组概念本质上是彼此对应的关系，揭示了儿童在学龄前后语言发展所经历的巨大变化。在家庭邻里的语言环境中，语言对儿童来说是一种资源，一种用于行动或反思的潜势，主要依赖动词（如 call、mean、say、tell、rhyme 等）来谈论语言，因此在这种语境下所建构的是一种常识知识；而在课堂语言环境中，儿童对语言的认识有了意识形态层面的变化，即语言不再是一系列资源，而是一系列规则，开始使用名词（如单词、句子、名词、动词、字母等）来谈论语言，所以在这种语境下所建构的是一种教育知识。从语法形式上来看，常识知识多以小句来建构，教育知识多以名词词组来建构。虽然常识知识和教育知识在属性上有差别[①]，但并不是二元对立的关系，而是儿童意义能力

[①] 韩礼德（Halliday，1977/2003）认为前者是制度化的（codified），具有自觉明确性，后者是代码化的（coded），未被法规化，是隐性的而且不自觉的。

进化的两个阶段，其间具有延续性。韩礼德将二者进行整合，强调从教学相关性角度审视语言功能对入学后儿童语言发展的重要性，儿童的教育知识要与常识知识相关。只有坚持这样的观点，我们才能真正在教学中促进语言发展，推动个体意义能力进化。

最后，读写教学有助于培养儿童的元语言意识。儿童读写能力发展概念的提出，始于韩礼德（Halliday，1979/2007）从意义进化视角对口语和书面语的研究，他认为儿童不能顺利掌握读写能力的部分原因就是他们未能成功实现概念飞跃（conceptual leap），不能将书面语（读写行为）和口语（听说行为）进行联系，即不能将教育性知识和常识性知识进行关联，从而造成新旧经验之间的脱节。书面语不是口语的简单转写，而是更高更抽象层面上的概况化和非本源性的符号化（secondary symbolism）。从家庭邻里到学校课堂，儿童读写能力的飞跃式发展得益于课堂教学，尤其是书面语要求的非本源性符号化使儿童在学校不得不以一种新的、更为抽象的方式重新建构意义潜势。正是基于这一背景，读写教学促使儿童产生了元语言意识（metalinguistic awareness），即他们开始意识到语言有自己的结构和组织。因此在日常教学中，我们要认识到读写教学的关键作用在于搭建与以往经验之间的桥梁，建立一种相关模式，这与前文所强调的要重视常识性知识和教育性知识之间具有相关性的观点也是相互吻合的。从个体语言能力的持续发展来看，儿童元语言意识的形成对于其进一步社会化、接受中等教育以及学习以学科为基础的专业技术知识具有关键作用。

第三节　韩礼德语言社会化思想的理论承袭

和大多数语言社会化研究一样，系统功能学派在研究语言社会化过程中也广泛吸取了社会学、心理学、人类学等学科的有益养分。对这些理论思想的借鉴和融汇，充分体现了人类意义能力的社会性、建构性、相对性等特征，而这些特征正是韩礼德语篇建构观的理论精髓所在。本书重点讨论 Bernstein 的教育社会学思想、Vygotsky 的发展心理学思想、

Whorf 的人类语言学思想对系统功能学派语言社会化研究的启示，或者说双方在基本研究理念上的一致性关系，以此诠释系统功能学派在语言社会化研究中所秉持的语篇建构思想。

一 Bernstein 的教育社会学思想

20 世纪 60 年代，Bernstein（1962）突破结构主义"能指"和"所指"的概念范畴，首次使用"语码"（code）这一术语，侧重探讨语言与社会构建的相互关系（详见 Bernstein 五卷本文集①）。Bernstein 基于对犹太家庭子女和贵族家庭子女在入校初就表现出来的学习差异，认为其中的学业差距根源于彼此在语码使用习惯上的差异。在此后的数十年间，Bernstein 通过考察来自不同阶层家庭的学生在语码使用方面的系统性差异，探索语码在社会建构中的作用，剖析教育不平等现象，创立了教育社会学的语码理论（the theory of language code）。

Bernstein 通过调查发现工人阶级家庭和中产阶级家庭子女的语码大致分为限制型语码（restricted code）和精致型语码（elaborated code）②：前者的组成多选择简单而受限的语言方式，其理解需要特定的社会语境，具有一定的特指性；而后者则由较为复杂的语言方式构成，包含完整的语义，其理解并不一定需要具体的社会语境。在教材编写和课堂教学中，知识主要是通过精致型语码来传递的，相对于工人阶级而言，中产阶级家庭的子女更容易理解和接受知识的这种编码方式，因此他们在学校里会获得较高的参与度和认可度。下面主要结合韩礼德对 Bernstein

---

① Bernstein 的主要理论思想收录于其五卷本的论文集，前四卷统称 *Class, Codes and Control*，第五卷为《教育、符号控制与身份：理论、研究、批评》（*Pedagogy, Symbolic Control and Identity: Theory, Research, Critique*, 1996）。前四卷分别以副标题注明各自的重点，第一卷：《语言社会学理论》（*Theoretical Studies towards a Sociology of Language*, 1971），第二卷：《语言社会学应用研究》（*Applied Studies towards a Sociology of Language*, 1973），第三卷：《教育传递理论》（*Towards a Theory of Educational Transmission*, 1975），第四卷：《教育话语的建构》（*The Structuring of Pedagogic Discourse*, 1990）。

② 事实上，韩礼德（Halliday, 1997/2003）对 Bernstein 的这组术语并不满意，认为不如最初所用的"公众语言"和"正式语言"，此外，这种区分还容易招致误解（朱永生，2011a）：（1）有儿童使用精致型语码，有儿童使用限制型语码；（2）限制型语码低下，使用这种语码的儿童不会获得优秀成绩；（3）精致型语码是规范的，限制型语码是不规范的。

教育社会学语码理论的阐释和发展,来探讨两位理论家在语言社会化思想上的一致性及传承性。

首先,他们对教育失败的原因有着相同的认识。关于 Bernstein 对语码的分类及教育失败的归因分析,不少人会误以为教育失败的根因在于语言失败,而针对语言失败又形成了"匮缺说"(deficit version)和"区别说"(difference version)。韩礼德(Halliday, 1973)指出人们对 Bernstein 的误解,逐一回应以上观点。第一,"匮缺说"是不成立的,因为我们几乎无法计算学习者到底掌握多少语音、词汇、语法结构和意义,很难证明学习成绩的优劣与这些因素的相关性。第二,"区别说"将矛头直指语言本身是有失偏颇的,因为不同语码之间的区别不在于其具体形式,而在于这些语言形式所要实施的社会功能,限制型语码的根本问题在于社会结构,即部分人对这种语码的歧视。韩礼德(Halliday, 1975b)认为理想化的社会语言学意义上的言者和听者同样能掌握所有语码变体,当然这样的个体并不存在,但儿童在社会化过程中的确会要求,或者在某种程度上正常能够掌握所有的语码变体。因此,两种语码之间绝非泾渭分明或二元对立的关系,语码本身并无优劣,而是各具美学价值和发展潜能,是"人们使用语言与他人交际时的独特方式,并不属于两种不同的意义潜势"(Doughty, 1972: 105)。

其次,他们对语言能力的属性有着共性的认识。Bernstein 质疑和批判 Chomsky(1965)区分语言能力和语言运用的做法,并从社会文化视角进行修正。他的主要贡献是力图阐释心智如何与社会文化相互作用,由此产生不同的意义顺序以及不同的语言形式。语言能力兼具认知和社会双重属性,语言和认知的发展受到社会结构、文化背景的影响和调控。Bernstein 的相关思想主要分别体现在"能力模式"(competence model)和"运用模式"(performance model)两种教学实践模式中[①](Bernstein, 1996: 57 - 63),但他更提倡第二种模式,因为这更能体现社会文化理论以及知识建构论的核心主张,带有明显的后现代主义色

---

① Bernstein(1996)从论述、空间、时间、评价取向、控制、教学文本、自主性和成本八个维度总结了两种教学实践模式的不同特征。

彩。由此可见，Bernstein对语言能力的认识已从语言学本体论范畴转向社会学意义上的"合理化的语言运用"或"合理化意义的生成"（the generation of legitimate meanings）。韩礼德对Bernstein的语言能力观是认同的，在很多方面不仅产生共鸣，而且相互影响，他们一致认为语言是具有社会性质和社会功能的意义系统，并把语言行为看作是社会行为。韩礼德（Halliday, 1997/2003）认为Chomsky强行区分"语言能力"和"语言运用"，将两个概念归属于不同的现实层级，这种二分法给语言学构成巨大伤害。语言是人类交际中最关键的一种意义系统，从社会意义学来看，语言能力是意义系统的潜势，语言运用则是意义系统在语篇中的例示化，系统和语篇并非同一现象的两个不同方面，而是从不同视角考察同一现象（Halliday, 1994b）。因此，只有把语言能力和语言运用紧密地结合起来，在社会语境中考察语言的实际使用，充分考虑语言使用者和语言的交际功能，我们才能把握语言和意义的本质。

再次，他们对语言功能的内涵有着相同的认识。个体在成长为合格的社会成员的过程中必须学习各种社会规则，接触各种生活方式，参与各种社会团体，最终方能融入特定的社会文化。语言在这个过程中是一个基本因素（在早期发展阶段主要是原始语言），而语言使用是个体真正走向社会化的首要途径。语言使用离不开社会文化语境，语境类型对个体语言发展起着关键作用。Bernstein（1971：181）认为社会结构和社会变迁蕴含文化传承，并涉及若干情景语境，他将这些语境称为"关键的社会化语境"（critical socializing contexts），大致归为四种类型或变体：调节语境（regulative context）、教育语境（instructional context）、想象或创新语境（imaginative or innovating contexts）、人际语境（interpersonal context）。在社会化过程中，这四种语境类型决定了儿童通过语言所要实施的四种功能，即调节功能、教育功能、想象或创新功能、人际功能。Bernstein对语言功能的讨论重在凸显语境对语码变体的影响和制约作用，并未就具体的语言功能问题深入展开，但他对语言功能的社会文化内涵以及语境决定性的认同是毋庸置疑的。韩礼德（Halliday,

1974/2007：101）直言他所勾勒出的幼儿语言所具有的微观功能[①]与 Bernstein 所描述的四种关键语境及功能是紧密相连。如果说 Bernstein 旨在强调社会发展和文化传递，所要回答的问题是儿童学习文化时需要哪些关键的语言环境，那么，韩礼德则重在揭示语言的本质及其发展过程，所要回答的问题是儿童最初学习语言时实施了哪些关键的语言功能。在韩礼德看来，儿童学习语言和学会运用语言是辩证统一的两个过程，参与社会活动既是实现语言运用的关键途径，又是实施语言社会功能的重要体现。个体意义能力发展的本质就是语言功能的进化，而语言系统的进化是人们通过语言符号实施社会功能的必然结果。

综上所述，Bernstein 的教育社会学思想与韩礼德语言社会化研究互为补充，相得益彰。朱永生（2011a）认为两位理论家及其所代表的学派之所以能够长期开展合作，其原因有三：一是具有相同的语言观；二是都注重理论研究的实用性和适用性；三是都具有学术开放性和包容性。我们认为还有一点，就是两位理论家在研究视角和研究范式上的互补性和互通性。对 Bernstein 而言，他始终把语言作为研究切入点，把语言融入自己的教育社会学理论，尤其从语言在社会化过程中的关键作用入手，继而建构一个关于文化传递及社会系统维系的社会理论，语言在此理论中依然处于关键地位（Halliday，1978：36–37）。Bernstein 是第一个真正把语言纳入其解释框架的社会理论家，如韩礼德（Halliday，1985/2003：189）所言："从他那里我们认识到通过语言究竟会得到什么（文化范式的传递、维持和改善）因而认识到作为语言学家我们通过自己的理论应当解释什么；从他那里，我平生第二次学到语言学应当是传递意识形态的社会行为方式。"在韩礼德看来，就"工具性"而言，Bernstein 的研究提供了一个关于社会系统的理论，为系统功能学派诠释语言对文化和社会系统的传递提供了社会理论背景；就"自治性"而言，在 Bernstein 研究的启发下，系统功能语言学可以回答"语言为什么是这个样子"的问题，因为语言在社会系统中的功能使得它以某种

[①] 韩礼德（Halliday，1973：9–13；1975a：19–21）总结了婴儿交际系统的七种微观功能：工具功能（instrumental）、调节功能（regulatory）、交流功能（interactional）、个体功能（personal）、探索功能（heuristic）、想象功能（imaginative）、告知功能（informative）。

特定的方式发生了进化（Halliday，1978：37）。

二 Vygotsky 的发展心理学思想

发展心理学（developmental psychology）是心理学的分支学科，旨在研究心理的发生、发展过程及其规律。Vygotsky 与 Piaget[①] 是 20 世纪发展心理学界两位里程碑式的人物，他们基于各自的立场和取向，分别建构了关于儿童心理发展的基本模式，也由此引发了认知发展研究史上一场旷日持久的世纪之争。

Piaget 和 Vygotsky 同年出生，是瑞士著名的儿童心理学家、发生认识论的开创者。Piaget 和 Vygotsky 均涉足心理科学的诸多领域，因对心理学发展的卓绝贡献受到全世界心理学家的高度重视。他们之间曾经有过一场关于儿童发展路径和内部机制的争论，并由此演变成发展心理学研究的两种不同范式，即以 Piaget 为代表的自然科学范式和以 Vygotsky 为代表的社会文化范式。前者强调个体本身内在的逻辑运算的作用，而后者则强调人类文化历史的影响。同时，随着 20 世纪 70 年代认识论思潮的大发展，这两大理论先后与西方建构主义思维哲学融汇，由此催生了"社会建构主义"（social constructivism）和"认知建构主义"（cognitive constructivsm）两大重要的建构主义范式。社会建构主义以 Vygotsky 的社会历史文化理论为基础，关注学习和知识建构的社会文化机制；认知建构主义以 Piaget 的发生认识理论为基础，关注个体对认知经验和情感经验的建构。

Piaget 和 Chomsky 一样，"把儿童语言看作是在与周围环境绝缘的环境下发生的，而不是通过与周围环境产生互动来建立一种社会现实"，在 Piaget、Chomsky 等人的心目中，"现实具有强烈的心理色彩；意义完全存在于机体之中，社会事实只是显现而已；理想化就是心理化"，因此韩礼德对他们的观点持有异议（胡壮麟，1984）。虽然韩礼德宣称他对生物体内的机制不感兴趣，但是 Vygotsky 从社会文化角度阐释语言发

[①] Jean Piaget（1896—1980），与 Vygotsky 齐名的同时代心理学家，其提出的发生认识论不仅是日内瓦学派的理论基础，而且也是欧洲机能主义的重大发展。他开辟了心理学研究的一个新途径，对当代西方心理学的发展和教育改革具有重要影响。

育机制的做法与系统功能学派的理论立场完全一致。我们在前文从元理论层面探讨了 Vygotsky 的社会建构主义思想对于韩礼德语篇建构观发展和升华的重要意义，尤其是后者在对语篇与现实建构、真理的相对性等问题的看法上与前者的学理承袭或同质性关系。这里主要追溯韩礼德在其语言社会化研究中对 Vygotsky 发展心理学思想的继承和发展。

第一，参加社会活动对于个体语言社会化的意义。Vygotsky 始终关注人的思维机能是如何由其所处的历史文化语境塑造的，认为人的心理发展是在完成某种活动的过程中实现的，即人在活动过程中对社会文化历史经验的掌握促进了人的心理发展。这种活动有两个特征：一是具有类似工具的结构；二是能将他人融入一个彼此联系的系统之中。这两个特征同时也决定了人类心理过程的属性，工具调节活动将人与世界中的其他人和物联系起来（Leontiev，1981：55 – 56）。根据这一观点，儿童在进行日常会话时，他们将会学习使用语言这个意义工具与他人建立联系，同时凭借会话在这些活动中的调节作用，儿童将会逐步融入人类经验世界。儿童通过语言媒介和意义工具，在社会交际活动中逐步掌握了文化，从而也加快了儿童的社会化进程。

系统功能学派认为，儿童学习语言就是学会运用语言，两个过程辩证统一。参与社会活动既是实现语言运用的关键途径，又是实施语言社会功能的重要体现，即"儿童在行为模式的语境中学习母语，同时，文化规则也通过父母控制、教育、人际交流等行为模式向儿童进行演示和揭示；相应地，儿童在学习语言和使用语言的同时也得以社会化，融入文化的价值体系和行为方式"。（Halliday，1978：23）从社会文化理论来看，语言运用本质上是一种社会文化活动，语言通过传递文化达到表达思想和交际的目的，而深刻领会语言运用的这一本质又是个体建构文化意义和文化语境、识别语言文化差异的关键。诚如 Vygotsky（1981）所言："符号根本上总是作为运用于社会目的的手段，首先是联系他人的手段，然后是影响自身的手段。"可见，Vygotsky 的研究为系统功能语言学从社会意义学角度诠释个体语言社会化过程提供了心理学依据。

第二，心理机能发展对于个体意义能力进化的作用。Vygotsky 创立社会文化历史理论，其核心问题是高级心理机能的发展问题，而这一问题从根本上又源自他对意识的看法。针对当时以 Sechenov[①] 为代表的主流客观心理学，Vygotsky 坚决反对将意识从心理学研究范畴中完全剔除。在他看来，心理机能的发展包含着一种可以从根本上改变低级心理机能的"心理工具"（mental means），人类一旦掌握并开始使用这种工具，其行为方式将发生质变，也就使自己逐渐摆脱客体环境的束缚。这种心理工具就是 Vygotsky 所谓的"符号"，而语言是符号系统中最主要、最高级、最抽象的形式，因为语言不仅具有一般符号的信号功能，而且还拥有把人类和其他动物区分开来的"意义"。可以说，人类心理机能的发展过程就是语言系统的进化历程，Vygotsky（1986：86-88）研究发现儿童的心理机能或语言发展经历了四个阶段[②]：原始的或自然的阶段（primitive or natural stage）、"幼稚的心理"阶段（naive psychology stage）、外部符号阶段（external operations stage）及"内部生长"阶段（ingrowth stage）。

与此相呼应，针对传统观点所认为的儿童语言发展是逐步达到一个客观目标的过程，韩礼德（Halliday，1975a）从语言所实施的社会功能出发，通过对 Nigel 语言发展的观察，提出婴幼儿表达意义的形式经历了三个发展时期，即从原始语言到过渡语言再到成人语言[③]。其中，原始语言是原始意识的原始符号表达，随着原始语言进化成成人语言，儿童有了高级意识。和 Vygotsky 一样，韩礼德（Halliday，1995/2003）肯定了意识在语言和意义进化中的关键作用，认为语言不仅是人类意识的关键表征，而且是"一个不断进化的生态——意义系统和意义过程，这

[①] Ivan Mikhaillovich Sechenov（1829—1905），俄国生理学和心理学中的自然科学流派的奠基人，提出生理学和心理学的客观研究路径，主张思维是脑的机能，是对客观现实的反映。

[②] 第一阶段，儿童心理机能在行为的原始水平上发展，与个体的前言语阶段（prespeech phase）一致；第二阶段，儿童对自身及外界有了物理特性的经验，并把这些经验用于工具使用的方面，儿童首次运用了萌芽状态中的实际智力；第三阶段，儿童有了外部符号，在解决内部问题时用作辅助手段的外部运算，其标志是自我中心言语的出现；在第四阶段，儿童开始用大脑计算，运用内在联系和内部的符号来运算。

[③] 需要特别提醒的是，这里的三个阶段只是就韩礼德对 Nigel 语言发展的观察期而言，并非暗示儿童语言在经过这三步之后就此停止发展。根据意义进化论，意义能力的发生和发展贯穿于种系发生、个体发生、语篇发生的始终。就个体发生而言，意义能力的进化伴随个体出生、成长、成熟、消亡的全过程。

个系统和过程构成了哺乳动物大脑的最新进化状态"。韩礼德（Halliday，2004/2013）坚信意义最早发生于人类意识经验和物质经验的相互作用，而语法是初等意识向高等意识进化的核心动力。儿童语言发展的过程就是学习如何表达意义的，在这个过程中，儿童作为一种"意义的存在"不断建构属于自己的潜势，从本质上看这与人类语言系统最初发展的路径也相吻合。总之，两位理论家一致认为人类心理机能或大脑意识与语言系统是同步进化的，从不同视角阐明了人类意义能力发生和进化的本质和机制。

第三，概念的形成对个体语篇建构能力发展的意义。概念是人类实践的产物，是逻辑抽象思维的基本单位，意识是其反映形式。对概念形成的研究源自对人类高级心理机能及其反映形式的探索。从概念的发展来看，Vygotsky（1986：110-124）将概念的形成分为三个阶段。首先是概念混合阶段，其特征是儿童根据直觉或意象对一堆物品进行分类，结果表面看似有联系实质缺乏内在基础。其次是复合思维阶段，其特征是儿童根据功能协同作用对彼此实际存在联系的物体进行关联，结果是个别物体通过聚合而汇集成"家族"。最后是抽象概念阶段，其特征是儿童对物体分类不再是根据其相似性，而是某个或某些具体特征，在儿童心理发展中具有独特的发生学功能。随着儿童的智力发育，混合和复合思维的原始形式越来越退居次要地位，而越来越频繁地使用真正的概念。从概念的分类来看，Vygotsky（1986：146）提出了自发概念（spontaneous concepts）和科学概念（scientific concepts）的区分。前者是指儿童在日常活动中通过感知、注意、记忆等方式逐步掌握的概念，个体在掌握此类概念时通常具有无意识性；而后者是指儿童经过学校专门教学后所掌握的概念，学习者掌握此类概念通常是有意识的。两类概念之间存在连续性，即有许多科学概念来源于自发概念，并在运用的过程中不断地被专业化。由自发概念向科学概念的发展是科学发展的重要前提，也是儿童认知能力发展的必然趋势。

从混合概念到抽象概念，从自发概念到科学概念，它们与 Vygotsky 对儿童概念发展的研究遥相呼应。系统功能学派研究发现，个体语篇建构能力的发展是一个循序渐进的"三步模式"（three-step model of human semiotic development)：（原始语言→）概括→抽象→隐喻（Halliday，1993/2003）。在婴儿时期，原始语言实施七种基本功能，婴儿依据这些功能来创造意义系统，并学会实施这些功能的方式，这是其掌握成人交际系统的充要条件。在此期间，婴儿对世界的体验是具体而直观的，专有名称（proper names）的使用是一个显著特征。在概括时期，原始语言的具体功能被分为行动（action）和反思（reflection），亦即实用功能和理性功能，这是成人交际系统最为本质的特征，对世界的命名原则由专有名称发展为普通名称（common names）。在抽象时期，实用功能和理性功能发展为概念元功能和人际元功能，随着语法和会话的涌现，语篇元功能成功地进化并使概念和人际元功能相互联系而起作用，儿童开始通过建构语篇来识解人类经验、开展社会交际。在隐喻时期，儿童适龄入学，并随着识读能力的提高，他们的语篇建构能力迅速发展，在其学习和成长中，日常语言逐步让位于科学语言：在小学，通过大量接触和学习书面语，经历了第一次经验重构；在学习专业知识时遇到语法隐喻，迎来了第二次经验重构；在中学阶段，课本中的语法隐喻涌现，语篇建构越来越强调抽象性和技术性。

虽然韩礼德和 Vygotsky 有着不同的研究视角和学术背景，在研究路径上也不尽相同，但在儿童的语篇建构能力发展问题上仍然有相通之处。他们的研究表明，无论是概念的发生还是语篇建构能力的发展，均彰显出进化性和社会性特征：发展是进化式的，是一个具有内在规律的渐变过程；发展是社会性的，是一个受社会文化环境驱动的主客体相互作用的过程。心理学和语言学的两种研究视角互为补充，共同揭示出作为认知主体的人不仅仅是经验现实的建构者，更是解构者和重构者。Vygotsky 关于儿童概念能力发展尤其是科学概念形成的思想，为系统功能学派推动个体语言社会化研究奠定了坚实的心理实验基础，对揭示儿童语篇建构能力的发展路径和特征有着积极的启示。韩礼德不仅在部分术语使用上与 Vygotsky 具有一致性，而且为心理学研究提供了语言学理据，既是一种继承，更是一种发展。

三 Whorf 的人类语言学思想

西方思想界对语言与思维关系的争论由来已久。自从 Whorf

(1939) 在其老师 Sapir 的研究基础上提出"语言相对论"（the linguistic relativity）以来，该问题的研究被推上一个新的高峰。语言相对论认为语言的结构会影响人们的思维，语言范畴一旦形成连贯的系统，就有可能影响人们的世界观。与此相对立的是"语言决定论"（the linguistic determinism），认为不同的语言反映不同的社会现实，世界意象因人们赖以思维的语言系统的不同而变化。后人也将语言相对论和语言决定论统称为"萨丕尔—沃尔夫假说"（the Sapir–Whorf Hypothesis），该假说构成 Whorf 人类语言学思想体系的核心[①]。Whorf 人类语言学思想在20世纪50年代经后人系统整理提出后，引起普遍关注。

在韩礼德所接受的多次公开访谈中，他特别强调 Whorf 人类语言学思想对系统功能理论建构和发展的重要启示。下面几段引文摘自不同时期韩礼德接受访谈的文集（Martin, 2013），从中可以明确看出系统功能语言学在其个体社会化研究中所秉持的人类语言学思想。为了尽量保持原文整体意义，我们将按照采访时间先后顺序，提取其中相关要点进行分析：

【1】……我所采取的是 Boas–Sapir–Whorf 研究传统，即侧重对语言功能维度的研究……（Parret, 1972：54）

20世纪初以来，西方语言学界出现了人类学的研究取向，主要有两大传统：一是以 Malinowski 和 Firth 为先驱和代表的英国传统；二是以 Boas、Sapir 和 Whorf 为先驱和代表的美国传统。两大传统平行独立但基本理念一致，强调语言研究中的功能和语境，共同为语言研究开辟了一种新范式。Boas、Sapir 和 Whorf 三人系师徒传承关系，在学术思想上同宗同源，倡议从语言的社会功能和使用情景来研究语言，侧重语言的社会交际过程，将意义置于语言研究的中心位置。韩礼德在采访中还

[①] 人们也将语言决定论称作"强版"（strong version），而把语言相对论称作"弱版"（weak version）。事实上，这种区分法不过是后人的错误总结，Whorf 本人从未明确地提出"语言决定论"，他只是清楚地论述过"语言相对论"（高一虹，2001a：8）。因此，本书中所涉及的 Whorf 的人类语言学思想主要是指他的语言相对论思想。

将 Boas – Sapir – Whorf 的功能主义研究传统与 Bloomfield – Harris – Chomsky 的形式主义研究传统进行对比①，认为由于二者有着不同的语言学史观和语言观，所以在对语言发展、个体社会化等问题的研究上形成了不同的理论假设和研究目标，进而衍生出截然不同的研究结论。韩礼德在其个体社会化研究中，以婴幼儿的交际手段为对象，从原始语言到过渡语言再到成人语言，注重个体的语言功能发展，尤其是个体与周围环境之间的互动对于语言功能发展的重要意义，这些研究与 Boas – Sapir – Whorf 的功能主义研究相互补充。

【2】（Whorf 对"语法"和所谓的"世界观"或"形而上学"之间关系的理解）引起了很大的争议，人们如今依然质疑 Whorf 的观点……而我认为 Whorf 最大的优点在于指出了语言和语言所体现的社会意义系统之间在本质上是一种辩证关系。换言之，两者之间不是单向的决定关系。Whorf 似乎只是关注系统问题；然而他的所言对于系统和语篇来说都是适用的。语篇在建构情景的同时也为情景所建构；同样，语言系统在建构文化的其他意义系统的同时也为那些意义系统所建构。但是 Whorf 肯定没有走入极端；他并未用一种形式的决定关系来替代另一种。他始终坚持这一观点：符号与其所象征的对象，或者说能指的两个侧面之间是一种复杂的辩证关系。这一观点对于儿童成长来说具有极其重要的意义，在其成为一种文化的一员的过程中，用 Whorf 的术语来说就是，儿童被赋予了"心像"（recept）。儿童之所以能拥有这个特征，就是通过语言系统，用 Sapir 曾打过的一个比方来说，语言就是一张筛网，儿童正是通过它来识解经验。但我认为，Whorf 所竭力展示的思想对于我们所要进一步阐释的问题而言是不可或缺的，即我们如何运用意义系统来改变原本也是因其而生的事物。这也是那些完全"反对"

---

① 学界对形式语言学和功能语言学之间区别的争论由来已久，观点莫衷一是，此处不予讨论。就个体语言发展而言，一般来说，形式派认为儿童凭借天生的习得机制，遵循"原则—参数"的原理来习得语言，而功能派认为语言发展是一个社会化过程，是在社会文化环境中通过人际互动来实现的一个历时性过程。

Whorf 观点的人所无法解释的主要方面,即你如何通过运用语言来影响文化中的其他系统。(Thibault, 1985: 86)

语言与现实之间的关系是语言哲学和语言学都必须面对的一个基本命题,以上论述反映了 Whorf 语言研究的基本的认识论思想,即语言的语义结构能动地反映现实社会的结构,同时社会结构也影响和制约着语言系统的形成和发展,这是一种复杂的辩证关系。然而,人们对于 Whorf 的一大误解就是将语言和社会意义系统之间的关系理解为"一种单向的决定关系",而忽视了二者之间的互动作用。韩礼德不仅澄清了人们的误解,而且将 Whorf 的语言建构性思想贯穿于其语言社会化研究之中,Nigel 的成长经历表明儿童语言发展的根本目的就是学习如何表达意义,在和周围环境发生互动的过程中不断拓展意义潜势,建构社会现实。此外,韩礼德发现 Whorf 的语言建构性思想对阐释语篇和系统的运作机理同样有效,从本质上讲,语篇和系统之间的例示化过程就是一个动态的语篇建构过程。语篇例示化对于语言系统的进化和个体语言社会化而言均具有重要的元理论意义,儿童在使用语言表达意义的过程中不仅与动态的社会文化环境发生互动,而且与变化着的语言系统发生互动,通过不断的例示化而产生的语篇也相应地会重新塑造原有的社会环境和语言系统。

【3】一旦你进入语法,你就会发现几乎从事语言语法研究的每一个人都是普遍主义者(universalist)。因此,他们理所当然地会致力于让所有人看起来都一样;只有你依然坚持 Whorf 的观点。你知道的,我要为语法寻求新的模型。(Hasan, Kress & Martin, 1986: 114)

【4】我在很早很早的时候就已经阅读了 Whorf 的著作。20 世纪 60 年代,我当时正在伦敦大学学院任教,在讲授一门课时连续两三年就是使用 Malinowski 和 Whorf 的研究来阐述意义的功能理论。如今,尤其是在当时,我从 Whorf 思想中学到的就是不同的语言拥有不同的语义图式这一理念;语言建构或构成现实而非反映现

实的研究理念始终贯穿于我的研究工作之中。(Hernández, 1998:153)

【5】……我的主要研究背景有两三个渊源,但我对 Sapir 和 Whorf 研究工作的了解是相当早的。虽然很明显所有语言之间有着较多的共性,但是每种语言有着它观察和理解世界的独特方式,你得尝试理解这个问题。Whorf 是真正意义上首位把这个问题说清楚的学者……问题是,他们的工作招致很多误解。例如,有些人说你无法逾越自己的语言,这是完全不正确的。语言为我们理解一切科学的概念框架提供了最佳途径。(Rasheed, 2010:205)

19 世纪以来,西方语言学关于语言与思维的关系有普遍主义和相对主义两种解释。Whorf 的人类语言学思想素来以相对主义[①]著称,Lakoff(1987:304-337)在其著作中曾专辟一章讨论 Whorf 的相对主义思想,认为语言帮助人们形成思维方式,不同的语言会使人们形成不同的思维方式,也使人们拥有理解世界的独特方式。然而,Whorf 的相关主张在发表后遭受多方质疑。20 世纪中期以后,Chomsky 的普遍主义思想逐渐成为语言学主流,而普遍主义与客观主义又是紧密相连的,因为"客观主义的观点不仅假设语义具有普遍性,而且句际结构关系也具有普遍性。这一假设可使论证语言普遍性容易些。"(Tai, 2003:303)但由于客观主义认为意义独立于语言使用者,是由经验世界的结构所决定的,因此,普遍主义和客观主义的基本理念是与语言相对论对立的,而且也不同于系统功能语言学意义进化论的基本主张(Halliday & Matthiessen, 1999:419-424)。在儿童语言个体社会化研究中,韩礼德始终奉行并验证了 Whorf 的相对主义思想,认为"语言不是被动地反映现实,而是积极地创造现实"(Halliday, 1990/2003:145)。具体来说,Nigel 并不是接收了一个现成的意义潜势或客观现实,相反,他是在社会互动过程中创造了这一现实;"在这个互动过程中,意义是在儿童和

---

① 近年来,也有研究(高一虹,2001a)发现 Whorf 关于语言和思维的相对主义立场并不彻底,认为普遍主义也时有贯穿其研究之中。

有意义的他者①（significant others）交流中得以创造的。交流在'客观'现实语境之中进行并与之相辅相成；但是所谓的客观存在也是一种社会建构体，不是一堆木棍和石头，而是一座房子"（Halliday，1978/2003：141）。可见，建构主义强调意义的相对性，重视个体在社会化过程中的主观能动性，相对主义的思想理念已经完全渗透到韩礼德的语言社会化研究之中。

除了相对主义思想，韩礼德还承袭了 Whorf 独特的语法观，"要为语法寻求新的模型"，即积极寻求人类经验建构的语法模型。他（Halliday，1985/2003：188）在追溯系统理论建构背景时说："Whorf 发展了伟大前辈 Franz Boas 的思想，指出人类表达意思的方式并非完全一样，表达意思的不自觉方式正是他们各自文化的最重要表征之一。Whorf 关于'隐型'（cryptotype）的概念以及语法如何使现实模式化的观念尚未受到人们重视，我认为这些观点最终一定会被纳入 20 世纪语言学的重要行列。"Martin（1988）、黄国文和丁建新（2001）、赵霞（2010）等学者已专门撰文讨论隐型范畴。我们认为，"隐型"概念和语法模拟现实的思想都是韩礼德独特的语法观的理论基石，其中蕴含着深刻的建构主义思想。

首先，韩礼德的语法概念不同于传统语言学的界定，他将语法视为一种表达意义的资源，包括句法和词汇两部分，即自然语言的词汇语法层。语法同时又是关于人类经验的理论，既包括我们所生活的外在世界，也包括我们的内心世界。语法不仅使得人类拥有了属于自己的建构现实的独特方法，而且也让我们能够对这种建构进行反思。儿童意义能力的进化离不开语法系统的进化，在个体社会化过程中，语法不是静止的，而是动态发展的。韩礼德（Halliday，1996/2002：395 – 397）基于 Painter（1984）、Derewianka（1995）等人的个案观察指出，儿童语法发展有两大主要途径：一是通过应用到新领域而获得发展；二是通过对

---

① "有意义的他者"原本是一个心理学概念，亦译为"重要他人"，最早由美国心理学家 H. S. Sullivan 提出，主要是指在个体社会化以及心理人格形成的过程中具有重要影响的具体人物，可能是父母长辈、兄弟姐妹，也可能是老师、同学，甚至是萍水相逢的路人或不认识的人。

所建构的领域不断拓展紧密度而获得发展。总之，词汇语法层的出现是个体社会化的关键环节。只有掌握了一定的词汇语法资源，个体才能对经验世界进行反思和行动。

其次，Whorf 还在隐形范畴概念的基础上提出语法范畴的"不可言说性"（ineffability），韩礼德（Halliday，1984）认为所有的语法范畴都具有不可言说性，这与我们在第四章所讨论的语篇元功能的非本源性是一致的，即主位、述位、衔接、省略等概念在经验世界中并没有对应的事物或现象，这些概念只处于语言所建构的意义现实之中。由此可知，"如果语言是一个纯粹的被动者，仅用以'表达'一个既有'现实'，那么其范畴可得到充分解释。然而语言并非如此，语言是意义进化过程的积极参与者——语言创造现实，因此其内容范畴无法界定"（Halliday，1984：303）。从这个意义上说，韩礼德对隐形概念的发展充分凸显了语言的现实建构功能，这也是对 Whorf 语言相对性思想的具体体现和重要发展。

至此，我们从四个层面追踪了 Whorf 以语言相对论为核心的人类语言学思想对韩礼德建构儿童语言社会化理论的启示。第一，系统功能学派传承了 Boas – Sapir – Whorf 的功能主义研究传统，较之于 Bloomfield – Harris – Chomsky 的形式主义研究传统，韩礼德在研究中更为注重从语言功能的发展来考察个体的语言社会化过程。第二，系统功能学派沿袭了 Whorf 语言研究的建构主义立场，重视语篇与系统、语言与社会之间的互动建构性及其对于个体语言发展的促进作用。第三，系统功能学派认同 Whorf 语言相对论中的逻辑相对主义思想，这种认识论立场从根本上与普遍主义和客观主义区分开来，在个体社会化研究中更为强调儿童对经验现实的主动建构角色，而不是被动地接受既有的客观现实。第四，系统功能学派的语法观与 Whorf 一脉相承，语法是资源潜势而不是规则体系，儿童的社会化过程与语法进化紧密相连而互为促进。

第四节　儿童语言社会化与现实的语篇建构

儿童语言社会化的过程就是通过语言使自己逐步融入社会并成为合

格社会成员的过程。从语言发展来看，这是儿童在社会文化环境中学习如何表达意义、拓展意义潜势，并以语篇的形式来建构主观现实和社会现实的过程。本节以 Nigel 语言的三个发展时期为主线，重点考察个体在对现实进行语篇建构过程中的阶段特征，并由此阐释人类意义能力及社会现实建构的进化性。

一 原始语言及其理论研究价值

受 Bernstein、Labov、Malinowski 等理论家的社会学思想的影响，韩礼德（Halliday，1973：48；1978：10 - 12）将语言视为一种社会行为（social act），认为语言研究应采取"生物体之间"的视角，关注使用语言的人之间的关系（即生物体之间的关系）或语言行为。就其本质而言，社会行为之目的是创造、交换和传播意义，故而也被称为意义行为[①]（act of meaning）。意义行为是一种具有意向性和符号性的交际行为（Halliday，1978/2003：113），其中，意向、符号和交际三个关键词阐明了意义行为的本质属性：意向表明意义行为旨在传达一定的意图，符号说明意义行为的外部形式具有象征性，而交际则在强调意义行为的互动性。

意义行为的实施具有多元化的载体，语言是其中最主要的和最关键的一种形式。然而，根据韩礼德（Halliday，1978/2003）的观察，在 Nigel 正式开始使用成人语言之前，即原始语言阶段，就已经有了意义行为。在婴幼儿早期交际活动中，意义的表达大致有声音和手势两种方式，前者又可以分为自创式和模仿式。大多数婴幼儿会同时使用所有方式，当然也会有个人偏好，Nigel 就比较喜欢通过创造声音来表达意义。Nigel 在快 6 个月时出现了一个明确的意义行为——"一个短促而平静的上升音调鼻高音"，意思是"发生什么事啦？"。在 9 个月时，他拥有了一套意义行为系统，即意义潜势，这是原始语言形成的重要标志。到

[①] 用 Saussure 的术语来讲，意义行为相当于言语（parole），意义潜势系统则相当于语言（language），意义行为是对意义潜势的例示化。然而，与 Saussure 对言语和语言的界定和区分不同，韩礼德认为意义行为和意义潜势并非两类不同的现象，只是对同一对象采取了不同的观察视角而已。

16个月时，他的意义行为更具系统性，从一个由五种不同意义组成的系统发展成为一个由五十种不同意义组成的系统。

但是从结构层次来看，原始语言是一个"语义层——音系层"二层次结构，明显有别于成人语言"语义层——词汇语法层——音系层"三层次结构。成人语言的三层次结构也是成人语言与其他动物交际系统的区别性特征，这也是韩礼德（Halliday，1992/2002）称原始语言为一种哺乳动物式体验的原因，因为基于原始语言的意义行为也是其他哺乳动物的交际特征。既然如此，原始语言为何还受到系统功能学派如此重视呢？我们认为原因有三：一是系统功能学派的研究立场；二是原始语言和成人语言作为意义行为的同质性；三是原始语言和成人语言之间的功能进化性关系。

首先，系统功能学派对婴幼儿交际方式的研究是以语义和功能为基础的，而不是以其结构形式的变化为中心。虽然原始语言并不具有成人语言的结构层次，但是从语义和功能角度来看，原始语言和成人语言具有同质性，是人类语言在不同发展时期的两种体现形式，对原始语言的考察有助于从整体上把握个体语言社会化的过程及本质。这与韩礼德（Halliday，1975a：8）一贯坚持的研究立场也是一致的："我们的研究路径是基于语义学的；语言学习就是对意义系统的学习。儿童学习母语就是学习意义系统；从这个角度看，语言系统可以被看成语义潜势……我们采取的视角也是功能性的。我们将把意义和语言功能，以及在儿童成长过程中语言所要实施的功能联系起来。"

其次，在婴幼儿语言社会化过程中，原始语言和成人语言都属于人类意义行为，具有意义行为的典型特征，即系统性和社会性（Halliday，1978/2003：115-116）。就第一个特征而言，意义行为的系统性首先表现在它与情景语境的系统相关度上，个体在意义潜势系统中的选择行为不仅与情景语境高度相关，而且现实建构中的意义结构也是相关情景的重要组成部分；意义行为的系统性还表现在意义潜势的系统性上，每一次选择都可以依据儿童的总体现实模型及其所处的位置做出解释，现实和意义潜势总是处于持续建构之中，或被补充，或被内部区分，或被修正。意义行为的社会性也可以从两个方面来阐释。第一，意义行为具有共享性，是交际双方共同参与的一个对话过程，由行为到意义行为的转化离不开有意义的他者的参与以及赋予儿童的符号意图以价值。第二，意义潜势的本质是一种社会建构，意义行为的成功实施是以意义现实的成功编码和交换为标志的，如果说经验具有私人性，那么对其进行意义识解和交换的过程便具有了社会性。

最后，原始语言和成人语言在功能语义范畴上具有延续性，两种意义行为之间是一种进化关系。这一点比前两个原因更具发生学价值，因为这种进化关系才使得个体能够在童年早期快速掌握语言的本质，并以此拓展潜势、建构现实，进而加快社会化进程（Halliday，1975a：62）。那么，幼儿为何最终要选择成人语言而放弃自己创造的原始语言系统呢？由于原始语言具有自身的局限性，即无法同时表达两种及以上的意义，要想实现语言系统的多元功能，就必须在原有的两层次结构中引入词汇语法层。同时，随着幼儿的成长，原始语言已无法满足其参与周围对话互动的社会需要。只有通过词汇语法，幼儿才可以参与动态的言语角色的接受和分配。原始语言和成人语言之间的功能进化关系充分反映了人类意义行为的进化性本质，因此对原始语言的研究不仅有助于揭示语言和意义的起源，而且有助于更好地理解个体意义能力发展对其语言社会化过程的重要作用。

二 现实建构的进化性及其本质

韩礼德（Halliday，1973：51）提出了系统功能语言学的潜势理论，将语言行为区分为"能做"（can do）、"能表"（can mean）、"能说"（can say）三个层次。"能做"指的是人在特定的社会文化环境中可能做的事情以及实施这些可能的行为的操作模式，亦称"行为潜势"（behaviour potential）。"能表"指行为潜势通过语言系统得到体现的可能性，亦称"意义潜势"（meaning potential）。"能说"指意义潜势在实际语言交际环境中的使用情况。

在个体意义能力发展过程中，行为潜势和意义潜势紧密交织，同步发展。为说明二者的关系，韩礼德（Halliday，1998/2003：9）绘制了婴儿从出生到18个月的行为和意义（moving and meaning）平行发展简图（见图4-1）。在婴儿成长中，最早的意义行为是伴随爬行出现的。在爬行过程中，婴儿感知和观察世界并采取了三维视角并且可以随意转换角度（move vantage point）。也就是在这个时期，他们开始能够将意义潜势识解成系统（primary semiotic system），并以这种方式发展自己的原始语言。值得注意的是，婴儿通过原始语言创造意义的过程具有了聚合性，即每一个话语都有意义，因为这是系统选择的实例。我们认为，意义系统的形成及其显著的聚合性和选择性在语言发展过程中具有里程碑意义，因为从此时开始，婴儿便开始了其系统建构现实、不断社会化的过程。

Moving [material action]	agitate limbs; cry	→	reach & grasp [directed movement]	→	roll over [shift perspective]	→	sit up [world as landscape]	→	crawl [move vantage point]	→	walk upright
Meaning [semiotic action]	exchange attention		yell [directed cry]		[express wonder]		signs as isolates		protolanguage [primary semiotic system]		language [higher order semiotic system]

图 4-1 动作和意义

作为儿童的第一个意义系统，原始语言因其结构局限性并不具有命名或指称的功能。在原始语言阶段，Nigel 必须依靠即时语境才能对事物进行命名，因为他此时无法区分观察现实的意义（meaning as observation of reality）和闯入现实的意义（meaning as intrusion into reality）。在过渡语言阶段，随着原始语言的微观功能被概括和组合为理性功能和实用功能，加之词汇语法层的形成，Nigel 逐渐能够区分上述两种意义模式。在词汇语法的作用下，命名和作用的意义行为逐渐演变为明确的符号行为。那么，幼儿在语言发展过程中为什么要区分上述两种意义模式呢？在韩礼德（Halliday，1978/2003）看来，"只有这样，交际才能沿着叙事（narrative）和对话（dialogue）两条线路发展。而叙述和对话是交际的两大基石，是语言有效建构现实的前提"。叙事和对话是在 Nigel 过渡语言中进化而成的两种语类结构，"叙事指脱离语境表达意义的一种能力，即在交际中讨论感知范围之外的事物"，而"对话是一种特殊的交际，双方不仅交换意义，而且动态扮演角色"（Halliday，1978/2003：134）。从功能实现来看，叙事和对话分别对应于理性功能和实用功能：叙事涉及理性的观察序列，而对话具有较强的实用属性。二者虽相对对立但又彼此交织，叙事出现于对话场景，而对话亦可用作叙事的手段（Halliday，1975/2003：185）。Nigel 叙事和对话能力的发展进一步催生了其意义系统中语篇组织（texture）的迅速进化，而语篇组织正是成人语言中语篇元功能的重要体现形式。作为语篇组织的两种基本形式，叙事和对话是个体语言社会化的重要机制，在童年早期的现实建构中举足轻重。在语言交际中，离开语篇组织，意义行为将失去社会功能，现实建构更是无源之水。

叙事能力的发展是个体摆脱直接情境语境，运用语言塑造经验现实、维系社会关系的重要前提，在本质上是一种指称能力的进化。以 Nigel 关于"棍子和石头"的叙事发展为例（Halliday，1978/2003：134），从"（我现在看到）棍子和石头"到"我刚才看到棍子和石头"，再到"我会看到棍子和石头"，交际中音系方式没有改变，但作为意义行为，Nigel 交际的意向性和符号性发生了明显的变化。

"学习表意，是一个创造的过程；儿童通过和周边其他人的互动，构建了一套符号潜势，可由其通往构成社会现实的意义大厦……构建现实的基础正是在主体间的互动过程中。是意义的交换，或者说，是对话，创造了现实"。（Halliday，1978/2003：138）对话能力的发展表明个体在建构符号系统的同时，也创建了一个属于符号系统的意义世界。由于这个系统能创造信息，因此也可以用来交流信息以及像原始语言一样交换物品和服务，这种功能就是原始语言的七个微观功能中的最后一个——信息功能。前六个功能都是独立于语言系统的，虽然这些功能的实现离不开语言，但对它们的定义在很大程度上依赖语言使用的情景语境而非语言本身（Halliday，1975a：64），所以在原始语言阶段就已经出现。然而，由于信息功能属于词汇语法内部的属性，它的界定必须借助语言本身，在儿童语言发展过程中出现较迟，只有在掌握了对话的基本原则后，即掌握交际过程的本质之后，儿童才开始掌握信息功能（Halliday，1976/2003：83）。儿童一旦掌握了信息功能，实际上就"立刻成为了它的终生俘虏（prisoner for life）"（Halliday，1978/2003：135）。意思是说，儿童在建构语言和现实的同时，实际上自身也在不知不觉中成为建构不可分割的一部分，从意义进化的个体发生角度来看，语言发展或意义能力的进化将由此伴随个体成长的全过程。

在通过叙事和对话的方式建构现实的过程中，儿童还要识解情景语境，既要考虑正在发生的和先前所说的，又要赋予相应的话语以语篇组织。在语篇的功能构造中，第三个意义组成部分即语篇元功能逐渐形成，标志着儿童的交际方式由此正式进入成人语言阶段。语篇元功能是"语言所具有的创造语篇，该功能使语篇与其所处语境，即交往场景和上下文发生关联"（Halliday，1978：48），而且"离开语篇组织成分，语言就不能成为儿童建构现实的有效工具"（Halliday，1980/2003a：205）。然而，系统功能学派也发现目前对于语篇元功能的研究是相当匮乏的（Halliday，1980/2003a：204），不足之一就是对语篇元功能的元理论意义关注不高，未能充分凸显其在意义现实建构中的作用。韩礼德、Matthiessen 等在创建意义进化论的过程中多次提及语篇元功能的非本源性，就是在强化语言的现实建构功能。

三 主观现实和社会现实的语篇建构

从最早的意义行为直至进入成人模式的意义行为，婴幼儿语言发展呈现为一条不间断的发展路径，即以行动和反思两大意义模式作为主线的个体意义进化历程。意义行为在功能语义范畴表现出明显的连贯性和进化性特征，这种功能语义上的连贯性和进化性不仅使个体能够建构自己的语言系统，而且使他能够在运用语言的同时建构一种现实。在现实建构这一个持续性的过程中，"语言不仅是建构现实的一种关键手段，而且本身也是建构的一部分"（Halliday，1978/2003：123）。

在语言发展的第一阶段（10 个月），Nigel 已经能够描述事物，对这些事物的基本认识是他得以按照自己的方式来表达意义的前提条件。通过阐释个体所表达的意义结构，我们可以了解其思维结构以及现实的主观建构过程。在此阶段，Nigel 建构了一种主观现实（subjective reality）（Halliday，1978/2003：124），并且由此逐渐将自己和事物连续体区分开来（见图 4-2）。个体从主观视角把现实建构为"自我"（亦即"在这儿"）和"非自我"（亦即"在那儿"），这种范畴化模式严格区分了作为认知主体的人、界定个体身份的社会系统以及存在于二者之间的关系。从这个主观现实的模型中,可以发现意义行为在个体身份建构中的独特价值,即在混沌的本源世界中创造并维系了我们的身份,具体而言,人们似乎是在学习表达意义的过程中才有了自我意识,而为了维持自我的身份,人们不得不持续进行意义交流。

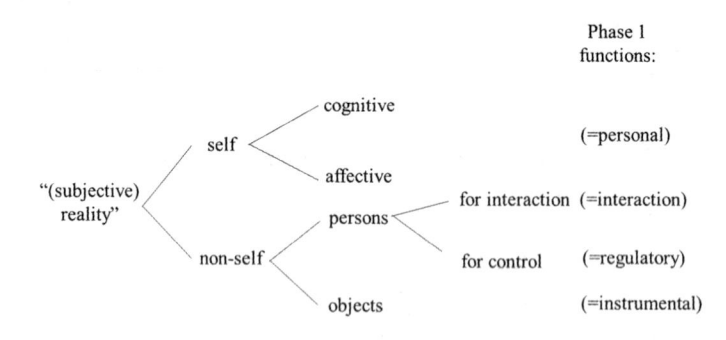

```
                           cognitive                    Phase 1
                    self                                functions:
                           affective                    (=personal)
"(subjective)
  reality"                        for interaction      (=interaction)
                    persons
                    non-self      for control          (=regulatory)
                           objects                     (=instrumental)
```

图 4-2　Nigel 在原始语言阶段建构的主观现实

然而,如我们先前所讲,意义行为的本质是一种社会行为。个体主观现实的创造和维持是通过与他人之间的相互作用而实现的(Halliday,1978:170)。从表面来看,意义行为首先是一种人际交流的形式,交流双方都致力于创造自己的意义并积极寻求通过语篇与他人来交换意义;从深层意义上说,这些意义的潜势系统本身就是一种社会建构,其背后的现实也是一种社会建构。Nigel 所建构的主观现实实际上是一种社会现实,是一个社会建构过程。这一现实为 Nigel 和与之交流的有意义的他者所共创、共享。因此,现实是个体与有意义的他者所共同建构(joint construction)的意义世界,而作为认知主体的自我则处于一个中立位置,位于各种社会过程不同层面的交汇点上。韩礼德(Halliday,1978/2003:143)通过重新审视 Nigel 主观现实的建构,认为上图中的现实模型过于凸显儿童的个体性,是一种以认知主体为中心的先入为主的现实建构途径。如果把观察点置于 Nigel 在语言发展过程中所采取的过渡策略上的话,即以社会功能进化为中心,我们会得到如图 4-3 所示的另外一种现实模式,即社会现实或主体间现实(social / intersubjective reality)。从社会性或主体间性来审视儿童语言发展和现实建构,我们会更加清晰地看到原始语言逐步向成人语言过渡进化的过程。

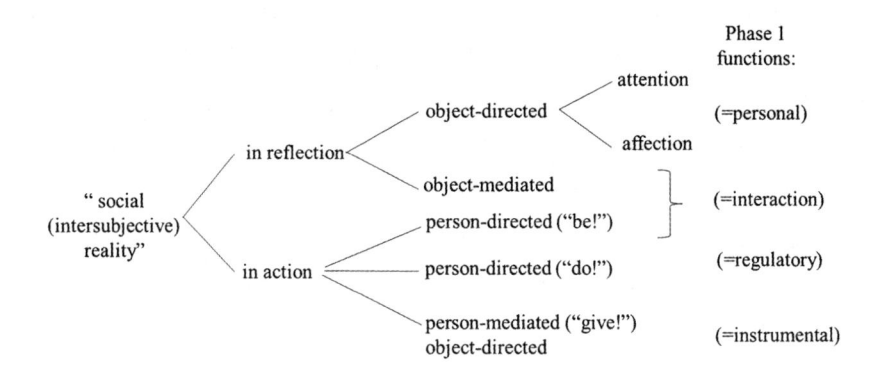

```
                                                            Phase 1
                                                            functions:
                                        ┌── attention
                           object-directed
              in reflection            └── affection        (=personal)
                           object-mediated              ┐
"social                    person-directed ("be!")      ├  (=interaction)
(intersubjective)                                       ┘
reality"                   person-directed ("do!")          (=regulatory)
              in action
                           person-mediated ("give!")
                           object-directed                  (=instrumental)
```

图 4-3 Nigel 在原始语言阶段建构的社会现实

婴幼儿学习表达意义也是一个创造意义的过程，在这个过程中，个体在与周围人和环境互动中逐渐建构起一个具有主体间性的意义潜势，该潜势系统使得个体可以进入构成社会现实的意义王国。研究表明，婴幼儿从出生起就在交流互动之中，在原始语言时期则主要表现为注意力等身势语层面的回应，Bateson（1975）称之为"原始会话"（protoconversation），这也构成了日后现实建构的重要基础。会话的本质就是意义的交流，在个体的现实建构中起关键作用（Berger & Luckman，1966：172-178）。但需要注意的是，原始会话从婴儿出生起就发生了，而会话基本上是随着原始语言的开始而出现的。此外，原始会话一般仅有表达，而原始语言既有表达也有内容。在社会互动中，儿童不是接收了一个既成现实，而是创造一个意义系统，一种包括两个部分的现实：语言和非语言，二者从根本上说不仅是延续性的而且相互作用。从这个角度看，语言系统作为现实的中介，不仅是现实的一部分，还在一定程度上对另一部分起着决定作用（Halliday，1978/2003）。

从儿童成长过程来看，语言社会化是一个通过语法来不断识解经验、重塑经验的历程，而语篇建构既是语言社会化的核心所在，又是这一进程的重要动力。语法在语篇元功能的作用下把人类经验转化为意义，建构了一个关于事物和关系的意义现实。人们把经验中的各种动作识解成语法中的动词，把物体、生物、人等实体识解成名词，把事件识解成小句。在教学和科学研究中，由于我们需要系统地组织知识，语法又将本该由动词体现的动作转化为名词或名词性结构体现的实体。韩礼德（Halliday，1993/2003：111）把儿童社会化过程分为概括化、抽象化和隐喻化三个阶段（见图4-4），从系统的常识性知识到读写能力再到中学教育中以学科为基础的技术性知识，语法对现实的语篇建构功能贯穿于其中。尤其是第三阶段语法隐喻的出现，不仅是科学语言进化成为一种重要语类的标志，更是个体意义能力进入高级阶段，乃至人类语篇建构能力进化的核心机制。语法系统在不停地进化，由其所识解的世界也处于不断进化发展之中，而现实世界的每一次进化发展又反作用于语法系统，语篇例示化在语法系统和现实世界的互动中起着关键作用。

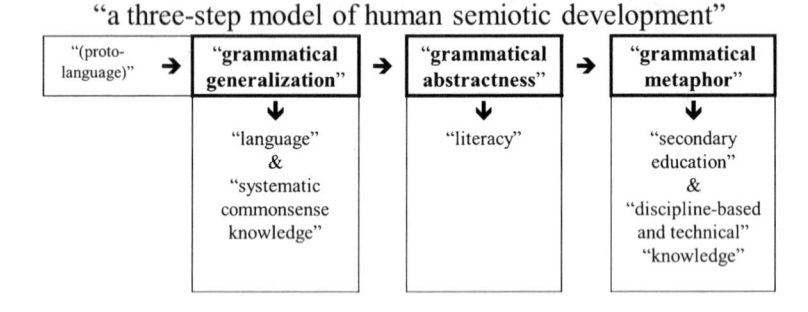

"a three-step model of human semiotic development"

"(proto-language)" → "grammatical generalization" → "grammatical abstractness" → "grammatical metaphor"

↓ ↓ ↓

"language" & "systematic commonsense knowledge"　　"literacy"　　"secondary education" & "discipline-based and technical" "knowledge"

图4-4　人类意义能力发展的三步模式

综上所述，语言社会化既是语言建构又是现实建构，而语言建构不仅是现实建构的一部分，而且也是现实建构的一种关键方式。现实建构和语言建构紧密交织，不仅是个体语言社会化的目标，而且两者形成合力，推动语言社会化进程。在个体语言发展中，词汇语法层和语篇意义系统的成功进化极大地拓展了个体的意义潜势，促进了现实建构能力的发展。从本质上来说，个体语言社会化的过程就是现实的语篇建构过程，对婴幼儿语言发展的研究有助于把握语言和语篇的本质及其在个体社会化进程中的作用。

第五节 小结

　　本章首先追溯了语言社会化研究的理论背景，厘清了社会化、语言社会化等基本概念。其次，从核心理念、研究问题、研究方法、主要贡献等方面，梳理系统功能语言学的语言社会化研究，认为：（1）语言发展与语言习得在概念内涵和外延上有着本质区别；（2）语言社会化的本质即意义能力的发展，语篇建构与语言社会化并协统一，促成了个体建构现实的能力的进化；（3）自然观察法注重意义的自然发生过程，有助于揭示个体语言社会化的特征及路径；（4）从语言外部审视语言及其与文化、社会、教育之间的关系，为揭示语言本质、诠释意义属性、建构学习理论等做出了重要贡献。最后，重点探讨了 Bernstein 的教育社会学思想、Vygotsky 的发展心理学思想、Whorf 的人类语言学思想对系统功能学派语言社会化研究的启示，或者说双方在基本研究理念上的同质性关系，以此诠释系统功能学派在语言社会化研究中所秉持的语篇建构思想。

　　根据系统功能语言学，语言社会化的过程就是人类通过语法资源实施社会功能、建构社会现实，进而促成意义能力逐步发展、不断进化的一个过程。语篇建构与语言社会化并协统一、互为促进，社会系统的稳定性和可变性既反映在语篇之中，又通过语篇得到持续的建构。语篇是文化传播的重要载体，是语言社会化的意义过程，也正是这一点促成了意义现实的不断进化。语言社会化理论的形成和发展从一个侧面反映了当下学界对传统语言观和语言习得理论的深刻反思和重新定位。系统功能语言学基于社会意义学立场，从社会学、心理学、人类学等学科中汲取了大量养分，对儿童语言发展及其现实建构能力的进化历程进行了系统研究，不仅为韩礼德等近年来深入发展意义进化论提供了丰富的个体发生学理据，而且对于建构语言社会化理论、揭示语言和意义的本质来说也具有深远的意义。

第五章

种系发生维度的韩礼德语篇建构观

在系统功能语言学中，种系发生学指的是语言发展史。然而，由于考古学证据的缺失，造成了种系进化这一宏观假设的客观事实不足，系统功能学派因此另辟蹊径，通过考察科学语言（scientific language）作为一个语类的发展历程，以此勾勒语言系统种系发生的大致历史。科学研究是人类最重要的活动之一，科学知识是人类的共同财产，而科学活动的开展和科学知识的传播离不开科学语言这一专业媒介。科学语言是科学研究的起点和归宿，在科学知识的形成和传播中起着积极的推动作用。科学语言进化与科学技术发展紧密交织，科学语言持续进化，不断满足信息社会的需要。语言是关于人类经验的理论，而科学语言是重新识解人类经验、建构科学知识的重要资源，科学语言进化的历史就是科学知识建构的过程（Halliday，1999/2004：119）。

本章首先回顾科学语言的概念、进化及其本质，在此基础上进一步探讨韩礼德语篇建构观在科学语言进化研究中的体现，即主要围绕语法隐喻与科学理论的语篇建构、科学语言进化的意义历程以及韩礼德科学语篇建构研究的贡献等维度展开论述，以期更好地理解和把握科学语言进化的本质以及所蕴含的元理论意义。

第一节　科学语言及进化本质

一　科学语言的概念和特征

1. 科学语言的概念

不同于日常语言，科学语言是伴随科学技术的发展而逐步发生的一种语言使用变体，是一种语域、一种面向专家的语言，它的形成是一个动态的历时性过程。一般来说，科学语言是指人们在从事科学研究活动中对研究理念、方法、过程、结论等进行表述、加工、交流时所使用的各种不同语篇形式的总称。从广义上来说，科学语言包含着多方面内容，如术语、符号、概念、文本等要素，它们共同创造了系统的科学知识体系，建构了具体学科的知识框架。科学语言既是科学知识的重要组成部分，又是科学知识的载体。科学语言能力既是科学能力的组成部分之一，又是其他各种科学能力的基础。

出于不同的研究目的，学界对科学语言的界定和分类也有所不同。从其体现形式来看，科学语言既可以体现为学术专著、科研论文、专业教科书等书面形式，又可以是学术报告、学术研讨、课堂讲授等口头形式。从交际任务的性质和语言表达特点来看，科学语言可以分为纯学术分语体、科普分语体、科学教材分语体等（吕凡，1985）。其中，科普分语体是一种面向非专家读者的语言类型，要求语言通俗易懂、生动有趣，架起了科学文献和大众文化之间的桥梁，在科学知识的普及中起着重要的作用。与纯学术语言和科学教材语言不同，科普语言在知识的建构和传播中有其自身的独特机制和词汇语法特征（杨信彰，2011）。从认识论角度看，逻辑实证主义的代表人物 Carnap（1987）把科学语言分为观察语言（Observation Language）和理论语言（Theoretical Language）两类，并分别进行定义：观察语言是把对现象或实验所做的观察毫无歧义地告诉别人或记录下来的语言，而理论语言是陈述科学原理和定律以及科学事实的语言。两种科学语言都包含数学语言（又称逻辑语言），因为数学语言是最高层次的科学语言，其发达程度往往标志着一门学科的成熟和完善程度,而在科学王国中,运用数学语言最普遍、最深邃、最成功的,首推物理学(李醒民,2006)。从术语学角度来看,学界提出了科学语言的共时性和历时性分类法,前者如李醒民(2006)、殷杰(2007)等对自然语言、专门符号语言和形式化语言的区分,后者如郑述谱(2007)等关于"原始术语"(protterm)"初术语"(predterm)"准术语"(quasiterm)"术语"(term)的阐述,我们将在下节追溯非系统功能学派学者对科学语言进化的研究时进一步讨论这两组概念。

科学语言也是系统功能语言学长期关注的一个研究领域,韩礼德、Martin 等学者意识到科学语言对于科学知识建构的重要意义,因而从 20 世纪 80 年代起就开始针对英语科学语篇的语类特征和中小学生科学识读能力展开系统的研究。从其所要实施的功能来看,韩礼德(Halliday,1988/2004:140)指出,"科学英语是现代英语的一个普遍的功能性变体(functional variety),或者说语域"。其特征可以结合语域的三个变量来加以简要分析:就话语范围而言,科学语言是对物理、生物、社会等学科知识的扩展、传播或探索;就话语基调而言,科学语言的话语对象是专家、学习者或业余人士,其范围可以是群体内部,如专家之间,也可以是群体之间,如师生之间;就话语方式而言,科学语言以多种形式呈现,在实现渠道上可以是口语或书面语,在修辞功能上可以是说明性的、规劝性的、辩论性的或虚构性的。从语篇意义发生的历时性视角来看,韩礼德(Halliday,1988/2004:140)强调这种变体或语域并非是静止的(stationary)或同质的(homogeneous),而是一种"时刻充斥着大量可变性以及持续处于历时进化的意义空间"。这里,韩礼德把科学语言的发生和发展视为一种动态性的历史过程,是一种持续拓展的意义空间。虽然系统功能语言学对科学语言的研究是以具体科学语篇为研究对象的,但韩礼德等(Halliday,1998/2004:49)并没有把科学语言看作所有语篇实例的集合,而是把它视为一种用来创建意义系统的资源。这不仅与他历来所坚持的语言资源观(language as resources)高度一致,而且更重要的是体现了他从意义进化视角对传统知识观的重新审视。传统上,人们通常把知识视为对世界的表征,即对世界的描述和解释，因此知识或对人类经验的认识是可以独立于语言而发生的。然而，韩礼德等（Halliday & Matthiessen，1999：2-3）主张所有知识都存在于以语言为核心的意义系统之中，知识的表征首要的是一种语言建构，而语言建构的动力来自词汇语法系统。在方法论意义上，作为一种社会意义行为的科学语言，不只是科学家以其独特视角和方法识解人类经验、表达科学思想的工具，而且是人们创造和传播科学知识的重要资源。

2. 科学语言的特征

科学语言作为一种规范化的语言变体，力求以一种理性的范式来表达人类对经验世界的认识。科学语言的独特工具性特征使其不同于文学语言和日常语言等文体，语言学界和科学哲学界对这种特征的具体表现进行了探讨。

申娜娜（1998）以英语科学语言为例，对科学英语和普通英语进行普通语言学分析，认为科学语言在语法结构、词汇和文体三个方面有着独特的语体特征。就语法结构而言，科学语言具有应用长句、常用虚词 It 引出的句子结构、广泛使用非限定动词或其短语和介词短语、多使用复合名词、较多地使用名词化结构、广泛使用现在时态、常用虚拟语气、频繁使用被动语态等特征。就词汇而言，科学语言较多地使用技术词、源于拉丁语的动词、拼缀词、创新词等。就文体而言，科学语言具有清晰、准确、精练、严密等特征。殷杰（2007）从科学哲学和逻辑学角度分析了科学语言，认为其主要特征有术语意义的不变性、词汇情态的中立性、构词形式的特殊性。术语意义的不变性，是指术语及其指称之间的关系相对稳定，其结果是"每一个术语应该表达一种稳定不变和严格限制的意义"（Savory，1953：97）。词汇情态的中立性，是指科学语言必须正确反映其本质，清晰反映科学知识的属性，而不包含任何主观感情色彩。构词形式的特殊性，是指科学语言中的术语构词大多有着历史渊源，而且严格符合语言规范。这些特征使"科学语言推翻了一般人的非逻辑思维，对人们通常的诸多禁忌提出公然挑战，不允许有半点的托词和嬉戏……可以说是科学语言所取得的最大成就之一"。（Savory，1953：91-92）

上述两种研究从共时性视角考察和概括了科学语言的特征，尤其强调科学语言在形式和意义上的稳定性、客观性，研究发现对于开展科学写作教学、揭示语言的本质属性有着较强的启示意义。然而，我们认为，对于科学语言特征的形成，不仅应知其然，还应知其所以然，即在描述这些特征的同时，还要深入分析其形成原因。在系统功能语言学看来，语言的形成及运用都是受社会功能驱动的，科学语言也不例外。换言之，上述语言特征的形成在很大程度上源于科学语言所产生的社会语境，及其使用者借此所要实现的社会功能。意义进化论为考察科学语言的进化提供了一种历时性范式，将对科学语言特征的形成置于其进化历程之中。韩礼德（Halliday，1988/2004）通过解析自 Chaucer 时代以来近 500 年内的标志性科学语篇，不仅发现以名词化为首的语法隐喻是科学语言的主要语法特征，而且认为语法隐喻能够创造虚拟的实体和过程，增强语言的抽象性，是科学家重新识解人类经验的一种核心机制。学界虽然也多次述及名词化结构是科学语言的一大特征，然而更多的是对其进行描写和归类，是一种静态的共时性研究，而意义进化论赋予了名词化语法隐喻以动态的历时性视角。可以说，意义进化论有助于全面把握科学语言的内涵，尤其是科学语言进化的本质。

二 科学语言进化研究的视角

从意义进化的时间维度来看，系统功能语言学对科学语言的研究有不同的路径，分别以韩礼德和 Martin 为代表（Martin，1998：6）：前者采取了种系发生视角，研究焦点在于诠释科学语言系统的进化，主要解决语法如何识解人类经验、如何建构科学理论等问题，而后者则立足于个体发生视角，侧重从教育语境出发解构科学语篇，主要解决中小学课本如何建构科学知识的问题，旨在提高学生的科学读写能力。需要指出，两种研究路径并不矛盾，而互为借鉴和补充，并且都依赖意义进化的语篇发生维度的研究，即以对具体科学语篇的解构为切入口来追踪科学语言的进化历程。从一般意义上来看，学界如何考察科学语言的进化？由于科学术语是具体学科领域内使用的专门词语，在科学语言系统中处于核心位置①，而科学语言的发生又是在人类社会历史发展的宏大背景下进行的，是科学、哲学和语言相互作用的结果。因此，学界一般从科学术语分类和社会历史发展来考察科学语言的进化。

1. 从科学术语分类看科学语言进化

科学术语的分类有多重标准，这里主要结合科学术语的共时性和历时性分类视角，从语言本体层面探讨科学语言的进化历程。从共时性视角来看，依据科学术语的表现形式，科学语言表达体系是由自然语言、专门符号语言和形式化语言共同构成的（殷杰，2007：13）。自然语言也称日常语言，是人类在认识世界和改造世界的过程中逐渐形成的，通常具有直白性和普遍性。专门符号语言也称符号语言，指为特定研究目的而创造的专业术语，是近代以来描述科学研究、组织科学知识的主要语言，通常具有单义性和明确性。形式化语言也称人工语言，即基于特定的逻辑或数学规则基础，采用一组没有直观意义的符号或代码，代替自然语法和专业术语来表达科学思想，通常具有精确性和抽象性。我们认为，科学语言的这三种体现形式在特定情况下可以并行使用，而不冲突或互相排斥，但就进化历程来看，三者存在一种从具体到抽象的进化关系。在早期的科学研究活动中，自然语言是描述、阐释科学理论和科学实验的主要资源。然而由于自然语言的不精确性和科学的非自然特征，自然语言难以成为描述和说明物理学中的无生命系统的行为和生物学中的有生命系统的行为的有力工具，甚至无法把科学概念放入自然语言。（李醒民，2006：79）。在此背景下，随着科学技术的发展，自然语言逐渐让位于具有模拟思维逻辑结构功能的形式化语言。相对来说，形式化语言在很大程度上规避了自然语言的多义性和模糊性，获得世界科学工作者的公认。

从历时性视角来看，依据科学术语的形成时间，术语的发生过程大

---

① 科学与语言并行发展，术语的产生和发展与科学的产生和发展密切相关。因此，术语是考察科学语言进化的一个重要窗口，术语的创造和演化通常能够折射出科学语言的进化历程。关于二者之间的关系，冯志伟如此阐述，"没有术语，就没有科学；没有术语，就没有知识"（There is no knowledge without terminology; there is no science without terminology.）（冯志伟博文 http://blog.sina.com.cn/s/blog_72d083c70102xk08.html）。

致可以分为"原始术语""初术语""准术语""术语"四个阶段（郑述谱，2007）。从严格意义上来说，拥有完备的、科学的术语体系是一门学科走向成熟的重要前提和标志。在科学产生之前，人们通常是从日常生活和生产实践中借用常识性词汇来指称专业概念，这些语言符号在现代术语学中被称为"原始术语"，由于这些术语只是对专业表象认识的一种直接命名，因此其概念还是相当宽泛甚至模糊的，虽然在如今的匠艺和日常词汇中依然有源可溯。"初术语"出现于科学发展的早期，用以表达常识性的专业概念，通常是人们在暂未找到合适词汇来指称新概念时而采用的一种语言符号，在形式上往往具有临时性和小众性。随着科学的出现，人们对于专业的感性认识逐渐上升为理性认识，关于这些认识的相应命名也因此而进入到科学的概念系统之中，其中有的作为专业词汇获得稳定性而成为"准术语"，有的则作为普通词汇存在于常识性领域之中。随着科学的进一步发展，准术语最终发展成为"术语"，而随着科学系统的形成，与之相应的术语系统也进化而成。由此可见，科学认知离不开科学语言，科学的发展同样就是科学语言的发展。作为科学语言的核心，科学术语的产生和发展是科学语言进化历程的高度缩影，反映了人类理性思维能力的不断提升。具体而言，科学语言的发生和进化源于人们开展科学研究的理论和实践需要，而科学研究的推进也促成了科学语言的发展，科学知识的增长与科学语言的进化同步进行。

2. 从社会历史发展看科学语言进化

语言对于社会历史发展意义重大，语言的功能并非只是记载社会历史的发展，语言与社会交织互动，语言不仅是社会历史发展的产物，有时也会影响或改变社会历史发展的进程。就科学语言而言，和所有的语言变体一样，其发生和进化是在人类社会历史发展的宏大背景之下进行的。总体而言，科学语言的形成和进化既是社会历史变迁的重要体现，也是社会发展、科技进步的动力源泉。

英语语言是当代国际科学界描述物质现象、阐述客观规律的一种主流媒介资源。然而，在西方科学语境下，20世纪之前的科学语言"几乎百分之百都是拉丁词汇或希腊词汇"（Hough，1953：1）。也就是说，在近代科学发展的早期,在英语科学语言正式形成之前,人们首先是通过希腊语和拉丁语来创造科学语言词汇的,即希腊语和拉丁语构成了早期整个西方科学语言的主体。[1] 究其原因,除了两种语言本身在表达科学意义时具有稳定性和明确性,因而便于传承文明的品质之外,还有一个更重要的社会历史原因,就是希腊文明在整个西方社会历史文化发展中具有长期的影响力,古希腊时期是西方文明和学术发展进程中的第一个重要阶段。[2] 事实上,自公元前9世纪希腊字母出现,进而传入罗马形成拉丁字母以来,虽然直到15世纪拉丁文才成为正式的科学语言,并从18世纪走向衰落,但是在此期间,拉丁语一直是国际间文化、科技交流的语言,是联系统一欧洲之精神和学术的共同语言(殷杰,2007)。17世纪60年代,英国皇家学会[3]正式成立并在其《学报》上同时使用拉丁语和英语刊发论文,大量英语科学词汇在此激励下不断出现,主要集中在医学和生物学领域,更重要的是,大部分学科门类术语在此期间已经出现。18世纪是科学发展的转折期,各门学科的快速发展和知识积累,科学知识的体系化对建立科学语言系统,尤其是在事物命名和术语统一方面提出了更高的要求。随着18世纪中叶工业革命的兴起,科学和技术迅猛发展并高度结合,催生了大量新的物理和机械概念和术语,学科语言的体系性也随之日益显现。19世纪,不同层次和学科的科学研究团体和学会相继成立。从国家层面来看,有英国科学促进会(1831年)、美国科学促进协会(1848年),美国全国科学院(1863年)、法国科学促进协会(1870年)等。从学科层面来看,有英国地质学会(1807年)、英国化学学会(1840年)等。这些学会组织的成立,除了推动科学发展和普及科学知识之外,还通过一种组织性、

---

[1] 借用希腊语和拉丁语是英语科学语言的主要构词方式,以《朗文科学惯用语词典》为例,140余种希腊和拉丁语词素是英语科学术语的主要构词材料。在当代英语的科学语言系统中,引入外来语(imported words)作为英语科学术语的表达依然是一种主要方式。

[2] 西方早期文明大多以希腊语和拉丁语为载体,掌握这两种语言既是读懂原版《圣经》等神学作品的重要前提,也是早期科学研究和交流的关键渠道,早期科学巨匠如牛顿、林奈等的不少经典之作都是用拉丁文创作的。

[3] 英国皇家学会(The Royal Society),全称"伦敦皇家自然知识促进学会",是英国最具名望的科学学术机构,其创建宗旨是促进自然科学的发展,该组织是世界上历史最长而又从未中断过的科学学会。

建制性的形式对日益增多的科学词汇加以规范,不断提高其专业化程度。20世纪,科学技术发展日趋迅速,科学门类更加细化,国际科学技术交流日趋活跃,科学语言的标准化和规范化显得尤为重要,一些国际性学术组织相继成立以便协调科学语言尤其是术语使用工作,如国际电工委员会(1906年)、国际标准化协会(1936年)、国际标准化组织(1951年)等。这个时期,现代术语学的理论和方法也初具雏形,E. Wüster[①]作为现代术语学的奠基人,对现代术语学的建立和发展有卓越的贡献。

从西方英语语境下科学语言及其词汇、术语系统发展的简要历程可以看出,科学语言的进化与社会历史发展紧密联系在一起。科学知识的累积,推动了社会文明的进步;科学技术的发展,促进了科学语言的进化。科学语言属于社会意义现象,是随着人类社会历史发展到特定阶段才得以形成的产物,社会历史发展是科学语言进化的基础,为科学语言进化提供了不竭的动力。

三 科学语言进化的本质

科学语言的发生是人类进行抽象思维的前提,抽象思维是科学研究的基本思维形态,而科学语言是科学研究的载体资源,不仅记录和传播知识,还建构和创造了新知识。科学语言的形成和发展与科学技术的发展紧密交织,我们在本章开篇曾简要提及科学技术发展与科学语言进化之间的关系。具体来说,一方面,科学技术的变革催生了大量的新词,抑或赋予旧词以新意,丰富了语言系统;另一方面,科学语言的进化不仅有助于普及科学知识,而且以一种动态的方式将日常经验常识理论识解为科学技术知识理论。

对于科学技术与科学语言之间的关系,韩礼德(Halliday, 1993/

---

① E. Wüster(1898—1977),奥地利著名科学家,1931年撰写了第一篇术语学论文《在工程技术中(特别是在电工学中)的国际语言规范》(*Internationale Sprachnormung in der Technik, besonders in der Elektrotechnik*),提出了现代术语学的基本原则和方法,阐述了术语系统化的指导思想。此后,他又发表了一系列关于术语学的论文,为现代术语学奠定了理论基础。

2004：212）这样解释，科学的发展是思想的发展，而思想是语言建构的，语言的动力在于其语法。可见，知识和思想的发生、交流及传播离不开语言，科学语言的核心价值在于科学家通过其以专业的方式对经验现实进行语篇重构，而这种语篇建构的动力最终源于语法系统。这也印证了韩礼德（Halliday，1998/2004：49）对科学语言的界定，科学语言的本质并不是具体科学语篇的大集合，而是由这些语篇所构成的一种意义潜势，这个潜势系统蕴含着识解科学经验的重要资源，而且这种资源潜势会随着科学技术的进步、对客观世界认识的深化在精密度上不断细化和拓展。从这个意义上来看，我们可以说"科学就其本质而言是语言的。无论是作为研究活动的科学，还是知识体系的科学，都与语言须臾不可分离"（李醒民，2006）。

语法是语言系统的动力库，因此科学语言作为一个语类的进化说到底是科学语法的进化。语言的语法系统是一种关于人类经验的理论，日常经验世界中的范畴并非预先设定，而是语法识解的结果。在意义进化论中，韩礼德（Halliday，1999/2004：119）把知识论和进化论结合起来，认为知识就是意义的转化："了解"某事就是将其转化为意义，而"理解"就是这一转化的过程。韩礼德等通过对语法隐喻运作机制的描写再现了科学经验的建构过程，凸显了知识发生的历时性、动态性和建构性，科学语言进化的本质就是科学家通过语法不断重塑人类经验、重构意义现实的过程，科学语言的进化不仅是科学技术发展的结果和动力，更是人类意义能力进化的重要体现。

此外，在建构意义进化理论时，系统功能学派（Halliday & Matthiessen，1999：18-22）巧妙地借用阴阳转换思想来说明科学语言的语符进化历程，这对于揭示科学语言进化的本质大有裨益。科学语言进化历程的阴阳转换模型充分说明了术语词汇系统作为科学语言意义潜势的进化机制。术语词汇作为科学语言系统的表达层和内容层之间的接面出现之后，该系统本身也要经历漫长而持久的进化过程。与传统语符观有所不同[①]，

[①] 传统观点认为语言符号是由能指和所指构成，能指是符号，所指则是符号所要表达的意义，两者间是任意的约定俗成的关系。

意义进化论的核心价值在于它动态地看待语言符号，并试图厘清语符漫长进化历程的理据或机制。阴阳转换模型中语符进化的第三个路径——级阶转移（rank shift），亦即语法隐喻，尤其值得关注，因为从中可见能指与所指间的转换是科学术语词汇进化的主要推动力。诚如严世清（2012）所言："能指和所指与阴和阳一样本身都是相对的概念，语言是关于世界的语言，世界是语言建构后的世界，两者间既相互区别又可以相互转换，它们的互动关系推动了人类认识的发展。"由此可见，对科学语言及其进化本质的研究不仅丰富了普通语言学的语言本体研究，而且在元理论层面上具有重要的认识论和方法论意义。

第二节　语法隐喻与科学理论的语篇建构

一　人类经验现象的语法建构

1. 两种互补的经验观

人类经验通常是指对个体在主客观世界中各种经历的认识和概括。依据不同的理论立场，人们对于经验的理解也多有不同，大致可以分为两种观点，即"经验知识观"（experience as knowing）和"经验意义观"（experience as meaning）。主流认知科学理论主张"经验知识观"，通常把经验的建构看成是知识，有概念分类、图式、文字等表现形式。与此相对，系统功能语言学秉持"经验意义观"，把经验看成由语言建构的意义。之所以形成以上两种关于人类经验的不同认识，其根源在于两种不同的语言观：主流认知科学一般将语言视为一种代码系统，而将语言使用视为编码过程，既有的概念结构经过语言编码之后可以进行储存和交换；系统功能学派将语言视为意义符号系统的核心，是人类经验的基础，认为"经验是我们用语言为自己建构的一种现实"（Halliday & Matthiessen, 1999: 3）。

当然，系统功能学派并未因为自身的理论立场而否定另外一种观点，认为"无论是'知识'还是'意义'，二者并非两种截然不同的现象，而是针对同一现象的两个隐喻"。（Halliday & Matthiessen, 1999:

3) 其间的区别在于对语言和经验之间关系的阐释,不论是语言反映经验还是语言建构经验,说到底只是一种方向性问题。"经验知识观"主张语言对经验是一种"自上而下"的映射(mapping),把人类大脑中的概念结构当作建构经验的基础,这些概念结构反映客观存在,并且不依附于语言而独立存在,而语言的功能就是要对这些概念结构及其所反映的客观存在进行编码,因此认知科学研究的一大任务就是要揭示人类经验的概念结构在语言中的体现。"经验意义观"把语言当作建构经验的基础,认为语言对经验是一种"自下而上"的建构,知识是由意义系统构成的,而语言是意义系统的核心,是人类经验的基础。因此知识并不能离开语言而独立存在,知识得以表达的首要条件就是语言的建构。经验是语言建构的现实,经验的分类和关系并不是先天所赋,经验中的所谓"秩序"无非是语言建构而成的。

2. 语法建构经验的基础

系统功能语言学认为语言是制造意义的资源,如果说语言是对人类经验的识解,那么语法就是经验识解的方式。语法概念在系统功能语言学中处于核心位置,其功能之一便是建构经验,即把人们的所见所感转化为意义。而语法之所以能够创造意义并由此建构经验,其根本原因在于语言是一个多功能和多层次的复杂意义系统。因此,本小节首先简要回顾系统功能语言学的语法观,然后主要从语言系统的功能性和层次性两个维度探讨语法建构经验的基础。

在韩礼德(Halliday,1996/2002:387)看来,"语法不仅是语言的组成部分之一,而且是一个有着特权的部分……是语言实际运作的那部分,语言的力量源自其语法能量"。从概念的内涵和外延来看,韩礼德对语法的界定是广义的,即将语法视为一种表达意义的资源,不仅包括句法,而且包括语义、词汇语法和语音等层次,因此其语法观从根本上区别于传统意义上的语法概念。从系统进化历程来看,语法是随着高级意义系统的形成才进化成功的(即图5-1中的系统4.2)(Halliday,1996/2002:388),语法的出现也标志着人类语言的成功进化,即兼具物质系统、生物系统、社会系统和意义系统的属性和特征。从人类意识进化来看,语法是人类意识从原始意识进化至高等意识的产物,是人类高等意识的体现（Edelman，1992），是"人类社会中现代人的进化标志"（Halliday，1996/2002：388）。由此，人类对经验的建构便无法离开语法的作用，换言之，所有的人类意义行为都必须经过基于语法的高等意识的筛选过滤。

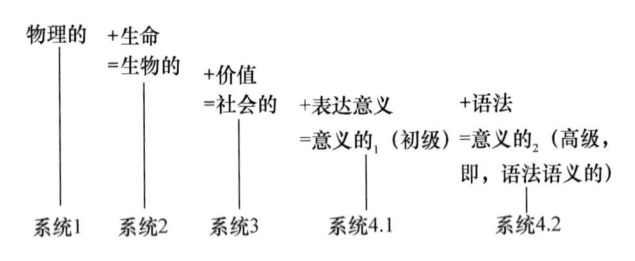

```
物理的    +生命
         =生物的   +价值
                  =社会的   +表达意义    +语法
                           =意义的₁(初级) =意义的₂(高级，
                                         即，语法语义的)

系统1    系统2    系统3    系统4.1      系统4.2
```

图 5-1　系统的进化类型学模式

语法识解经验的模式不同于客观主义的机械反映论，语法"并非简单反映或对应于既有事物的状态"（Halliday，1996/2002：390），而是一个意义创造的过程，是人们通过语法建构意义现实的过程。在语言系统中，表达层与人体直接相关，内容层与经验世界直接相关，作为介乎二者之间的接面，语法具有"创造意义的独特属性"（Halliday，1996/2002：389）。经验识解是一个高度理论化的过程，需要设立诸多范畴，并找寻出这些范畴之间的逻辑关系，而这一过程离不开语法的作用。具体而言，语法识解经验、创造现实的途径主要体现于语法的三大意义功能。其一，语法发挥其"识解"（construe）功能（概念元功能），通过范畴及其间逻辑关系赋予经验以秩序，将经验转化成意义。其二，语法发挥其"促成"（enact）功能（人际元功能），通过赋予个体以特定的言语角色、社会身份等来实施社会交际，建立社会秩序。最为关键的是，无论是识解功能还是促成功能，其实现都必须依赖语法的第三种功能，即"使动"（enable）功能（语篇元功能）。使动功能在本质上是一种语篇建构功能，正是通过这一功能，"语法开创了一个属于自己的空间，一个由意义组成的现象领域"（Halliday，1996/2002：390）。语法的语篇建构功能把上述两种意义功能融为一体，并且以语篇的形式用于交际，因此任何话语都同时包含了这两种功能上的意义，实现了意义转化和意义促成的相互结合，抑或知识与行动的相互结合。同时，语言系统的这种功能意义发生机制也使得我们的意义行为得以穿越时空展开，与物质过程共存并且彼此为对方提供发展的环境。换言之，"语法使信息流与事件流同时发生并且产生互动"（Matthiessen，1992），这也是韩礼德语篇建构思想的核心所在。

　　语言系统除了具有多功能性，还具有多层次性，这构成了语法识解经验的另一大重要基础。系统功能语言学认为语言是一个三层次系统，由语义层、词汇语法层和音系层组成，相邻的两个层次之间是体现与被体现的关系，语义层由词汇语法层体现，词汇语法层由音系层体现。本书在第四章探讨了基于元冗余概念的层次体现化机制，研究表明韩礼德（Halliday，1992）通过引入 Lemke 的元冗余概念，不仅更为清晰地阐述了其语言层次所体现的思想，对语言层次之间的关系也作出了更为合理的解释，而且为语篇建构和意义进化找到了充分的社会动力学理据。人类社团是由一系列的生态——社会系统（eco - social system）所构成的（Lemke，1993），而组成这些系统的社会行为既是一种物质（material），又是一种意义（semiotic），二者持续又动态地相互影响。韩礼德多次指出，这里的 semiotic 强调的是社会行为（包括语言）的表意性，而不只是一种单纯的符号。也就是说，人类社会行为既是一种行动实践，又是一种意义实践，二者之间密切相关，有着很高的冗余度。正是在此基础上，韩礼德（Halldiay，1992）系统阐述了语言层次之间的元冗余关系，元冗余机制为意义的发生和进化提供了不竭的动力，是意义行为实施和意义进化的重要前提。

　　3. 语法建构经验的语义机制

　　为了实现生产生活的各种目标，人类需要不断地认识这个世界中的各种经验现象，即经验现象的识解或建构。现象是一个最具概括性的经验范畴，任何可被建构成人类一部分经验的东西均被称为现象（Halliday & Matthiessen，1999：48）。系统功能语言学认为，语言具有社会建构性，语法不仅是关于人类经验的理论，而且是建构人类经验的重要资源。语法建构人类经验现象（phenomena of experience）的核心机制在于语言的语义系统，韩礼德等将其称为概念基块（ideation base）。

经验现象本身并无任何既定秩序可言，但概念基块中的语义资源让我们能够将自己周围及内心世界的经验建构为各种意义范畴。范畴化是人类对世界万物进行分类的一种高级认知活动，是识解人类经验的一个重要过程。系统功能学派对各种经验范畴的认识主要是基于语言的，即通过语言来揭示认知机制，通过语言来识解经验范畴[①]。在系统功能语言学范畴化理论中，这些意义范畴按照等级或复杂程度的高低被分为序列（sequence）、图形（figure）以及成分（element）三大语义级阶。三者之间是一种"构成"（consist-of）关系，即序列由图形构成，图形由成分构成。作为元语言的一部分，序列、图形和成分与语言一样是具有层次性，在词汇语法系统中，这三种意义范畴分别由小句复合体、小句和小句结构成分（词组或短语）来体现（见图5-2）。

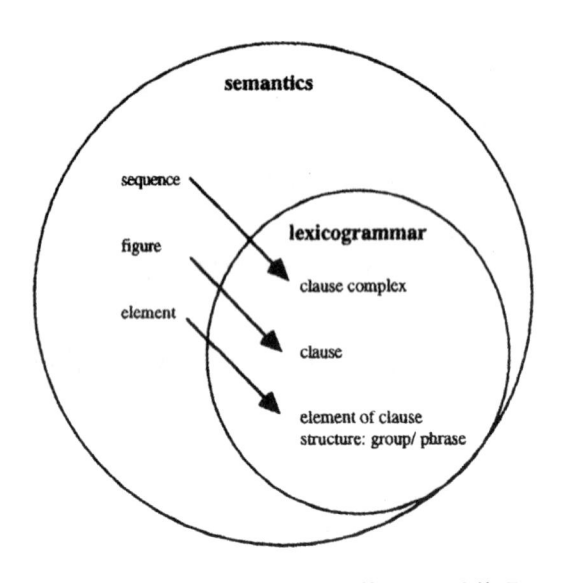

图 5-2　序列、图形和成分及其词汇语法体现

成分是人类经验意义识解中的基础单位，主要有过程（process）、

---

① 在系统功能语言学看来，范畴化是一种基于语言的主动创造行为，语言将人类经验转化为意义，而意义可以使各种事物和现象归类并赋予其以某种内在的逻辑序列。在经验的范畴化问题上，系统功能语言学从基本理念和研究方法上都区别于认知语言学基于相似性的研究路径。

参与者（participant）、环境（circumstance）和连接成分（relator）四种类型。过程成分是图形的核心所在，在语法上由动词词组体现，英语中的过程成分体现了图形的时间属性，即随时间的展开而发生。参与者往往是过程行为的实施者或承受者，在语法上体现为名词词组，可以分为事物和品质：事物在语义上比较复杂，可以在图形中承担各种角色，而品质分为投射品质和扩展品质。环境指过程行为发生时所处的状态或氛围等，在语法上由副词词组体现。连接成分的作用在于建构图形之间的逻辑语义关系，最终建构更大的序列现象，在序列性经验现象的识解中起"关系链"作用。通过连接成分，人们在原本是个体的、离散的、静态的经验现象之间构建起某种逻辑语义联系。在具体的语篇构建中，表现为人们进一步借助词汇语法系统中的连接词（如表示并列关系的and, so, yet 等，表示主从关系的 if, because, however, although 等），或复合连接词（如 just because, even if, so that 等）来实现小句之间的相互依附关系（interdependency relation），以并列和从属两种形式表征连接成分所要识解的某种语义关系，进而呈现一个有内在关联的、连续的、动态的符号现实世界[①]。

图形是人类经验的一个基本片段，从成分上看是现象的一个基本单位，从构成上看由功能不同的成分组成，从结构上看是一个有机的完整单位。系统功能语言学将其分为四种基本经验域：行为（doing）（包括发生）、感知（sensing）、言语（saying）和存在（being）（包括所有），其发生时间都与过程成分紧密相关。语法上，四种语义类型在及物性系统中均有其对应的体现形式：行为图形体现为物质过程，感知图形体现为心理过程，言语图形体现为言语过程，存在图形体现为关系过程。相应地，不同的图形对参与者的要求也不尽相同。行为图形的参与者是动作者和目标，有时还会有受益者。感知图形的两个参与者是感知者和现象。言语图形除了有说话者和受话者两个参与者之外，还会有说话内

[①] 由于连接成分相对于其他意义成分而言稳定性最弱最易于被语法隐喻化，在语法隐喻化过程中，连接成分自身的内涵与外延得到极大的拓展与延伸，并且获得了相对较强的稳定性。连接成分的语法隐喻式体现在对经验现实的整体识解中具有关键作用，详细见周海明（2017）相关讨论。

容，有时甚至还会有说话对象。存在图形则相对简单，有时有两个参与者，有时可能只有一个。

序列是三种意义范畴中最复杂的一种语义类型，通常由图形通过彼此之间的依附（interdependency）关系而构成，具体有扩展（expansion）和投射（projection）两种逻辑语义关系。序列也因此分为扩展性序列和投射性序列。扩展关系指一个图形通过添加另一个图形以获得序列的扩展，语法实现其扩展关系的典型方式是通过连接词来建立两个图形之间的逻辑语义关系（logic-semantic relations），有详述、延伸和增强三种形式。投射关系指将一个图形投射到一个非本源性的层面（或符号层），在其基础上建立图形，被投射的图形以内容的形式呈现①，可以是意义或措辞。其中，意义指未在说话人头脑中体现出来的思想内容，而措辞是以词汇语法为载体体现出来的具体说话内容，前者称为思想（idea），后者称为言辞（locution）。序列表现图形之间的关系，图形是一个成分有限的单位，但序列可以无限扩大，序列通过扩展和投射两种逻辑语义关系在事件之间建立某种关联，进而赋予经验以秩序。从这个角度看，序列有助于形成有组织的语篇和特定的语篇类型，用于储存和交换信息。语篇和序列属于同一抽象化层次（order of abstraction），都是语义现象。系统功能语言学认为语篇的建构离不开概念基块，是在语境中具有功能的一种语言，序列是语篇建构的基本组织原则。大多语篇类型可以被看成通过逻辑语义关系扩展的"宏观图形"（macro-figures）；序列体现为小句复合体，但是序列可能比一个小句复合体大，一个小句复合体也可能是一个图形（Halliday & Matthiessen, 1999: 122-124）。

概念基块将经验现象识解为层次不同但互为关联的各种语义范畴，并最终体现为语篇建构中的词汇语法结构，这既是概念基块建构人类经验的根本目标，也是其通过意义来建构经验的核心机制。韩礼德等（Halliday & Matthiessen, 1999: 13-15）阐述了概念基块建构经验的内

---

① 投射图形和被投射的图形在序列中可能是同级的引述（quoting）关系，也可能是不同级的报告（reporting）关系。具体而言，在引述中，二者是独立的图形；在报告中，投射客体受制于投射主体。

在机制，即概念基块内部各维度之间的共同运作和相互作用使之成为识解经验现象的场所和动力库。从识解方向来看，人们从纵向和横向两个角度来识解经验范畴，即聚合型识解（paradigmatic construal）和组合型识解（syntagmatic construal）。聚合型识解是从彼此关联的众多范畴选项系统中选择适切的范畴类别，并以此来作为对特定经验现象的识解。概念基块在本质上是一种聚合型的网络系统，该系统又是以精密度为基础进行组织的，因此精密度阶是概念基块识解经验的一个重要维度。组合型识解是从纵聚合的范畴选项系统中选择可以在其结构中充当相应参与者角色的范畴类别，从而形成具有特定意义的横组合结构。两种识解类型互为补充，共同构成经验的意义识解模型，横组合结构是纵聚合范畴系统的具体体现，纵聚合范畴系统则为横组合结构的形成提供了大量的范畴类别选项。在经验的意义识解模型中，横组合结构对纵聚合范畴系统的这种具体体现过程被称为例示化，我们已在前文章节详细讨论了例示化的概念及其运作过程。精密度阶和例示化作为概念基块的两个重要维度，在经验识解过程中相互关联、共同作用，高精密度的范畴体现为具体的语篇例示，而精密度低、概括性较高的范畴则体现为可供意义扩展的潜势。精密度阶和例示化连续统、横组合与纵聚合构成了概念基块的双向识解机制，为概念基块识解纷繁复杂的人类经验现象提供了源源不断的动力。

二 语法隐喻及其理论化过程

"语法隐喻"这一术语由韩礼德在1985年出版的《功能语法导论》（*An Introduction to Functional Grammar*）一书中正式提出。经过三十余年的发展，语法隐喻已从当初的一个基本概念演变为一个重要的系统功能语言学理论。

系统功能语言学将语言视为一个由音系层、词汇语法层和语义层构成的三层次意义系统，相邻的两个层次之间的体现方式有一致式（congruent form）和隐喻式（metaphorical form）两种类型。通过"一致式"的体现方式，我们可以"使词汇语法层所表达的表层意义和话语意义层所表达的深层意义彼此相同"（朱永生，2006）。一致式有级阶层和成分层两种形式：前者指词汇语法层的小句复合体、小句和词组分别体现语义层的序列、图形和成分，后者指词汇语法层的名词、形容词、动词、副词（介词短语）和连接词分别体现语义层的个体、性状、过程、环境和连接等成分（如图5-3中实线箭头所示）。然而，由于语言系统不同层次之间存在张力，来自指称和扩展两种意义潜势的压力打破原先的"一致式"，使得"词汇语法层所表达的表层意义和话语意义层所表达的深层意义变得不一致"（朱永生，2006），这就是"隐喻式"的体现方式。可以说，正是由于不同语言层次之间存在张力，才导致语法隐喻的产生，语法隐喻不仅有效释放了语义张力，而且还使语言潜势系统得到了极大拓展。和一致式相对应，隐喻式也有级阶层和成分层两种形式。以连接成分为例，它的体现形式不再遵循一致的常规模式由连接词体现，而是可能分别由体现个体、性状、过程、环境等成分的名词、形容词、动词、副词（介词短语）来重新识解原先的逻辑语义关系（如图5-3中虚线箭头所示）。语法隐喻作为词汇语法层与语义层之间的一种形义错位匹配方式，有助于实现意义表达方式的多样化，使语言呈现出巨大的开放性和灵活性，在语篇建构尤其是语篇语义的发生中起到了积极的推动作用。

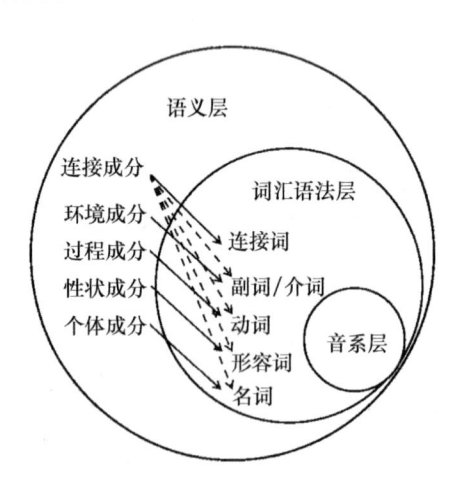

图5-3 "语言层次观"与连接成分隐喻化运作机制

语法隐喻是系统功能语言学的一大理论创新（Kilpert，2003），韩礼德等人在其理论建构过程中,将意义进化论确立为21世纪意义研究的行动纲领,语法隐喻的理论化程度日益提高,系统功能语言学理论体系日臻完善。根据其发展历程,我们将语法隐喻理论的发展历程分为萌芽初创期(20世纪70年代中期至80年代末)和发展升华期(20世纪90年代初至今)两个阶段。

姜望琪(2014)通过追溯语法隐喻理论的源头,系统梳理了其发展脉络,认为系统功能学派对语法隐喻的研究最早源自韩礼德(Halliday,1976/2007)对"反语言"(anti–languages)的研究。反语言作为反社会团体的语言,在语音、形态、词汇、句法、语义等方面都跟标准语言不一样,这些不同之处被其称为"隐喻变体"(metaphorical variation)。韩礼德通过进一步研究,发现反语言包括语音隐喻、形态隐喻、词汇隐喻、句法隐喻、语义隐喻等诸多子类,而其中的形态隐喻、词汇隐喻、句法隐喻三类统称为"语法隐喻"。

虽然韩礼德早已触及语法隐喻概念的核心,即其本质是意义表达的一种变体,但我们认为这毕竟只是一个概念雏形。从严格意义上说,语法隐喻作为一个系统功能语言学术语直到20世纪80年代中期才真正出现,其标志是以独立章节的形式出现于《功能语法导论》第一版之中。具体来说,韩礼德(Halliday,1985)以词汇隐喻和语法隐喻在运作机制上的区别作为切入点,认为前者以词汇为中心,采取"由形至义"的路径,着重强调"特定表达形式在意义方面的变化"(语法形式的意义变体);而后者与之互补,较多地以语法为中心[①],采取"由义至形"的路径,侧重强调"意义是如何得以表达的"(意义表达的形式变体)。由于考察视角的不同,韩礼德对隐喻的性质和机制的认识较之前人有了质的变化,极大地拓展了传统隐喻概念的外延,是对既有研究成果的一种重要补充。在此基础上,韩礼德按照语言元功能的分类将语法隐喻进一步分为概念语法隐喻和人际语法隐喻,由于概念语法隐喻主要由及物性语法系统来实现,故也被称为及物性隐喻,而人际语法隐喻主要由情

[①] 从传统语法来看,隐喻是一种修辞转换手法,即用同一个词语来表达不同的意义,亦即词汇隐喻。以此为参照,语法隐喻本质上也是一种转换,是用一种语法形式代替另一种语法形式来表达相同的意义(Halliday,1985:321)。

态和语气语法系统来实现,故被认为包括情态隐喻和语气隐喻两类。

20世纪80年代末,韩礼德、Martin等人开展了一项名为"得体读写"(Write It Right Project)的应用型课题,旨在帮助学习者熟悉物理、生物、化学等学科语言的语法模式,进而帮助他们克服科学科目中的学习困难,最终更好地理解和掌握科学家通过这种语法模式所建构的一种知识体系。通过大量的科学语篇分析实践,韩礼德归纳出科学语言的七大语类特征,认为这些特征在很大程度上造成了普通学习者顺利进入科学世界的障碍,其中之一便是大量使用名词化结构的语法隐喻[①](Halliday, 1989/2004)。以名词化为代表的语法隐喻通常具有简化语法结构、加大词汇密度、增强信息承载量的功能,因而能简练、准确地表达学术语篇中抽象思维的逻辑性和概念性,进而传达大量信息和知识。

随着语法隐喻理论在教学中的推广,系统功能学派根据实践反馈不断修正早期的相关表述和观点,对语法隐喻的产生和作用形成了更深刻的认识。与此同时,Ravelli(1988)重新诠释了语法隐喻,引起了系统功能学派学者的广泛关注,其中有些观点甚至成为韩礼德、Matthiessen等日后完善语法隐喻理论体系的重要基础。杨雪芹(2013:23-26)从五个方面概括了Ravelli(1985,1988)对语法隐喻研究的贡献,其中之一便是重新审视语法隐喻的本质属性,提出"语法隐喻不是体现在词汇语法层上的表达同一意义的形式变体,而是体现在词汇语法层次上的表达复合语义选择结果的形式兼意义的变体"。可以说,对语法隐喻的这种诠释修正了韩礼德早期提出的"语法隐喻是一种形式变体"的观点,更加符合系统功能语法的基本原则,即选择就是意义。

20世纪90年代初,系统功能学派一方面系统梳理在科学语言语类特征研究中所取得的理论成果,另一方面从历时性视角深刻反思语法隐喻在科学发展尤其是重塑人类经验过程的元理论意义。在此基础上,系

---

① 根据韩礼德(Halliday, 1989/2004: 162)的分析,科学语言的另外六大语篇特征分别是:连环定义(interlocking definitions);专业分类(technical taxonomies);特殊表达(special expressions);词汇密度(lexical density);句法歧义(syntactic ambiguity);语义断层(semantic discontinuity)等,这些特征常常相互联系,一起出现在科学语篇中,给学生的理解带来一定的困难。

统功能学派创立了意义进化论（Halliday，1992/2002），并以此为纲不断修缮其思想理论体系。可以说，意义进化论和语法隐喻理论之间相得益彰，有着诸多契合。其一，语法隐喻理论的发展是创立意义进化论的前提和基础；其二，意义进化的语篇发生、个体发生、种系发生三个维度全程贯穿和体现了语法隐喻的语义发生机制；其三，随着意义进化论的核心理念在元理论层面的提升，语法隐喻的实存性得到证实并被赋予了浓厚的哲学色彩。尽管二者在内容构成、研究领域等方面各具特色，不可相互替代，但是总体来说，二者之间是"一种相互嵌套、相互促进、相互提升的关系，即你中有我、我中有你一起共同发展的相兼相应的关系"（杨雪芹，2013：173）。

在意义进化理论框架中，语法是识解意义现实的重要资源和动力，而我们对于现实的识解有两套语法模式：一是日常生活语法；二是科学隐喻语法。二者都是关于人类经验的理论，在经验建构过程中都不可或缺，但日常生活语法是人们对经验进行范畴化的一种"无标记性的"语法，因为它以一种近乎"一致的"方式，"把世界识解为物质和过程的混合，有序和无序的交错，稳定和流变的交织"（辛志英，黄国文，2014）。从意义进化的维度来看，日常生活语法的出现先于科学隐喻语法。具体地说，人类语言只有从二层次符号系统进化至三层次系统才具有通过语法隐喻化来创义的功能，儿童个体只有当意义能力发展到一定水平后才会用名词词组代替小句，语篇例示的持续展开必须依靠语法隐喻机制以建构语篇内部新旧信息互动的"信息流"。所谓的科学隐喻语法实际上是通过名词化等手段，以一种"非一致的"方式，"把流动着的无序的现实世界识解为物体的世界，它是对日常生活语法的隐喻，它的进化伴随着人类科学技术的发展。名词化的语法把流动的现实变成固定的、有界的和可以限定的，把它识解为物体的世界"。（辛志英，黄国文，2014）自此，语法隐喻的研究突破了语言学学科的藩篱，语法隐喻的本质不再只是一种纯粹的文体或修辞现象，其功能亦不再局限于具体语篇文本的组织和推进。从意义进化的个体发生角度来看，语法隐喻是个体语言潜势持续拓展、认知能力不断发展的结果；从意义进化的种系发生角度来看，语法隐喻与社会现实建构、人类意义能力发展乃至社会历史变迁密切相关、辩证统一。语法隐喻理论揭示了一种建构意义现实的方法，对深入理解语言的本质、意义的属性有着较大的启示意义。

三 名词化的科学理论建构功能

1. 名词化及其语篇组织功能

语法隐喻的大量使用是现代科学理论的显著特征（Halliday & Martin，1993：14），而其中的名词化语法隐喻尤为值得关注。韩礼德（Halliday，1994a：352－353）明确指出，"名词化隐喻是创造语法隐喻最有力的方式"，而且"可能首先用于科技语篇中"。名词化作为语法隐喻的一种典型体现，丰富了语言符号建构世界的方式，同时也影响了人们对世界的认识。它不仅是科学语言的一种语类特征，而且更重要的是作为一种意义进化机制参与了科学理论的建构过程。

名词化在语言使用中有诸多功能，如组织语篇、增强修辞、优化逻辑等。范文芳（1999）讨论了名词化隐喻的语篇衔接功能，认为其衔接功能主要是通过建立"主位—述位"衔接来实现的，即前句述位或述位中体现过程的动词经过名词化作用后，可用作后句主位、述位或主、述位的组成成分，以此推动语篇意义的发展。郭建红（2010）总结报道了英语名词化隐喻的五种功能，即语篇简洁功能、语篇衔接功能、语篇客观功能、语篇量化功能以及语篇文体功能。

不难发现，前人研究更多的是将语法隐喻视为一种语言现象，聚焦于其作为一种衔接手段在语篇主述位结构推进中所起到的谋篇作用，抑或作为一种修辞现象在陈述观点时取得特定目的语用策略，属于语法隐喻在语言学层面上的建构功能。这方面的研究有助于揭示特定文体的语类特征，尤其有助于语言学习者迅速熟悉并掌握语法隐喻的使用技巧，也从侧面说明了系统功能语言学的适用性价值。然而，我们认为对语法隐喻的考察不应只囿于其文体价值，尤其是在当下系统功能学派深入发展意义进化论的背景下，还应注意到语法隐喻在科学理论等特定语类形成中的语篇建构功能。需要特别注意的是，这里的"语篇建构功能"是指我们不仅要关注语法隐喻在语言学层面上的建构作用，即在具体科学语篇中衔接上下文、推进主位发展的谋篇功能，而且要以意义进化的视角来审视科学理论的建构机制,换言之,我们还应充分关注科学家如何通过语法隐喻这种资源或机制将日常经验转化为科学知识的,即科学理论建构研究所折射出来的语法隐喻在语言哲学层面上重新建构意义现实的功能。

2. 名词化的范畴建构功能

实际上,韩礼德在发展其语法隐喻理论、阐述语法隐喻的语篇元功能时,赋予了语法隐喻及其语篇建构功能越来越深刻的语言哲学意义,并且似乎将语法隐喻看作是超越语言系统的一种意义进化机制。通过对近500年来的科学语篇进行解构,韩礼德(Halliday, 1998/2004: 63 – 73)认为,名词化语法隐喻主要有两大语篇建构功能:一是范畴化和分类组织(categorizing, taxonomic organization);二是推理和逻辑推进(reasoning, logical progression)。前人的大多研究可以归纳为对第二个功能的研究,而对于第一个功能的关注似乎还不够,这里主要就此进一步探讨名词化在科学理论形成中建构甚至重构人类经验的功能或机制。

范畴化问题历来是语言哲学界关注的焦点,最早可以追溯到古希腊哲学家亚里士多德(1959)的经典范畴模式,他首次将事物分为十大范畴,并将其中的实体分为第一性实体和第二性实体。经典范畴模式影响至今,然而,该模式在20世纪受到来自哲学、心理学、认知语言学等学界的批评,其中以认知心理学家Rosch的原型范畴模式的影响最大。尽管学界对范畴化的定义繁多,但大多具有两个共性之处,一是都承认人类的认知始于范畴化;二是都承认范畴化是人类认识自身和外部世界的重要能力(陈海叶,2009: 3 – 4)。系统功能学派虽然没有专门就范畴化问题展开论述,但其"基于语言研究认知"的路径为范畴研究开辟了一条蹊径,既不同于Aristotle逻辑分类式的范畴化模式,又有别于Rosch等人基于认知心理模型的范畴研究。

范畴化的本质是对世界的识解,即对原本纷繁复杂的经验现象的分类,可以说分类是范畴化的核心。系统功能语言学认为,语法作为经验的理论将现象识解为具体的类别,建立人们观察现象的范畴,最终建构起一个由实体和关系组成的世界。名词化对经验现象的范畴化大致包括以下三种途径(朱永生、严世清,2011: 40 – 41):(1)通过分类

(taxonomy) 功能,科学家可以使世界呈现为一种静止状态,也可以把世界变为一个仅由事物组成的世界,他们甚至还可以创造出新的、虚拟的现实,从而进一步加强对周围世界的控制力,在语法上将动态过程、性质状态、逻辑关系等表现为可供讨论或认识的名词,因此这一功能有时又被称为命名(naming)功能;(2)通过凝聚(condensation)和过滤(distillation)功能,首先对过程或性状与个体进行语义复合(semantic junction),将原本相对独立的动态范畴意义和指称范畴语义进行综合,再过滤掉原有的过程或属性语义,最终抽象为超越即时语境的技术性特征,形成科技术语,这一复杂过程也被称为"语法隐喻综合征"(syndromes of grammatical metaphor);(3)通过指称(referring)功能赋予经过语法隐喻机制作用后产生的科技术语以逻辑专名的地位,可以指称特定的现象,这也体现了韩礼德独特的语法隐喻指称观,一方面把以名词化为代表的抽象主观现象作为实体加以研究,显然拓展了传统指称研究的外延;另一方面名词化动态地追溯一些名称的渊源,属于真正意义上的动态指称理论,丰富了传统指称概念的内涵。

以上讨论表明,语法隐喻尤其是以名词化形式出现的语法隐喻,是语言反映甚至重塑人类经验的重要机制,正是语法隐喻在语言哲学层面上的建构功能。这与系统功能语言学历来所秉持的建构主义立场不谋而合,建构主义认为语言不仅表征世界而且建构世界,我们认识世界创造意义的过程不仅仅是反映世界的过程,而且也是我们发挥主观能动性在与其互动的过程中建构意义的过程。在韩礼德(Halliday,1978:183)看来,语言与社会系统之间是一种"复杂的自然辩证关系"(a more complex natural dialect),"语言积极地象征社会系统,因此语言在创造社会的同时也为社会所创造"。科学理论建构是科学家的一种社会实践行为,是社会系统的重要组成部分,自然也无法离开语言的建构。当然,科学理论一旦形成,势必也会影响甚至重新建构语言系统。

3. 技术性和合理性的语篇建构

在社会实践中,语篇是语言使用的主要意义方式和单位,名词化作为主要的语篇资源因此也就具有了语篇建构的功能。名词化之所以如此受科学家青睐,是因为其具有两大功能(Halliday & Martin, 1993:

144—145）：从科学观点的结构来看，名词化有助于科学理论中推理论证的展开；从科学知识的结构来看，名词化有助于建构各种抽象的虚拟实体，可以满足人们构建各种抽象概念和理论的需要。这两大功能为其参与科学语篇建构奠定了基础。

名词化语法隐喻具体是如何参与到科学理论建构之中的呢？韩礼德（Halliday，1999/2004：123）认为构筑科学理论需要两个条件，即技术性（technicality）和合理性（rationality）。所谓技术性，就是科学语言需要专业词汇，而且这些词项是分门别类地联系在一起的，不是彼此孤立的。所谓合理性，就是科学语言要有利于从观察和实验中归纳结论，并从一个观点或论据发展到另一个观点或论据。名词化的语篇建构功能在科技语篇中主要就是通过名词化的技术性和合理性来实现的[①]。我们在前文曾提及名词化语法隐喻的两大语篇建构功能，即范畴化和归类，以及推理和逻辑推进，并且着重讨论了第一个功能。如果加以进一步考察，我们不难发现名词化在科学实践中的一个重要功能就是形成技术性范畴。在此基础上，科学家便可对人类经验进行重新建构，相应地，这时的认知模型就由民俗模型（folk model）转变成为科学模型（scientific model）。在这个过程中，将日常知识转变成专业知识的重要语法资源主要就是名词化隐喻，具体通过前文提及的分类、凝聚与过滤、指称等方式来界定专业术语，以此增强科学语篇的技术性。

然而，科学家的实践活动并非止于经验范畴的划分，为了深入地揭示规律、系统地陈述观点，他们必须将研究的方法、过程、结果等形成具体的语篇。这一过程也被称为"语篇发生"或"语篇进化"。只有经过这个环节，科学家才能从真正意义上与同行或大众交换意见、分享成果，最终完成社会交际。在语篇发生过程中，名词化的第二个建构功能即推理和逻辑推进，开始发挥作用。如果说范畴化和归类是名词化语法隐喻在语言哲学层面上的建构功能，那么推理和逻辑推进可以说是其在语言学层面上的建构功能。名词化的推理和逻辑推进功能主要体现在三

---

① 这里主要探讨了名词化在科技语篇中的建构机制，在人文历史语篇中，名词化的语篇建构功能主要依赖名词化的抽象性（abstraction）、分类（classifying）和篇章组织（textual organization）来实现的。历史语篇不同于技术语篇，一般不会包含太多的技术术语。

个方面（朱永生、严世清，2011：40-41）：（1）通过扩充功能（expansion），名词化语法隐喻既可以像普通名词那样被加以限定和修饰，又可以在及物性系统中担任参与者的角色，使人们在就某现象展开讨论时逐步确立名词化形式的指称对象或范畴；（2）通过逻辑推导功能（logical progression），名词化语法隐喻既可以起到语篇衔接作用，又可以促成语篇的主述位推进，还可以参与建构语篇中新旧信息互动和发展的"信息流"，保证语篇的连贯性；（3）通过语篇优化功能（textual optimization），促成一些表达形式的术语化，有助于语篇显得紧凑但内涵却更为丰富，有助于语篇形成深层次和多元化的连贯性，有助于特定语类的成功进化，甚至是人类知识的建构和发展。

上述具体功能的最终目标旨在建构具有"合理性"的语篇，以此对科学观察和实验的结果进行推理并从中得出一般性的结论。语篇的合理性一旦缺失，语义连贯将在很大程度上受到损害，最终势必影响甚至中断交际双方的互动过程。当然，合理性并不是科学语篇的特权，Hasan（1992）研究证明它在三岁儿童的对话中也很重要。但是韩礼德（Halliday，1999/2004：124）补充说明了合理性在科学语篇建构中的特殊意义：（1）它通过一连串相连的步骤建构观点；（2）在任一接合处，此前的大量步骤可以汇集成下一步骤的根据，而且论证的步骤之间多以因果逻辑语义关系出现。结合前文关于"技术性"的讨论，我们认为技术性和合理性是科学理论得以成功建构的关键条件，唯有同时把二者联合起来，才能从根本上建构语义连贯的科学语篇，而名词化语法隐喻因其内在的范畴化和归类功能以及推理和逻辑推进功能，是对技术性和合理性进行语篇建构的理想语法资源，所以理所当然地成为科学理论建构（主要是科学概念和科学推理）的首选语言形式以及科学语篇意义发生的重要机制。

第三节 科学语言进化的三大意义历程

科学语言进化研究的本质就是揭示语法系统对科学知识的历史建构

过程，换言之，科学语言这一概念暗示这是一种历时性动态过程，这种语言原本并不存在，而是进化而成。类似地，语法隐喻的概念也暗示一种历史，科学家在通过隐喻式来对另一种意义重新识解之前，可能已经有一种一致式的意义识解方式存在了。20 世纪 80 年代末，韩礼德等着手以语法为切入点来研究科学语言的历史，旨在揭示它和科学历史的关系。这里主要从意义进化的三个时间维度考察相关研究成果，进而综合把握科学语言进化的意义历程。

一 社会历史语境中的科学语言进化

韩礼德（Halliday，1988/2004）对科学语言进化的研究始于 Chaucer 的《论星盘》（*Treatise on the Astrolabe*，c. 1390）。Chaucer 在其子 Lowys 十岁时赠送一个星盘作为生日礼物，并写下《论星盘》一书来阐述其工作原理。由于当时 Lowys 尚不太懂拉丁文，所以这本书是用中世纪时期的英语写成的。就名词化和小句的基本特征而言，这部书代表了一种技术型的，而且可能是原始型的科学语篇（protoscientific discourse）。之所以称其为"原始型的"，是因为在 Chaucer 的语篇措辞中几乎还没有发现任何语法隐喻或"雅式"表达，而基本采用"一致式"或"土式"[①] 的语法建构模式。但是在其语篇建构中，已经发现了技术名词和名词词组，是形成名词化语篇（nominalized discourse）的头两个步骤。技术名词包括具体的技术类名词和抽象的科学类名词，而名词词组则包含扩展了的名词词组，尤其是数学类的名词词组。从小句建构来看，这部书包含了多种推动论证的小句复合体，如"a, so / then x"或"…b…；which b…"等论证形式。此外，Chaucer 还通过小句来表达研究中的事件以及所从事的科学活动，前者通常表现为用关系过程来说明定义和属性，后者通常表现为用物质过程和心理过程来阐释观察和思考。

17 世纪，作为近代科学的开创者，Newton 创造了实验语篇，用行

[①] 在分析科学语篇时，韩礼德（Halliday，1999/2004：121）从古希腊方言中借用了雅式（Attic）和土式（Doric）两个概念来分别指代科学语言和日常语言，并用这一对概念替代了此前他所提出的一致式和非一致式的概念，规避了一致式定义模糊的弊端。

为描述（I did that）取代了 Chaucer 的使用指导（you do this）。此外，其著述中呈现出土式和雅式混合使用的现象，作为科学语言重要语法特征的语法隐喻现象逐渐增多。以《论光学》（*Treatise on Opticks*，写于 1675—1687 年，出版于 1704 年）为例，Newton 通过使用名词化来指称非技术类的各种过程或性状，取得了两个重要的语篇效果，一是将复杂现象打包成简单的意义实体，使其成为小句结构的一个成分，二是推动语篇主述位发展，形成语篇发生中新旧信息互动的"信息流"。韩礼德（Halliday，1988/2004：150）认为《论光学》在词汇语法方面有三个典型特征：一是实验描写使用复杂的小句复合体、较少的语法隐喻及抽象名词形式的物理术语，二是实验观点和结论较少使用复杂小句复合体、含有语法隐喻的名词词组及抽象名词形式的非技术术语，三是数学公式使用"a = x"形式的简单小句，其中的 a 和 x 多为密度较大的名词词组。由此可见，名词化就是从这一时期开始在语言中产生，并逐渐发展成为一种用于编码、传播和拓展新知识的有效语域。

科学语篇建构所需的语法资源并不是作者所发明的，科学家所做的只是利用语言中的已有资源来实现其修辞目的，即创造一个句与句之间紧密相连，逻辑严密、语义连贯的语篇。18 世纪末，这种语篇建构方式已经进化成为科学创作最受重视的模式。此后，随着科学语篇逐渐向去人称化（depersonalization）发展，人称投射（personal projection）愈发受到限制，如"Smith suggested that…"，先后分别由"Smith's suggestion was that…""Smith's suggestion that…"等雅式表达所替代，最初的土式表达则几乎完全消失。在科学语言的进化过程中，无论是语篇模式，还是科学语法都在不断进化。20 世纪，抽象的逻辑语义关系也被名词化，如以 the cause、the proof 等名词或名词性结构替代 because 引导的小句。从种系进化的维度来看，作为语言系统的一个重要变体或子系统，科学语言随着社会历史语境发展而逐步进化，这两种历史都随着时间朝同一个方向发展，即从一致式（或土式）向隐喻式（或雅式），后者最终又将在去隐喻化的作用下而成为普通的语言表达。从中也可以发现，雅式的语篇建构方式并非科学语言进化的源头，而是随着科学研究的深入和科学技术的进步逐渐进化而成的，目前依然在不断进化。

二 个体发展语境中的科学语言进化

在个体发展语境中，科学语言的进化体现为个体从日常知识学习转向教育知识学习，通过学校教育逐渐掌握科学语法并以此重新识解经验，进而掌握科学技术知识、促进意义能力不断进化的成长过程。通过追溯个体语言发生的轨迹，我们可以大致了解科学语言和日常语言的关系，以及儿童成长为具有科学知识的人所需要的条件和过程。

韩礼德（Halliday，1975a）、Painter（1984，1999，2003）、Derewianka（1995）等人的研究显示，在发展语法的概念元功能并将其作为经验的意义模型的过程中，儿童对经验现实的语篇建构经历了三次剧烈的变化，而引发变化的动力正是语言的语法系统。第一次是在儿童在两岁左右形成语法之时，其交际系统由原始语言进化至成人语言，逐步掌握语法概括能力，从"专有"词汇发展到"普通"词汇，并且能够对"普通"词汇进行分类；第二次是在儿童五岁左右进入小学之时，在小学教育过程中，个体逐步掌握语法抽象能力，从日常语法向书面语语法过渡，能够识解抽象概念；第三次是在儿童由小学进入中学之时，个体的语法隐喻能力显著提升，从书面语语法向学科语言语法发展。如果用"知识建构"这一术语来概括上述三次变化的特点，三个关键期则分别可以表述为"日常知识的建构期"（1—2岁）、"教育知识的建构期"（4—6岁）、"专业知识的建构期"（9—13岁）。每一个阶段的出现以及进化到下一阶段，都需要借助关键性的推动力，分别是上文所述的概括、抽象和隐喻。概括、抽象和隐喻的建构和儿童科学知识建构能力的发展阶段是相互对应的。韩礼德（Halliday，1998/2004：31-32）通过"打包"（packing）这一词语形象地揭示了个体在不同年龄对经验知识的不同建构，我们可以很自然地跟三岁儿童这样说：

Look – it must be raining! People have got their umbrellas open.

按照从低龄段到高龄段的顺序，个体可以对上面语篇重新进行打包：

［1］How can you tell that it's raining? You can see that people have got their umbrellas open.（6岁）

〔2〕We can prove that there's rain falling by seeing that people's umbrellas are open. （9 岁）

〔3〕What best proves that it's rainy weather is the fact that the umbrellas have been extended. （12 岁）

〔4〕The best proof that the weather is pluvious is the fact that the umbrellas are extended. （15 岁）

〔5〕The truest confirmation of the pluviosity of the weather is the extendedness of the umbrellas. （18 岁以上）

随着语篇被不同程度地打包，语篇的建构就越趋向于"书面语"。而书面的专业语篇具有两个显著的特征：一是词汇密度大（language density）；二是语法复杂程度高（language intricacy）。词汇密度指每个小句所含单词的数量，语法复杂度指小句构成小句复合体时并列或主从结构的长度和深度。在例〔1〕—〔5〕中，从6岁儿童到成年人，分别对原句所表达的意义进行了重新打包，我们发现个体在对知识重构的过程中，语篇的词汇密度和语法复杂程度呈现反比关系。这一方面印证了学界关于科学语类文体特征的一般性描写，另一方面对人们认为科学语言晦涩难懂进行了反驳。不可否认，随着个体语篇建构能力尤其是语法隐喻能力的提高，语篇的复杂程度会相应增加，但是打包并不完全意味着科学语言的复杂化，实际上从小句复合体结构来看，复杂程度反而降低了。

韩礼德（Halliday，1998/2004：46）将个体发生视域下科学知识建构的三个时期比喻为"三连式理论效能浪潮"（three successive waves of theoretical energy）。在日常知识的建构期，专有名称向普通名称的过渡使日常知识理论成为可能。个体能够通过语法将经验识解为意义，经验就以语篇的形式得到了具体实现，一种纯粹由语言所识解的意义现实也由此而生。在教育知识的建构期，具体范畴向抽象范畴的过渡加速了"非日常"概念的进化，推动了日常知识的理论再建构。在专业知识的建构期，隐喻识解使得知识以一种越来越强的理论模式，即专业理论知识和科学理论知识的形式，得到系统化和模式化的建构和重构。从中可见，每一次新浪潮都是对常识语法和日常知识的一次"打包"（packing)（Halliday，1998/2004），最终形成了高度抽象、远离日常的科学语篇，每一次浪潮或打包实际上都是在把人们逐渐带离日常经验。

三　即时语篇语境中的科学语言进化

除了社会历史语境和个体发展语境，科学语言的进化还有一个即时语境，即具体语篇从开头到结尾的展开过程，这一过程也被称为系统潜势的例示化。其中，我们所要关注的是科学知识和理论观点是如何随着具体语篇的展开而得到建构的。

与非正式的言语交际不同，科学语篇的意义建构具有累积性（accumulative），而语法隐喻是一种意义自然增加的主要推力。对于即时语篇语境中科学语言进化的考察，必须置于完整的或相对较长的语篇之中加以考察，只有这样，才能更全面描述其中的进化特征和机制。韩礼德（Halliday，1988/2004；1998/2004；1998/2004）摘录了 *The Fracturing of Glass*[①] 一文中的部分语篇分析具体语篇中科学语言的进化。这篇文章的特点是，供特定领域研究者探讨交流之用的技术性的、专业性的科研论文。重点关注做标记的部分：

> The rate of crack growth depends not only on the chemical environment but also on the magnitude of the applied stress. The development of a complete model for the kinetics of fracture requires an understanding of how stress accelerates the bond—rupture reaction.
>
> In the absence of stress, silica reacts very slowly with water...

在上面语篇中，做标记的词组均为名词化结构，满足了科学理论建构所需要的两个基本条件，即技术性和合理性。这里着重以 the rate of crack growth 为例进行分析，整体来说，该名词词组不仅是所在小句的主位，而且由于其所在的小句是语篇展开的起点，因此它也是整个段落

[①] Michalske 和 Bunker 合作撰写的一篇学术论文，发表于 1987 年 12 月号的《科学美国人》杂志：Scientific American，257（6），122-129。

的主位。此外，the rate of crack growth 的形成体现了科学语言进化的语法隐喻综合征效应。介词短语 of crack growth 相当于一个修饰性小句，即（the rate) at which cracks grow。具体而言，rate 是这个名词词组的中心词，但实际上它是关于 crack growth 所表达的过程的一种可变属性，相当于 how quickly（cracks have growed）。而名词词组 crack growth 整体上相当于动词词组 cracks grow，其中的 crack 既可以表示过程本身，相当于（the glass) has cracked，也可以表示过程引起的属性，相当于（the glass) is cracked。从整体看，上述特征与前文语篇的发展又具有连贯语义关系。在 the rate of crack growth 之前的五个段落中，我们可以发现如下小句或短语，如 speed up the rate at which cracks grow，will make slow cracks grow，the crack has advanced 及 as a crack grows。如果回到整个文章的开头部分，我们会在第二个段落发现（the mechanism by which) glass cracks，(the stress needed to) crack glass 及（the question of how) glass cracks。如果再继续朝上文追溯，我们将会回到论文的最大主位，即标题 The Fracturing of Glass，而这个标题本身就是一个名词化过程，涉及语法隐喻的意义发生机制。

综上所述，以 the rate of crack growth 为例看出，名词化不仅创造了虚拟的实体对象，可用于实验、分析或讨论，而且通过各种名词化隐喻变体保证了整个语篇语义的逻辑性和连贯性。整个语篇是通过名词化语法隐喻逐步建构而成的：(glass) cracks—to crack (glass) —a crack (grows) —the crack (has advanced) — (make) cracks (grow) — (rate of) crack growth。韩礼德认为随着语篇的发展甚至会出现 crack growth rate 这样的形式，语篇自身在发展的过程中创建了自己的语法。这种语法就是科学语法，是科学语言得以持续进化的核心动力。语篇中以隐喻方式建立起一系列的专业概念和理性观点，语法隐喻在这一过程中所释放的能量也使得语言系统的意义潜势得以不断扩展。

第四节 韩礼德科学语篇建构研究的启示

在科学语言已经成为教育语言以及解释人类生活重要手段的背景

下，韩礼德关于科学语篇建构的研究对开展语言读写教学、建构语言的种系进化模型、诠释科学真理的相对性等具有重要的启示。

一 对开展语言读写教学的启示

随着学习者语言能力的提高，他们不仅要接触相对直观的描述性语篇，而且要处理较为抽象的理论性语篇。理论性语篇大多以语法隐喻所建构的技术性和逻辑性为特征，尤其是作为语法隐喻主要形式的名词化汇集了大量信息，增强了语篇的词汇密度，增加了学生的认知负荷，极易使其望而却步。因此，在语言读写教学中，需要教师巧妙地将语法隐喻概念引入课堂教学，培养学生的语法隐喻意识，逐步提高其读写能力。

教师可以组织学生各种语类的文本进行阅读训练，培养他们在阅读过程中"解包"（unpacking）名词化结构、理解原句的语篇分析能力。首先，在阅读教学时可以通过大量的语篇分析实践，引导学生探究不同语类文本的语法特征，尤其是在语法隐喻使用方式和频度上的差异，以期在实际读写中做到有章可循。其次，坚持输入与输出并举的原则，要求学生既能理解语法隐喻的特征和类型，还要能自主创造符合语法隐喻规范的实例。再次，注意培养他们的元语言能力，把语法隐喻与语言系统联系起来，既有助于学生实现隐喻表达形式的多样性，又有助于其理性认识特定语类"偏好"语法隐喻的动因。最后，从元理论层面来看，教学中应该注意启发学生透过语篇组织的表象来了解特定语言社团的世界观，因为从语法层面来看，名词化隐喻是对人类经验进行范畴化的重要资源和意义机制。

二 对建构种系进化模型的启示

与有人类活动的历史相比，有文字记载的人类文明史甚至还不及千分之一。在这种情况下，甚至连考古学和生物学也无法追溯人类意义能力发生的最初性状及其进化历程。作为系统功能语言学意义进化论的一个关键维度，语言系统的种系进化研究似乎进入了窘境，然而，韩礼德等对科学语言的研究却为此提供了另一条路径。科学语言作为人类语言的一种功能变体或语域,不仅具有语言系统的共性特征,而且发展历史相对较短,因此对科学语言进化的考察无疑有助于揭示人类意义能力进化的一般性特征和基本路径。

韩礼德从语法与经验建构、语法隐喻与科学理论的建构、日常语法与科学语法等多个主题来追溯语法对人类经验的建构与重构,确立了人类经验识解的"成分—图形—序列"意义模型以及人类能力从概括化到抽象化再到隐喻化的进化路径,这些研究成果在一定程度弥补了现有研究范式的不足。当然,我们也必须清楚,对科学语言的研究至多只能反映人类语言近几百年来的进化情况,尚不足以诠释人类意义能力进化的整体轨迹。如果把韩礼德在婴幼儿语言发展和科学语言进化两个领域的研究结合起来,就会发现婴幼儿口语、标准书面语、科学语言之间所存在的连续性和进化性,个体发生对科学语言进化研究形成了有益的补充,二者的结合为建构人类意义能力进化模型提供了重要的理论和实践基础。

三 对诠释科学真理相对性的启示

随着意义进化论的确立和发展,韩礼德科学语言研究的重心发生了明显的转移,从最初只关注科学语言的语法特征,试图从语言学视角来解决语言和科学教学中的实际困难,到后来注重人类经验的语法识解、现实的语篇建构与重构以及科学语言与日常语言之间的连续性和进化性。可以说,对早年科学语言研究的深刻反思为意义进化论的创立奠定了基础,在后者的元理论视域下,科学语言研究对我们深入阐述语言建构现实的本质,尤其是科学真理的相对性有着积极的启示意义。

纵观韩礼德对科学语言进化的研究,我们认为这一进化过程的本质就是人类通过拓展或创造话语系统来重新建构对自然的认识过程;科学语言的进化本质或对现实的重构功能,也彰显出了作为一种认识的科学,区别于其他人类活动的独特之处。从系统功能语言学的社会意义学视角来看,科学研究首先是科学家作为一个社会人的行为,因而科学语篇必然会传递科学家的某种意识形态。而名词化语法隐喻通过虚化科学家在研究实践中的主导作用,从而掩盖了科学语篇中具有主观性的人际关系成分，给大众呈现了一种具有"权威性""客观性""精确性"的印象。也正因为如此，所谓"纯粹客观的真理"并不存在，任何科学真理无非是人们用语言建构而成的。语法隐喻在科学语篇中的广泛存在尤其是作为科学语言进化的重要机制，为科学真理的建构性和相对性提供了语言学依据。当然，我们也必须清醒地认识到，韩礼德的语法隐喻理论并非要全盘否定科学语言所构建的理论，而是从语言学的角度较成功地解构了科技语篇，这对于研究语言与真理或语言与世界等语言哲学命题的意义是不言而喻的（严世清，2002）。

第五节 小结

本章首先回顾了科学语言的概念、进化及其本质。从韩礼德对五个多世纪以来的科学语篇的解构来看，科学的发展和语言的进化紧密交织、循环互动，处于一种并行发展的历史轨迹之中。正是在这个意义上，"几百年来的科学史正是一部科学话语表达方式不断更新的历史；自然科学的进步从形式上即表现为语词准确性和系统性的不断增强。而不断创新的自然科学也是在新的语词概念系统中重新组织和构建自己思考方式和表达方式的……在自然科学的表达精确化和推论逻辑化的理性压力下，社会人文科学也在不断地改变着自身的话语系统"。（李幼蒸，1993：1-2）在此基础上，本章进一步探讨了韩礼德语篇建构观在科学语言进化研究中的体现，主要围绕语法隐喻与科学理论的语篇建构、科学语言进化的意义历程以及韩礼德科学语篇建构研究的贡献三个维度展开论述。

首先，透过科学语言的进化来理解科学的本质，是考察科学认识活动和知识建构的不可忽视的重要手段，而语法隐喻作为科学语言的一大显著特征尤为值得关注。语法隐喻不仅仅是一种语言进化现象或语类特征，更是一种重要的语篇建构手段和意义进化机制。韩礼德从不同的研究视角对科学语篇进行了探讨，由于名词化语法隐喻是组织科学语篇语法的最佳策略，因此他格外关注语法隐喻的意义发生机制在科学语言进化中的作用和机制。

其次，在科学语言进化的三种意义历史中，现在总是包含过去，每一个科学语篇，无论其专业化程度有多高，技术性程度有多强，都是一种混合体，其中包含各种层次的措辞。从社会历史的进化语境来看，雅式的语篇建构方式并非科学语言进化的源头，而是随着科学研究的深入和科学技术的进步逐渐进化而成的，在我们目前所处的时代依然在不断进化。从个体发生的进化语境来看，从日常知识到教育知识再到专业知识的"三连式理论效能浪潮"对常识语法和日常知识的持续"打包"，促成了科学语言的不断进化，使科学语篇的建构模式愈发高度抽象并远离日常会话方式。

最后，从意义进化的元理论视角来看，韩礼德关于科学语篇建构的研究对于深入推动语言读写教学、语言学理论乃至建构主义认识论的发展均具有启示意义。可以说，系统功能学派在意义进化视角下对科学语言进化的重新审视，有助于我们更好地理解和把握科学语言进化的本质及其中所蕴含的元理论意义。从语言读写教学来看，对科学语言语类特征的系统研究，有助于学习者熟悉和使用特定语域的语法并理解其所建构的意义现实。从语言学研究来看，对科学语言进化的全面研究，有助于建构人类语言进化的种系模型，弥补考古学和生物学研究的不足。从哲学层面来看，对科学理论建构方式的深入研究，有助于领会语法识解经验、语言建构现实的真谛，把握真理的相对性本质。

结　　语

　　语篇是语言交际中意义发生和交换的主要组织方式，韩礼德语篇建构观以其鲜明的社会文化立场诠释了人们通过创造语篇来识解经验、实施交际的意义过程。自20世纪70年代韩礼德正式提出语篇元功能这一原创性概念以来，功能学界深入描写了主位、信息、衔接等语法体现系统，然而其本质属于对建构语篇所需语法资源的研究，未能充分彰显这一概念所折射的建构主义内涵。随着意义进化论的创立和发展，韩礼德语篇建构观经历了本体论和元理论层面上的内涵式提升，从作为一种语法理论到作为阐释人、语言与现实之间关系的元理论，语篇元功能、语篇发生、语法隐喻等核心概念所蕴含的元理论内涵日益凸显。但由于韩礼德本人并未就此专门著书立说，对上述概念重新审视和理论化的观点散见于其90年代以来的论文专著中。系统功能学界对此展开的系统梳理和挖掘尚不多见，朱永生、严世清在其专著（2001，2011）和论文（2003，2005）中曾进行初步探讨，为本研究的选题指明了方向，奠定了基础。本章首先概括研究的主要内容，其次指出本研究的主要贡献，最后对研究存在的局限进行反思并对未来研究工作提出建议。

一　研究总结

　　本研究首先回顾了韩礼德语篇建构观的学理传承以及早期发展，概述和简评了国内外系统功能学界围绕以语篇元功能为核心的早期语篇思想所开展的研究。虽然韩礼德在20世纪70年代才正式提出语篇元功能这一术语，但其背后的主位、信息、衔接等概念却可以追溯到古希腊经典语言观、布拉格学派结构功能理论、中国现代语言学研究传统中的相关思想。从历时性视角来看，韩礼德语篇建构观大致经历了初创期、发展期和升华期三个阶段，每个阶段理论成果特色鲜明。初创期重在语法系统、发展期重在社会语境、升华期重在元理论反思。从共时性视角来看，国内外系统功能学界在早期对体现语篇元功能的语法系统进行了深入研究。就"悉尼学派"其他代表人物而言，Hasan 的衔接理论、Martin 的语篇语义理论、Matthiessen 的语篇发生理论等丰富了早期的韩礼德语篇建构观。就国内研究而言，学界在理论的引介、发展和应用方面开展了卓有成效的研究，其理论和实践成果是系统功能理论建构的重要组成部分。然而在理论发展的早期，无论是国外还是国内学界，研究的主要目标是对体现语篇元功能的语法系统进行精密化描写，并在此理论框架中开展了大量的语篇分析实践，重在揭示主位、信息、衔接等资源在各类语篇中的分布特征和规律。

在从事语篇研究的过程中，韩礼德等开始从历时性视角审视意义产生的过程，创立了意义进化论并以此为纲重新审视和修缮在理论建构初期提出的部分观点和理念。意义进化论的创立并非偶然，除了来自语篇研究深入开展的推动作用，也是该学派直面当代语言进化研究新趋势而做出的主动反应。与西方大多语言进化研究突出语言的生物性和物质性不同，意义进化论更注重语言的社会性和功能性，主张人类意义能力的进化是运用语言实施社会功能的进化过程。意义进化论在其创建过程中融入了西方生物进化理论、社会建构主义思想、中国古代阴阳学说等成果和理念，它的核心思想是：语篇发生、个体发生、种系发生三大意义历程之间循环互动，构成了人类意义能力持续进化的关键机制，而物质经验、意识经验、词汇语法的进化为这一过程提供了强大的动力和保障。自意义进化论创立以来，学界在此理论范式下对具体语篇展开、儿童语言发展、科学语类进化展开了全面的研究，取得了显著的理论和实践成果，反过来，这些成果同时又为意义进化论的进一步理论化提供了思想源泉。

随着意义进化论的逐步形成和发展，韩礼德早期的语篇建构观理论化程度越来越高,元理论内涵日益彰显。在意义进化的视角下,韩礼德语篇建构观的内涵至少获得四个方面的提升:一是语篇资源的重新界定和归类;二是语篇元功能本质属性的理论反思;三是语篇发生机制的重新构建;四是建构主义思想的高度彰显。语篇资源特指参与语篇创造的语法成分,由于这些成分指向语言本身,所以具有不可言说性,即只有在语篇内部通过建立指向关系才能得到解释。语篇资源归类方式的变化主要体现在分类视角从"由下而上"到"由上而下"的切换,并且运用"语篇转接"和"语篇状态"两个新概念进行补充说明。新的分类视角明显受到意义进化论语篇发生学思想的影响,对语篇组织的解释更为合理,凸显了语篇语义的动态性和历时性。这一调整既有利于系统功能学派对语篇生成进行计算机模拟实验的开展,而且为诠释意义现实的建构性和真理的相对性提供了语言学辩护。在创建意义进化论的同时,韩礼德等重提语篇元功能的非本源性旨在强调语言对现实的建构性,是其语篇建构观的核心所在,这一思想贯穿于语言发展、主位推进、语法隐喻等理论之中。韩礼德等通过创造性地提出元冗余、例示化、个体化等概念,构建了语篇发生的"体现化——例示化——个体化"三位一体机制。通过深入挖掘系统功能学派学习理论中的建构主义思想、语篇建构的认识论意义、非本源性思想的哲学启示,可以确凿地说,20世纪90年代以来,韩礼德语篇建构观实现了元理论意义上的全面升华。

系统功能学派关于语言社会化的研究从意义进化论的个体发生学体现和诠释了韩礼德语篇建构观的理论升华。在回顾系统功能学派语言社会化研究的基础上,本书重点追溯了系统功能学派对 Bernstein 教育社会学思想、Vygotsky 发展心理学思想、Whorf 人类语言学思想的继承和发展,以此揭示系统功能学派语言社会化研究中的语篇建构理念。系统功能语言学认为语言社会化的本质就是意义能力的发展,语篇建构与语言社会化之间的互动是个体语篇建构能力进化的重要助推器。在语言社会化研究中,韩礼德等采用自然观察法,注重语篇意义的自然发生过程,有助于揭示个体语言社会化的特征及路径。语言社会化理论的形成和发展,从一个侧面反映了当下学界对传统语言观和语言习得理论的深刻反思和重新定位。系统功能语言学从社会意义学立场,对儿童语言社会化过程所做的系统研究，不仅为诠释人类语篇建构能力的进化提供了有力的个体发生学理据，而且对于建构多元性、体系化的语言社会化理论来说，具有深远的意义。

科学语言作为一个具体语类的成功进化，从一个侧面反映了作为人类种系特征的语言的进化过程，在一定程度了弥补了考古学的不足，属于意义进化论的种系发生学范畴。结合 Halldiay 对科学语言进化研究，本研究探讨了韩礼德语篇建构观在科学语言进化研究中的体现。作为人类语言进化产物的语法隐喻，尤其是名词化隐喻，被证明是组织科学语篇语法的最佳策略。从意义进化的视角来看，名词化隐喻不仅能够对人类经验进行范畴化和分类组织，而且有助于优化语篇的推理和逻辑推进。两类功能共同作用，缺一不可，保证了科学语篇的"技术性"和"合理性"。范畴化和分类组织功能就是语法隐喻在元理论层面上的语篇建构功能，具体表现为科学家通过分类、凝聚和过滤、指称等机制来命名或创造虚拟实体以便展开科学研究，最终完成对科学语言的"技术性"的语篇建构。推理和逻辑推进功能主要指名词化语法隐喻在科学语篇中促进上下文衔接、推进主述位发展、形成"信息流"的作用，以此形成语义连贯的科学语篇，其最终目标是要实现对科学语言的"合理性"的语篇建构。科学语言进化的三大意义历程表明，科学语言的进化实际上是数代科学家通过通力合作，对科学知识进行语篇建构的历时性过程。

二 主要贡献

韩礼德语篇建构观涵盖了语篇元功能、语篇发生、语法隐喻等系统功能语言学的核心概念，这些概念多年来被广泛用于指导语篇分析、语言教学、翻译等实践活动，系统功能学界内外对其内涵和适用性价值已形成了一定的共识。在此背景下重新审视和诠释这些经典概念，具有一定的挑战性。

本研究的主要贡献有三个方面。首先，发展"韩礼德语篇建构观"

的概念并阐述语篇建构的本质,尤其是语言的现实建构功能。重新审视语篇元功能、语法隐喻等概念,挖掘其建构主义内涵,既凸显了系统语言学的社会意义立场,也是对现有研究的一种补充。一方面追溯韩礼德语篇建构观的学理传承及发展历程,总结和评述学界的贡献,以此把握其理论价值以及未来研究的增长点;另一方面从意义进化的视角加以考察,有助于把握其内在关联及其在意义进化中的运作机制,进而从整体上提高韩礼德语篇建构观在系统功能理论体系中的理论化程度。

其次,从理论背景、理论基础、理论维度、理论核心四个方面立体化呈现意义进化论的主要思想和框架。围绕意义进化的三个维度,即语篇发生、个体发生和种系发生,结合系统功能学派关于语篇发生、语言社会化、科学语言进化的成果,阐述韩礼德语篇建构观的新发展。认为对语篇的研究要辩证处理进化和建构两个视角:若无进化,建构将失去社会历史性的依据;若无建构,进化则失去意义和价值,正所谓建构无进化则空,进化无建构则盲。既彰显了意义进化和语篇建构之间的辩证统一关系,同时也是对韩礼德语篇建构思想理论化的一种有益尝试。

最后,提炼出的韩礼德语篇建构观具有较强的认识论启示。意义具有社会性、建构性、动态性、历时性等特征,人类认识世界实际上就是通过意义识解经验的过程,这里的"认识"并非是指去获取客观存在的知识,而是语言使用者通过社会互动和协商来建构出一个现实世界的过程。语言社会化的本质就是通过不断的语篇建构与语篇交际,实现人类意义能力逐步发展的过程,从根本上说,语篇建构与语言社会化的并协互动促成了个体的现实建构能力的持续进化。科学语言的进化诠释了真理的相对性,科学知识是对日常经验的语篇重构,"纯粹客观的真理"并不存在,任何科学真理无非是语言建构的一种产物,具有社会建构性,甚至可以说是在特定社会群体中形成的一种契约,但这种契约是动态发展的,而不是静止不变的。

三 局限与未来研究建议

鉴于多方面原因，本书尚存在以下有待改进之处。研究不足之处，同时也是后续研究的动力和目标。

第一，本研究覆盖的领域具有一定的局限性。韩礼德从事语篇研究已达60余年，理论和实践成果丰硕，除了他本人所开展的诸多原创性研究，国内外语言学界对系统功能语篇理论的发展也作出了巨大的贡献。本研究主要论述了韩礼德本人的语篇思想，研究的涉及面有待进一步拓宽。此外，未来研究还有必要融入批评语言学、多模态话语分析等理论视角下的研究，以便更全面地揭示系统功能学派语篇意义研究的建构主义立场。

第二，本书研究的适用性价值有待深入挖掘。本书主要基于对大量原著的深度阅读，作为一项思辨性研究，本书取得了一定的理论发现，但其适用性价值并未充分展示。譬如，随着系统功能语言学新时期超学科研究方向的显现，如何将本书中的理论观点融入社会治理、语言规划、生态发展、形象建构、语言障碍等前沿课题，以寻求解决现实问题的新路径，值得深入思考和探索。

第三，本书对系统功能学派语言哲学思想的系统阐述还有待进一步加强。韩礼德对语篇建构与人类经验识解的研究关涉意义的本质属性，显然已经触及语言哲学的中心问题，即意义问题和语言与现实的关系问题。在语言哲学发展的历史长河中，不同学派和不同学者围绕意义问题所展开的争论旷日持久。在此背景下，从历时角度考察韩礼德意义观的理论承袭，以及从共时角度与其他学科学派的相关理论进行对比研究，将会是具有挑战意义的课题。

参考文献

一　中文文献

柏拉图，2003，《柏拉图全集》（第三卷），王晓朝译，人民出版社。

陈海叶，2009，《系统功能语言学的范畴化研究》，上海大学出版社。

陈嘉映，2006，《语言哲学》（第 2 版），北京大学出版社。

程琪龙，1994，《系统功能语法导论》，汕头大学出版社。

戴凡、吕黛蓉主编，2013，《功能文体理论研究》，外语教学与研究出版社。

丁建新，2009，《功能语言学的进化论思想》，《外国语》第 4 期。

范文芳，1999《名词化隐喻的语篇衔接功能》，《外语研究》第 1 期。

高一虹，2001，《〈论语言、思维和现实〉译序》，湖南教育出版社。

高一虹，2001《沃尔夫的普遍主义思想》，《外语研究》第 2 期。

郭建红，2010，《论科技英语名词化隐喻：语篇功能和认知效果》，《外国语文》第 2 期。

何伟、卫婧，2011，《汉英交替传译中衔接手段的转换》，《中国科技翻译》第 2 期。

何兆熊，1983，《英语语句的衔接手段》，《外国语》第 1 期。

胡壮麟，1983，《韩礼德》，《国外语言学》第 2 期。

胡壮麟，1984，《韩礼德的语言观》，《外语教学与研究》第 1 期。

胡壮麟，1990，《韩礼德语言学的六个核心思想》，《外语教学与研究》第 1 期。

胡壮麟，1991，《王力与韩礼德》，《北京大学学报》第 1 期。

胡壮麟，1994，《语篇的衔接与连贯》，上海外语教育出版社。

胡壮麟、朱永生、张德禄，1989，《系统功能语法概论》，湖南教育出版社。

黄国文，1988，《语篇分析概要》，湖南教育出版社。

黄国文，2000，《韩礼德系统功能语言学40年发展述评》，《外语教学与研究》第1期。

黄国文，2000，《系统功能语言学在中国20年回顾》，《外语与外语教学》第5期。

黄国文，2001，《功能语篇分析纵横谈》，《外语与外语教学》第12期。

黄国文、丁建新，2001，《沃尔夫论隐性范畴》，《外语教学与研究》第4期。

黄国文、辛志英，2012，《系统功能语言学研究现状和发展趋势》，外语教学与研究出版社。

黄辉，1985，《系统——功能语法原理初探》，《外语学刊》第3期。

姜望琪，2011，《语篇语言学研究》，北京大学出版社。

姜望琪，2014，《语法隐喻理论的来龙去脉及实质》，《解放军外国语学院学报》第5期。

孔江平等，2016，《语言生态研究的意义、现状及方法》，《暨南学报》第6期。

旷战、刘承宇，2017，《个体化视域中的身份建构研究：回顾与展望》，《外语学刊》第1期。

劳宁，1965，《巴黎语言学会成立百年》，《当代语言学》第5期。

李文戈、徐红，2012，《翻译视阈下的词汇衔接》，《解放军外国语学院学报》第6期。

李锡奎，2012，《语篇衔接与连贯在俄语写作教学中的应用现状》，《外语学刊》第5期。

李醒民，2006，《论科学语言》，《北京行政学院学报》第2期。

李幼蒸，1993，《理论符号学导论》，社会科学文献出版社。

李战子，1992，《主位推进和篇章连贯性》，《外语教学》第1期。

李战子、陆丹云，2012，《系统功能语言学的研究热点和发展方向》，《中国外语》第6期。

吕凡，1985，《修辞学讲座 第三讲 科学语体》，《中国俄语教学》第 3 期。

苗兴伟，2016，《未来话语：中国梦的话语建构》，《天津外国语大学学报》第 1 期。

申娜娜，1998，《科技英语及其语言特征》，《解放军外语学院学报》第 5 期。

史兴松，2009，《跨文化语言社会化理论初探》，《中国外语》第 1 期。

王斌，2000，《主位推进的翻译解构与结构功能》，《中国翻译》第 1 期。

王琦、程晓棠，2004，《语篇中的主位推进与信息参数》，《外语学刊》第 2 期。

王学文，2010，《主述位理论对英语写作连贯的启示》，《外语学刊》第 2 期。

魏慧琳、张福慧，2013，《语言社会化研究的理论基础及前景展望》，《外语学刊》第 6 期。

魏静姝，1996，《语篇的衔接和阅读理解》，《外语教学》第 1 期。

吴文，2013，《乔姆斯基进化—发育语言观评介》，《天津外国语大学学报》第 1 期。

吴文，2013，《语言进化研究纵览》，《语言学研究》第 1 期。

肖祎、刘承宇，2014，《系统功能语言学中的语义发生理论：回顾与展望》，《外语学刊》第 6 期。

辛志英、黄国文，2011，《系统功能普通语言学发展五十年回顾》，《外语教学》第 4 期。

辛志英、黄国文，2014，《语法学研究的生态系统范式》，《外语学刊》第 4 期。

徐健，2007，《衔接与语篇组织》，《苏州大学学报》第 5 期。

徐盛桓，1982，《主位和述位》，《外语教学与研究》第 1 期。

徐盛桓，1985，《再论主位和述位》，《外语教学与研究》第 4 期。

徐盛桓，1987，《英语衔接词》，《外语研究》第 2 期。

薛静、贺蓉、王庆光，2006，《论语篇的衔接和谐与连贯程度》，《重庆大学学报》第 3 期。

亚里士多德，1959，《范畴篇·解释篇》，方书春译，商务印书馆。

严世清，2002，《论韩礼德的语言哲学思想》，《外语研究》第 2 期。

严世清，2003，《语法隐喻理论的发展及其理论意义》，《外国语》第 3 期。

严世清，2005，《论语篇功能思想的元理论意义》，《外国语》第 5 期。

严世清，2012，《意义进化论理论溯源》，《外语教学与研究》第 1 期。

杨斐翡，2001，《作为新信息载体的主位分析》，《西安外国语大学学报》第 4 期。

杨斐翡，2004，《主位推进与语篇连贯》，《西安外国语大学学报》第 4 期。

杨信彰，2011，《英语科技语篇和科普语篇中的词汇语法》，《外语教学》第 4 期。

杨雪芹，2013，《语法隐喻理论及意义进化观研究》，南京大学出版社。

杨忠，2010，《语言相对论与语义研究视角摭议》，《外国问题研究》第 1 期。

殷杰，2007，《科学语言的形成、特征和意义》，《自然辩证法研究》第 2 期。

尹洪山、康宁，2009，《语言社会化研究述评》，《语言教学与研究》第 5 期。

俞国良，2006，《社会心理学》，北京师范大学出版社。

张德禄，1987，《信息中心及其范围》，《山东外语教学》第 4 期。

张德禄，2000，《论语篇连贯》，《外语教学与研究》第 2 期。

张德禄，2001，《论衔接》，《外国语》第 2 期。

张德禄，2005，《语言的功能与文体》，高等教育出版社。

张德禄、刘汝山，2003，《语篇连贯与衔接理论的发展及应用》，上海外语教育出版社。

张德禄、雷茜，2013，《语法隐喻研究在中国》，《外语教学》第 3 期。

张雷，2007，《进化心理学》，广东高等教育出版社。

张玮，2004，《功能语言学与认知语言学互补性初探》，《外国语文》第

6 期。

赵霞，2010，《Whorf 意义观对 Halliday 意义理论的启示》，《外国语》第 6 期。

赵霞，2015，《基于意义进化论的语言构建性研究》，苏州大学出版社。

赵永青，2000，《词汇同现在语篇中的作用》，《外语与外语教学》第 11 期。

郑述谱，2007，《术语是折射人类思维进化的一面镜子》，《中国科技术语》第 5 期。

周海明，2017，《论连接成分的语法隐喻式体现》，《浙江外国语学院学报》第 1 期。

朱永生，1986，《谈谈英语信息系统》，《现代外语》第 4 期。

朱永生，1990，《主位与信息分布》，《外语教学与研究》第 4 期。

朱永生，1995，《主位推进模式与语篇分析》，《外语教学与研究》第 3 期。

朱永生，2006，《名词化、动词化与语法隐喻》，《外语教学与研究》第 2 期。

朱永生，2011，《Bernstein 的教育社会学理论对系统功能语言学的影响》，《外语教学》第 4 期。

朱永生，2011，《系统功能语言学中的个体发生学》，《中国外语》第 6 期。

朱永生，2012，《系统功能语言学个体化研究的动因及哲学指导思想》，《现代外语》第 4 期。

朱永生、严世清，2001，《系统功能语言学多维思考》，上海外语教育出版社。

朱永生、严世清，2011，《系统功能语言学再思考》，复旦大学出版社。

二 英文文献

Agar, M., 1994, *Language Shock: Understanding the Culture of Conversation*, New York: William Morrow.

Aitchison, J., 2002, *The seeds of speech: Language and languages*, Beijing: Foreign Language Teaching and Research Press.

Attneave, F., 1959, *Applications of Information Theory to Psychology*, New York: Henry Holt.

Bateson, G., 1972, *Steps to an Ecology of Mind*, New York: Ballantine.

Bateson, M., 1975, "Mother – infant exchanges: The epigenesis of conversational interaction", *Annals of the New York Academy of Sciences*, Vol. 263, No. 1.

Berger, P. and T. Luckman, 1966, *The Social Construction of Reality: A Treatise in the Sociology of Knowledge*. NY: Anchor Books.

Bernstein, B., 1962, "Social Class, Linguistic Codes and Grammatical Elements", *Language and Speech*, Vol. 5, No. 4.

Bernstein, B., 1971, *Class, Codes and Control: Theoretical studies towards a sociology of language*, London: Routledge & Kegan Paul.

Bernstein, B., 1990, *Class, Codes and Control (Vol. 4): The structuring of pedagogic discourse*, London: Routledge.

Bernstein, B., 1996, *Pedagogy, Symbolic Control and Identity: Theory, Research, Critique*, London: Taylor & Francis.

Buss, D., M. Haselton, T. Shackelford, A. Bleske and J. Wakefield. Adaptations, Exaptations, and Spandrels., 1998, *American Psychologist*, Vol. 53, No. 5.

Butler, C., 1985, *Systemic Linguistics: Theory and Applications*. London: Batsford.

Butt, D., 2008, "The robustness of realizational systems", in J. J. Webster, ed., *Meaning in Context: Implementing Intelligent Applications in Language Studies*, London, New York: Continuum.

Carnap, R., 1987, *An Introduction to the Philosophy of Science*, trans. Zhang Huangxia, Guangzhou: Sun Yat – sen University Press.

Chomsky, N., 1965, *Aspects of the Theory of Syntax*, Cambridge, Massachusetts: The MIT Press.

Chomsky, N., 1975, *Reflections of Language*, New York: Temple Smith.

Cloran, C., 1989, "Learning through language: The social construction of gender", in R. Hasan and J. R. Martin, eds., *Language development: Learning language, learning culture*, Norwood, NJ: Ablex.

Cloran, C., 1999, "Contexts for learning", in F. Christie, ed., *Pedagogy and the shaping of consciousness: Linguistic and social processes*, New York: Continuum.

Cloran, C., 2000, "Socio-semantic variation: Different wordings, different meanings", in L. Unsworth, ed., *Researching language in schools and communities: Functional linguistic perspectives*, London: Cassell.

Croft, W., 2000, *Explaining Language Change: An Evolutionary Approach*, London: Longman.

Darwin, C., 1871/1981 *The Descent of Man and Selection in Relation to Sex*, New Jersey: Princeton University Press.

Darwin, C., 1877, "A Biographical Sketch of an Infant", *Mind*, Vol. 2, No. 7.

De Beaugrande, R. A. and W. U. Dressler, 1981, *Introduction to Text Linguistics*, London: Longman.

Deacon, T., 1997, *The symbolic species: the co-evolution of language and the human brain*, Harmondsworth: Penguin Books.

Derewianka, B., 1995, Language Development in the Transition from Childhood to Adolescence: the role of grammatical metaphor, Ph. D. dissertation, Macquarie University.

Derewianka, B., 2003, "Grammatical metaphor in the transition to adolescence", in M. T. A-M. Simon-Vandenbergen and L. Ravelli, eds., *Grammatical metaphor: views from systemic functional linguistics*, Amsterdam/Philadelphia: John Benjamins Publishing Company.

Doughty, P., 1972, *Exploring Language*, London: Edward Arnold.

Duff, P. "Language Socialization, Participation and Identity: Ethnographic Approaches", in N. Hornberger, ed., 2008, *Encyclopedia of Language and Education: Discourse and Education (Vol. 3)*, New York: Springer.

Edelman, G., 1992, *Bright Air, Brilliant Fire: On the matter of the mind*, New York: Basic Books.

Edelman, G., 2004, *Wider Than the Sky*, New Haven: Yale University Press.

Fitch, T., D. Hauser and N. Chomsky., 2005, "The evolution of the language faculty: Clarifications and implications", *Cognition*, Vol. 97, No. 2.

Fitch, W. T., 2000, "The evolution of speech: A comparative review", *Trends in Cognitive Science*, Vol. 4, No. 7.

Garrett, P., 2006, "Language socialization", in K. Brown, ed. *Elsevier Encyclopedia of Language and Linguistics (2nd Edition) (Vol. 6)*, Oxford: Elsevier Ltd.

Gould, S. and R. Lewontin., 1979, "The spandrels of San Marco and the Panglossian paradigm: A critique of the adaptationist programme". *Proceedings of the Royal Society of London B*, Vol. 205, No. 1161.

Gould, S. and E. Vrba., 1982, "Exaptation – a missing term in the science of form", *Paleobiology*, Vol. 8, No. 1.

Halliday, M. A. K., 1961/2002, "Categories of the theory of grammar", in J. J. Webster, ed., *Collected Works of M. A. K. Halliday (Vol. 1): On Grammar*. London, New York: Continuum.

Halliday, M. A. K., 1964/2002, "The linguistic study of literary texts", in J. J. Webster, ed., *Collected Works of M. A. K. Halliday (Vol. 2): Linguistic Studies of Text and Discourse*, London, New York: Continuum.

Halliday, M. A. K., 1967/2005, "Notes on Transitivity and Theme in English (Part 2)", in J. J. Webster, ed., *Collected Works of M. A. K. Halliday (Vol. 7): Studies in English Language*, London, New York: Continuum.

Halliday, M. A. K., 1968/2005, "Notes on Transitivity and Theme in English (Part 3)", in J. J. Webster, ed., *Collected Works of M. A. K. Halliday (Vol. 7): Studies in English Language*, London, New York: Continuum.

Halliday, M. A. K., 1969/2005, "Options and Functions in the English Clause", in J. J. Webster, ed., *Collected Works of M. A. K. Halliday (Vol. 7): Studies in English Language*, London, New York: Continuum.

Halliday, M. A. K., 1970/2002, "Language Structure and Language Function", in J. J. Webster, ed., *Collected Works of M. A. K. Halliday (Vol. 1): On Grammar*, London, New York: Continuum.

Halliday, M. A. K., 1970/2005, "Functional diversity in language, as seen from a consideration of modality and mood in English", in J. J. Webster, ed., *Collected Works of M. A. K. Halliday (Vol. 7): Studies in English Language*, London, New York: Continuum.

Halliday, M. A. K. A., 1971/2007, "'Linguistic approach' to the teaching of the mother tongue?", in J. J. Webster, ed., *Collected Works of M. A. K. Halliday (Vol. 9): Language and Education*. London, New York: Continuum.

Halliday, M. A. K., 1973, *Explorations in the Functions of Language*, London: Edward Arnold.

Halliday, M. A. K., 1973, "Foreword", in B. Bernstein, ed. *Class, Codes and Control (Vol. 2): Applied studies towards a sociology of language*, London: Routledge and Kegan Paul.

Halliday, M. A. K., 1974/2007, "Language and social man", in J. J. Webster, ed., *Collected Works of M. A. K. Halliday (Vol. 10): Language and Society*. London and New York: Continuum.

Halliday, M. A. K., 1975a, *Learning How to Mean: Explorations in Language Development*, London: Edward Arnold.

Halliday, M. A. K., 1975b, "Sociological aspects of semantic change", in J. J. Webster, ed., *Collected Works of M. A. K. Halliday (Vol. 10): Language and Society*, London, New York: Continuum.

Halliday, M. A. K., 1975/2003, "Into the adult language", in J. J. Webster, ed., *Collected Works of M. A. K. Halliday (Vol. 4): The Language of Childhood*, London, New York: Continuum.

Halliday, M. A. K. , 1976/2003, "Early language learning: a sociolinguistic approach", in J. J. Webster, ed. , *Collected Works of M. A. K. Halliday (Vol. 4): The Language of Early Childhood*, London, New York: Continuum.

Halliday, M. A. K. , 1976/2007, "Language and social man", in J. J. Webster, ed. , *Collected Works of M. A. K. Halliday (Vol. 10): Language and Society*, London, New York: Continuum.

Halliday, M. A. K. , 1977/2002a, "Text as Semantic Choice in Social Contexts", in J. J. Webster, ed. , *Collected Works of M. A. K. Halliday (Vol. 2): Linguistic Studies of Text and Discourse*, London, New York: Continuum.

Halliday, M. A. K. , 1977/2002b, "Text as semantic choice in Social contexts", in J. J. Webster, ed. , *Collected Works of M. A. K. Halliday (Vol. 2): Linguistics Studies of Text and Discourse*, London, New York: Continuum.

Halliday, M. A. K. , 1977/2003, "Ideas about language", in J. J. Webster, ed. , *Collected Works of M. A. K. Halliday (Vol. 3): On Language and Linguistics*, London, New York: Continuum.

Halliday, M. A. K. , 1978, *Language as a Social Semiotic: Social Interpretation of Language and Meaning.* London: Arnold.

Halliday, M. A. K. , 1978/2003, "Meaning and the construction of reality in early childhood", in J. J. Webster, ed. , *Collected Works of M. A. K. Halliday (Vol. 4): The Language of Early Childhood*, London, New York: Continuum.

Halliday, M. A. K. , 1978/2007, "Is learning a second language like learning a first language all over again?", in J. J. Webster, ed. , *Collected Works of M. A. K. Halliday (Vol. 9): Language and Education.* London, New York: Continuum.

Halliday, M. A. K. , 1979/2002, "Modes of meaning and modes of expression: types of grammatical structure and their determination by different semantic functions", in J. J. Webster, ed., *Collected Works of M. A. K. Halliday (Vol. 1): On Grammar*, London, New York: Continuum.

Halliday, M. A. K., 1979/2007, "Differences between spoken and written language: some implications for literacy teaching", in J. J. Webster, ed., *Collected Works of M. A. K. Halliday (Vol. 9): Language and Education*, London, New York: Continuum.

Halliday, M. A. K., 1980/2003a, "The contribution of developmental linguistics", in J. J. Webster, ed., *Collected Works of M. A. K. Halliday (Vol. 4): The Language of Early Childhood*, London, New York: Continuum.

Halliday, M. A. K., 1980/2003b, "Three aspects of children's language development: learning language, learning through language, learning about language", in J. J. Webster, ed., *Collected Works of M. A. K. Halliday (Vol. 4): The Language of Childhood*, London, New York: Continuum.

Halliday, M. A. K., 1983/2003, "On the transition from child tongue to mother tongue", in J. J. Webster, ed., *Collected Works of M. A. K. Halliday (Vol. 4): The Language of Childhood*, London, New York: Continuum.

Halliday, M. A. K., 1984, "Language as code and language as behaviour: a systemic – functional interpretation of the nature and ontogenesis of dialogue", in Robin P. Fawcett, M. A. K. Halliday, S. Lamb and A. Makkai, eds., *The Semiotics of Culture and Language (Vol. 1)*, London: Frances Pinter.

Halliday, M. A. K., 1985, *An Introduction to Functional Grammar*, London: Arnold.

Halliday, M. A. K., 1985/2003, "Systemic background", in J. J. Webster, ed., *Collected Works of M. A. K. Halliday (Vol. 3): On Language and Linguistics*, London, New York: Continuum.

Halliday, M. A. K., 1987/2003, "Language and the order of nature", in J. J. Webster, ed., *Collected Works of M. A. K. Halliday* (Vol. 3): *On Language and Linguistics*, London, New York: Continuum.

Halliday, M. A. K., 1988/2004, "On the language of physical science", in J. J. Webster, ed., *Collected Works of M. A. K. Halliday* (Vol. 5): *The Language of Science*, London, New York: Continuum.

Halliday, M. A. K., 1989/2004, "Some grammatical problems in scientific English", in J. J. Webster, ed., *Collected Works of M. A. K. Halliday* (Vol. 5): *The Language of Science*, London, New York: Continuum.

Halliday, M. A. K., 1990/2003, "New ways of meaning: The challenge to applied linguistics", in J. J. Webster, ed., *Collected Works of M. A. K. Halliday* (Vol. 3): *On Language and Linguistics*, London, New York: Continuum.

Halliday, M. A. K., 1991/2005, "Towards probabilistic interpretations", in J. J. Webster, ed., *Collected Works of M. A. K. Halliday* (Vol. 6): *Computational and Quantitative Studies*, London, New York: Continuum.

Halliday, M. A. K., 1991/2007, "The notion of 'context' in language education", in J. J. Webster, ed., *Collected Works of M. A. K. Halliday* (Vol. 9): *Language and Education*, London, New York: Continuum.

Halliday, M. A. K., 1992/2002, "How do you mean?", in J. J. Webster, ed., *Collected Works of M. A. K. Halliday* (Vol. 1): *On Grammar*, London, New York: Continuum.

Halliday, M. A. K., 1992/2003, "Systemic grammar and the concept of a 'science of language'", in J. J. Webster, ed., *Collected Works of M. A. K. Halliday* (Vol. 3): *On Language and Linguistics*, London, New York: Continuum.

Halliday, M. A. K., 1993/2003, "Towards a language – based theory of learning", in J. J. Webster, ed., *Collected Works of M. A. K. Halliday* (Vol. 4): *The Language of Early Childhood*, London, New York: Continuum.

Halliday, M. A. K., 1993/2004, "Writing science: literacy and discursive power", in J. J. Webster, ed., *Collected Works of M. A. K. Halliday (Vol. 5): The Language of Science*, London, New York: Continuum.

Halliday, M. A. K., 1994a, *Introduction to Functional Grammar* (2nd edition). London: Edward Arnold.

Halliday, M. A. K., 1994b, "Language and the theory of code", in J. J. Webster, ed., *Collected Works of M. A. K. Halliday (Vol. 10): Language and Society*, London, New York: Continuum.

Halliday, M. A. K., 1995/2003, "On language in relation to human consciousness", in J. J. Webster, ed., *Collected Works of M. A. K. Halliday (Vol. 3): On Language and Linguistics*, London, New York: Continuum.

Halliday, M. A. K., 1995/2004, "Language and the reshaping of human experience", in J. J. Webster, ed., *Collected Works of M. A. K. Halliday (Vol. 5): The Language of Science*, London, New York: Continuum.

Halliday, M. A. K., 1995/2005, "Computing meanings: Some reflections on past experience and present prospects", in J. J. Webster, ed., *Collected Works of M. A. K. Halliday (Vol. 6): Computational and Quantitative Studies*, London, New York: Continuum.

Halliday, M. A. K., 1996/2002, "On Grammar and Grammatics", in J. J. Webster, ed., *Collected Works of M. A. K. Halliday (Vol. 1): On Grammar*, London, New York: Continuum.

Halliday, M. A. K., 1997/2003, "Linguistics as metaphor", in J. J. Webster, ed., *Collected Works of M. A. K. Halliday (Vol. 3): On Language and Linguistics.*, London, New York: Continuum.

Halliday, M. A. K., 1998/2002, "Grammar and daily life: concurrence and complementarity", in J. J. Webster, ed., *Collected Works of M. A. K. Halliday (Vol. 1): On Grammar*, London, New York: Continuum.

Halliday, M. A. K., 1998/2003, "Representing the child as a semiotic being", in J. J. Webster, ed., *Collected Works of M. A. K. Halliday*

(*Vol. 4*): *The Language of Early Childhood*, London, New York: Continuum.

Halliday, M. A. K., 1998/2004, "Language and knowledge: the 'unpacking' of text", in J. J. Webster, ed., *Collected Works of M. A. K. Halliday* (*Vol. 5*): *The Language of Science*, London, New York: Continuum.

Halliday, M. A. K., 1998/2004, "Things and relations: Regrammaticizing experience as technical knowledge", in J. J. Webster, ed., *Collected Works of M. A. K. Halliday* (*Vol. 5*): *The Language of Science*, London, New York: Continuum.

Halliday, M. A. K., 1999/2004, "The grammatical construction of scientific knowledge: the framing of the English clause", in J. J. Webster, ed., *Collected Works of M. A. K. Halliday* (*Vol. 5*): *The Language of Science*, London, New York: Continuum.

Halliday, M. A. K., 2001/2003, "Is the grammar neutral? Is the grammarian neutral?", in J. J. Webster, ed., *Collected Works of M. A. K. Halliday* (*Vol. 3*): *On Language and Linguistics*, London, New York: Continuum.

Halliday, M. A. K., 2003, "On the 'architecture' of human language", in J. J. Webster, ed., *Collected Works of M. A. K. Halliday* (*Vol. 3*): *On Language and Linguistics*, London, New York: Continuum.

Halliday, M. A. K., 2004/2013, "On grammar as the driving force from primary to higher – order consciousness", in J. J. Webster, ed., *Collected Works of M. A. K. Halliday* (*Vol. 11*): *Halliday in the 21st Century*, London, New York: Continuum.

Halliday, M. A. K., 2008, *Complementarities in Language*, Beijing: The Commercial Press.

Halliday, M. A. K. and R. Hasan., 1976, *Cohesion in English*. London: Longman.

Halliday, M. A. K. and R. Hasan., 1985, *Language, Context and Text*:

Aspects of Language in a Social – Semiotic Perspective, Geelong, VIC: Deakin University Press.

Halliday, M. A. K. and J. R. Martin, 1993, *Writing Science: Literacy and discursive power*, London: The Falmer Press.

Halliday, M. A. K. and C. M. I. M. Matthiessen, 1999, *Construing Experience Through Meaning: A Language – based Approach to Cognition*, London, New York: Continuum.

Halliday, M. A. K. and C. M. I. M. Matthiessen, 2004, *An Introduction to Functional Grammar (3rd edition)*, London: Arnold.

Halliday, M. A. K. and C. M. I. M. Matthiessen, 2014, *Halliday's Introduction to Functional Grammar.* London: Edward Arnold.

Harris, Z., 1952, "Discourse analysis", *Language*, Vol. 28, No. 1.

Hasan, R., 1984, "Ways of saying: ways of meaning", in R. P. Fawcett, C. Cloran, D. Butt and G. Williams, eds., *Semiotics of culture and language*, London: Frances Pinter.

Hasan, R., 1985, *Linguistics, Language and Verbal Art*, Oxford: Oxford University Press.

Hasan, R., 1992, "Rationality in everyday talk: from process to system", in J. Svartvik, ed., *Directions in Corpus linguistics: proceedings of Nobel Symposium.* Berlin, New York: Mouton de Gruyter.

Hasan, R., 1999a, "Society, language, and the mind: the meta – dialogism of Basil Bernstein's theory", in F. Christie, ed., *Pedagogy and the Shaping of Consciousness: Linguistic and Social Processes*, London, New York: Cassell.

Hasan, R., 1999b, "Speaking with reference to context", in M. Ghadessy, ed., *Text and context in functional linguistics: Systemic perspectives*, Amsterdam, Philadelphia: John Benjamins.

Hasan, R., 2005, "Language, society and consciousness", in J. Webster, ed., *The collected works of Ruqaiya Hasan*, London: Equinox.

Hasan, R. and C. Cloran. "A sociolinguistic interpretation of everyday talk between mothers and children", in M. A. K. Halliday, J. Gibbons and H. Nicholas, eds., 1990, *Learning, keeping and using language: Selected papers from the 8th World Congress of Applied Linguistics*, Amsterdam: John Benjamins.

Hasan, R., G. Kressand J. Martin, 1986, "Interview with M. A. K. Halliday", in J. Martin, ed., *Interviews with M. A. K. Halliday: Language Turned Back on Himself*, London, New York: Bloomsbury.

Hauser, M., D. Barnerand T. O'Donnell, 2007, "Evolutionary linguistics: a new look at an old landscape", *Language Learning and Development*, Vol. 3, No. 2.

Hauser, M., N. Chomskyand T., 2002, "Fitch. The Faculty of Language: What Is It, Who Has It, and How Did It Evolve?" *Science*, Vol. 298, No. 5598, pp. 1569–1579.

Hernández, M. "Interview with M. A. K. Halliday", in J. Martin, ed., 1998, *Interviews with M. A. K. Halliday: Language Turned Back on Himself*, London, New York: Bloomsbury.

Hough, J., 1953, *Scientific Terminology*, New York: Rinehart.

Hymes, D., 1972, "On communicative competence", in J. Pride and J. Holmes, eds., *Sociolinguistics*, Harmondsworth: Penguin.

Jackendoff, R., 2010, "Your theory of language evolution depends on your theory of language", in R. K. Larson, V. Deprez and H. Yamakido, eds., *The Evolution of Human Language: Biolinguistic Perspective*, Cambridge: Cambridge University Press.

Jenkins, L., 2000, *Biolinguistics: Exploring the biology of language*, Cambridge: Cambridge University Press.

Kilpert, D., 2003, "Getting the full picture: A reflection on the work of M. A. K. Halliday", *Language Science*, Vol. 25, No. 2, pp. 159–209.

Kramsch, C., 2002, "Introduction: How can we tell the dancer from the dance?", in C. Kramsch, ed., *Language Acquisition and Language Socialization: Ecological Perspectives*, London: Continuum.

Krashen, S., 1981, *Second Language Acquisition and Second Language Learning*, Oxford: Pergamon.

Kuhn, T., 1996, *The Structure of Scientific Revolutions*, Chicago: The University of Chicago Press.

Lakoff, G., 1987, *Women, Fire, and Dangerous Things*, Chicago: Chicago University Press.

Lemke, J., 1984, *Semiotics and Education*, Toronto: Victoria College/Toronto Semiotic Circle Monographs.

Lemke, J. Discourse, dynamics, and social change, 1993, *Cultural Dynamics*, Vol. 6, No. 1 - 2.

Lemke, J., 1995, *Textual Politics: Discourse and Social Dynamics*, London: Taylor & Francis.

Lenneberg, E. H., 1967, *Biological Foundations of Language*, New York: John Wiley.

Leontiev, A., 1981, "The problem of activity in psychology", in J. Wertsch, ed., *The Concept of Activity in Soviet Psychology*, Armonk, NY: Sharpe.

Martin, J. R., 1988, "Grammatical conspiracies in Taglog: family, face and family with regard to Benjamin Lee Whorf", in J. Benson, M. Cummings and W. Greaves, eds., *Linguistics in a Systemic Perspective*, Amsterdam: Benjamins.

Martin, J. R., 1998, "Discourse of science: recontextualization, genesis, intertexuality and hegemony", in J. Martin and R. Veel, eds., *Reading Science: Critical and functional perspectives on discourses of science*, New York: Routledge.

Martin, J. R., 2006, "Genre, ideology and intertextuality: A systemic - functional perspective", *Linguistics and the Human Sciences*, Vol. 2, No. 2, pp. 275 - 298.

Martin, J. R., 2013, *Interviews with M. A. K. Halliday: Language Turned Back on Himself*, London, New York: Bloomsbury.

Martin, J. R., 1992, *English Text: System and Structure*, Amsterdam: John Benjamins.

Martin, J. R., 1999, "Mentoring semogenesis: 'genre – based' literacy pedagogy", in F. Christie, ed., *Pedagogy and the Shaping of Consciousness: linguistic and social processes*, London: Cassell.

Martin, J. R., 2001/2010, "Cohesion and texture", in Wang Zhenhua, ed., *Collected Works of J. R. Martin (Vol. 2): Discourse Semantics*, Shanghai: Shanghai Jiaotong University Press.

Martin, J. R., 2008, "Innocence: Realisation, instantiation and individuation in a Botswanan town", in N. Knight and A. Mahboob, eds., *Questioning Linguistics*, Cambridge: Cambridge Scholars Publishing.

Martin, J. R., 2009, "Realisation, instantiation and individuation: Some thoughts on identity in youth justice conferencing", *DELTA*, Vol. 25, No. spe.

Martin, J. Rand D. Rose, 2007, *Working with Discourse: Meaning beyond the Clause*, London: Continuum.

Martin, J. R. and Wang, Zhenhua, 2008, "Realization, instantiation and individuation: A systemic – functional perspective", Vol. 16, No. 5.

Matthiessen, C. M. I. M., 1991a, "Language on language: The grammar of semiosis", *Social Semiotics*, Vol. 1, No. 2.

Matthiessen, C. M. I. M., 1991b, "Lexico (grammatical) choice in text – generation", in Cécile L. Paris, William R. Swartout and William C. Mann, eds., *Natural Language Generation in Artificial Intelligence and Computational Linguistics*, Boston: Kluwer.

Matthiessen, C. M. I. M., 1992, "Interpreting the textual metafunction", in M. Davies and L. Ravelli, eds., *Advances in systemic linguistics: recent theory and practice*, London: Pinter.

Matthiessen, C. M. I. M., 1995, *Lexicogrammatical Cartography: English Systems*, Tokyo: International Language Sciences Publishers.

Matthiessen, C. M. I. M., 2002, "Lexicogrammar in discourse development", in Huang, Guowen and Wang, Zongyan, eds., *Discourse and Language Functions*, Beijing: Foreign Language Teaching and Research Press.

Matthiessen, C. M. I. M., 2003, "Language, Social Life and Discursive Maps", plenary for Australian Systemic Functional Linguistics Conference, Adelaide.

Matthiessen, C. M. I. M., 2004, "The Evolution of language: A systemic functional exploration of phylogenetic phases", in G. Williams and A. Lukin, eds., *The Development of Language: Functional perspectives on species and individuals*, London: Continuum.

Matthiessen, C. M. I. M., 2007a, "The 'architecture' of language according to systemic functional theory: Developments since the 1970s", in R. Hasan, C. M. I. M. Matthiessen, J. Webster, eds., *Continuing Discourse on Language (Vol. 2)*, London: Equinox.

Matthiessen, C. M. I. M., 2007, "Lexicogrammar in systemic functional linguistics: descriptive and theoretical developments in the 'IFG' tradition since the 1970s", In R. Hasan, C. M. I. M. Matthiessen, J. Webster, eds., *Continuing Discourse on Language (Vol. 2)*, London: Equinoxb.

Matthiessen, C. M. I. M., 2009, "Meaning in the making: Meaning potential emerging from acts of meaning", *Language Learning*, Vol. 59, No. Supplement 1.

Matthiessen, C. M. I. M. and J. Bateman, 1991, *Systemic Linguistics and Text Generation: Experiences from Japanese and English*, London: Frances Pinter.

McKellar, G. B., 1987, "The place of sociosemiotics in contemporary thought", in R. Steele and T. Threadgold, eds., *Language Topics: Essays in Honour of Michael Halliday (Vol. 2)*, Amsterdam: John Benjamins.

Mivart, G., 1871/2005, *On the Genesis of Species*, Michigan: Scholarly Publishing Office.

Nanri, K., 1993, An Attempt to Synthesize Two Systemic Contextual Theories through the Investigation of the Process of the Evolution of the Discourse Semantic Structure of the Newspaper Reporting Article, Ph. D. dissertation, University of Sydney.

Negus, V. E., 1929, *The mechanism of the larynx*, St. Louis, MO: Mosby.

Negus, V. E., 1949, The comparative anatomy and physiology of the larynx, New York: Hafner.

Ochs, E. and B. Schieffelin, 1984, "Language acquisition and socialization: Three developmental stories and their implications" in R. Shweder and R. LeVine, eds., *Culture Theory: Essays on Mind, Self and Emotion*, New York: Cambridge University Press.

Oldenburg, J., 1987, *From Child Tongue to Mother Tongue: a case study of language development in the first two and a half years*, Ph. D. dissertation, University of Sydney.

Ortony, A., 1993, "Metaphor, language and thought", in A. Ortony, ed., *Metaphor and Thought*, Cambridge: Cambridge University Press.

Painter, C., 1984, *Into the Mother Tongue: a case study in the early language development*, London: Frances Pinter.

Painter, C., 1999, *Learning Through Language in Early Childhood*, London: Cassell.

Painter, C., 2003, "Developing attitude: an ontogenetic perspective on appraisal", *Text*, Vol. 23, No. 2.

Parret, H. "Interview with M. A. K. Halliday", in J. Martin ed., 1972, *Interviews with M. A. K. Halliday: Language Turned Back on Himself*, London, New York: Bloomsbury.

Pike, K. L., 1982, *Linguistic Concepts: An Introduction to Tagmemics*, Lincoln: University of Nebraska Press.

Pinker, S., 1994/2004, *The Language Instinct: How the Mind Creates Language*, New York: Harper Perennial.

Pinker, S. and P. Bloom, 1990, Natural language and natural selection, *Behavioral and Brain Sciences*, Vol. 13, No. 4.

Rasheed, B. "Interview with M. A. K. Halliday", in J. Martin, ed., 2010, *Interviews with M. A. K. Halliday: Language Turned Back on Himself*, London, New York: Bloomsbury.

Ravelli, L. Metaphor, 1985, Mode and Complexity: An exploration of co-varing patterns, BA thesis, University of Sydney.

Ravelli, L., 1988, "Grammatical metaphor: An initial analysis", in E. Steiner and R. Veltman, eds., *Pragmatics, discourse and text: Some systemically inspired approaches*, London: Frances Pinter.

Saussure, F. de., 2001, *Course in General Linguistics*, trans. W. Baskin, Beijing: Foreign Language Teaching and Research Press.

Savory, T., 1953, *The Language of Science*, London: Andre Deutsch.

Schieffelin, B. and E. Ochs, 1986, "Language Socialization", *Annual Review of Anthropology*, Vol. 15.

Schiffrin, D., 1994, *Approaches to Discourse*, Oxford: Blackwell Publishers.

Shannon, C. E., 1948a, "A mathematical theory of communication", *Bell System Technical Journal*, Vol. 27, No. 3, pp. 379–423.

Shannon, C. E., 1948b, "A mathematical theory of communication", *Bell System Technical Journal*,, Vol. 27, No. 4, pp. 623–666.

Steffe, L. and J. Gale eds., 1995, *Constructivism in Education*, Hillsdale, NJ: Erlbaum.

Tai, J., 2003, "Cognitive Relativism: Resultative Construction in Chinese", *Language and Linguistics*, Vol. 4, No. 2.

Thibault, P. "Interview with M. A. K. Halliday", in J. Martin, ed., 1985, *Interviews with M. A. K. Halliday: Language Turned Back on Himself*. London, New York: Bloomsbury.

Torr, J., 1998, "The development of modality in the pre-school years", *Functions of Language*, Vol. 5, No. 2, pp. 157–178.

von Frisch, K., 1967, *The dance language and orientation of bees*, Cambridge, MA: Belknap Press of Harvard University Press.

Vygotsky, L. S., 1978, *Mind in Society*, Cambridge, MA: Harvard University Press.

Vygotsky, L. S., 1981, "The genesis of higher mental functions", in J. Wertsch, ed., *The Concept of Activity in Soviet Psychology*, Armonk, NY: Sharpe.

Vygotsky, L. S., 1986, *Thought and Language*, MA: The MIT Press.

Wells, G., 1994, "The Complementary Contributions of Halliday and Vygotsky to a 'Language-Based Theory of Learning'", *Linguistics and Education*, Vol. 6, No. 1.

Whorf, B., 1939, "The relation of habitual thought and behavior to language", in J. Carroll, ed., *Language, Thought and Reality*, Cambridge, Mass.: The MIT Press.

Williams, G., 2001, "Literacy pedagogy prior to schooling: Relations between social positioning and semantic variation" in A. Morais, I. Neves, B. Davies and H. Baillie, eds., *Towards a sociology of pedagogy: The contribution of Basil Bernstein to research*, New York, Oxford: Peter Lang.

Williams, G., 2008, "Language socialization: A systemic functional perspective", in P. Duff and N. Hornberger, eds., *Encyclopedia of Language and Education (2nd edition) (Vol. 8): Language Socialization*, New York: Springer.

Williams, G., and Lukin, A., 2004, *The Development of Language: Functional Perspective on Species and Individuals*, London: Continuum.

后　记

在国内抗击新冠肺炎疫情成效初现之际，我完成了本书的校对工作，即将付梓。看着案头的一沓初稿，不禁思绪万千。选题缘起于读博，回首读博岁月，犹似修行修心，酸甜苦辣，唯有自知。学术是一场执着的坚持，一路走来，感恩于师友亲朋的提携包容，感慨于知识海洋的浩瀚无边，感悟于生命追求的神圣崇高。

漫漫征途，能行至此，首当感谢导师严世清教授。早闻严老师有"严师"之美誉，事实上严师是严格而非严苛，他的宽容大气、博学善导感召着一众弟子。可能因为我是"严门"屈指可数的男生，也可能因为我系统功能理论基础薄弱，严师对我总是格外关照。读博期间，每次面谈他总会介绍一些学科背景或前沿动态，并鼓励我不仅要"潜心恶补"，还要学会"跳出来看问题"。严师所赐治学之道，让我获益匪浅，最终形成了"韩礼德语篇建构观"的研究构想。这个选题是在严师前期成果基础上的拓展，但也是利弊兼具。"利"是因为研究的对象和视角已明确，严师可以说是国内率先阐述"意义进化论"的系统功能学者，他一直呼吁学界关注韩礼德的建构主义思想。"弊"是因为突破现有研究存在一定挑战性，学界对关涉语篇建构的部分概念已经形成一定共识，而且这是一个思辨性极强的理论语言学课题，前期文献匮乏姑且不谈，个人理论功底的欠缺更如横亘于阵前的一道鸿沟。严师温和而耐心，对我总能有求必应，每当我有动摇和怀疑之心时，严师的勉励总能回响于耳畔。书稿修改完成，又蒙恩师拨冗审阅并作序鼓励，铭感不已，也让我深切感知韩礼德学术思想研究之无穷魅力。

没有以下诸位对我博士学业的关心和指导，本书也无法完成。感谢苏晓军教授从各方面对我这个同乡学生的帮助，他生前常提醒我们要懂生活、爱身体，而自己却任劳任怨、潜心治学，终因过度劳累而英年早逝，令我额蹙心痛。他严谨治学、奉献教育的人生价值定位将永远激励我前行。感谢苏州大学外国语学院朱新福教授、王军教授、贾冠杰教授、王宏教授、周民权教授等。他们醍醐灌顶的授课、严谨精进的治学将是我学术成长道路上永远的楷模。

感谢以下教授在各类学术会议期间或通过电子邮件耐心解答我提出的问题。感谢悉尼大学 J. R. Martin 教授解答有关系统功能语言学建构主义思想的问题并邮寄相关文献资料。感谢悉尼大学 K. Maton 教授梳理有关系统功能语言学与教育社会学多维度的合作。感谢复旦大学朱永生教授在我论文选题、撰写、答辩过程中的悉心指导，尤其是他对幼儿语言个体发生研究的独到诠释，为我撰写相关章节打开了思路。感谢上海交通大学王振华教授在我论文答辩中提出的宝贵修改意见，为本书的完善指明了方向。感谢论文盲审中五位匿名评审专家的高度评价，他们的宝贵意见让我受益匪浅，他们的勉励将一直伴我前行。

感谢"严门"众位师姐，通过与她们当面交流，或拜读她们的著作文章，让我每逢困境必定茅塞顿开，没有她们的奠基工作，我的研究将很难推进。感谢曾经并肩作战的诸位"战友"：感谢晓环同学，奈何天妒英才，她坚韧的科研毅力和杰出的学业表现让我感悟到生命的意义和学术的神圣，我将永远缅怀她的真诚和执着；感谢海波、赵诚、张萍、丽霞、王怡、陶伟、春红、玮玮等挚友同窗，与他们在东吴园的畅论人生、交流学术、相互切磋，将是我永远美好的回忆。

感谢江苏省政府留学奖学金项目和盐城师范学院国家级一流英语本科专业建设项目资助，让我在赴美做博士后研究期间进一步充实文献，完善书稿。感谢盐城师范学院原校长薛家宝教授、副校长毕凤珊教授，他们奖掖后学、提携晚进的精神将始终激励我的学术成长。感谢李二占教授帮助校对润色书稿，他为人谦和、潜心治学，是我学习的榜样。感谢我的同事和朋友们，他们的支持和帮助一直是我前行的动力。

本书能够最终付梓，还要特别感谢我深爱的，也深爱我并默默支持我的家人。故去的慈母，年迈的父亲，勤恳的岳父母，乖巧的女儿……

每念及此，想到更多的却是深深歉意！衷心感谢我爱人承担了所有家务，体贴地添置各种御寒消暑的"神器"。在这个喧嚣浮躁的年代，却鼓励我埋头做好学问的人，肯定是最懂我的人。

经过多年的学习和研究，我深切感知，于此修行远途，我方才启程。纵使前路阻且长，然而有众多前辈师友，或为我指点，或与我同行，实乃人生大幸。个人首部专著即将面世，激动之余亦有忐忑，书稿虽几经修改完善，难免有疏漏或谬误之处，敬请专家学者不吝匡正。

2020 年 3 月 28 日
于美国密州克林顿寓所